Berichtigung

Seite 208, Tabelle A 9,
Landwirtschaftliche Produktion
1961–1965

statt:	Mongolei	(–0,6)	lies: Mongolei	(0,5)
	ČSSR	(0,5)	ČSSR	(–0,6)

2158/8 Kohlmey

RGW
DDR

25 Jahre

Zusammenarbeit

AKADEMIE DER WISSENSCHAFTEN DER DDR

Schriften des Zentralinstituts für Wirtschaftswissenschaften

Nr. 9

Autorenkollektiv

RGW DDR

25 Jahre Zusammenarbeit

THEORIA CUM PRAXI

Akademie-Verlag · Berlin
1974

Das Buch wurde von einem Autorenkollektiv
unter Leitung von Prof. Dr. Gunther Kohlmey erarbeitet.
Zum Autorenkollektiv gehörten:

Dr. Gerhard Huber
Dr. Joachim Keil
Dr. Wolfgang Keller
Dr. Gerhard Kraft
Dr. Angela Krause
Dr. Peter Sydow
Dr. Jannek Streber
Dr. Horst Ufer

Erschienen im Akademie-Verlag, 108 Berlin, Leipziger Str. 3–4

Lizenznummer: 202 · 100/40/74
Umschlaggestaltung: W. Schünke
Gesamtherstellung: IV/2/14 VEB Druckerei
»Gottfried Wilhelm Leibniz«, 445 Gräfenhainichen/DDR · 4326
Bestellnummer: 752 513 8 (2158/9) · LSV 0385
Printed in GDR
EVP 14,–

Inhaltsverzeichnis

Vorbemerkung

Um die Mitte unseres Jahrhunderts hatte sich das sozialistische Weltsystem endgültig herausgebildet. Es wurde – mit der Sowjetunion, der ältesten sozialistischen Macht, als Zentrum – zur dynamischsten sozialökonomischen Kraft unserer Epoche, der großen Zeit der weltweiten Ablösung des Kapitalismus durch den Sozialismus.

Immer enger und stabiler wurde seit der Jahrhundertmitte der Zusammenschluß des sozialistischen Weltsystems mit der revolutionären internationalen Arbeiterbewegung des imperialistischen Weltbereichs und mit der nationalen Befreiungsbewegung.

Ebenfalls um die Jahrhundertmitte, im Januar 1949, wurde in Europa die erste internationale Wirtschaftsorganisation sozialistischen Typs gebildet: der Rat für Gegenseitige Wirtschaftshilfe. Das Vierteljahrhundert seines Bestehens und seiner Entwicklung hat deutlich gemacht, daß auch in den Wirtschaftsbeziehungen zwischen sozialistischen Nationen, Staaten und Volkswirtschaften der wichtigste Charakterzug der sozialistischen Produktionsverhältnisse gilt und wirkt: die Kollektivität, die Zusammenarbeit und gegenseitige Hilfe, die Entfaltung der sozialistischen Persönlichkeiten und Nationen, die Annäherung und der Zusammenschluß von Menschen, Klassen und Nationen. Diese grundlegenden sozialökonomischen Beziehungen sind nur dem Sozialismus/Kommunismus eigen. Sie leiten sich daraus ab, daß in dieser Gesellschaftsordnung der gesellschaftliche Charakter des Eigentums, der Aneignungsweise mit der Vergesellschaftung von Arbeit und Produktion, mit dem zunehmend gesellschaftlichen Charakter der modernen Produktivkräfte übereinstimmt.

Die Grundzüge sozialistischer Produktionsverhältnisse haben auch die Entwicklung unserer Deutschen Demokratischen Republik geprägt, die ebenfalls vor 25 Jahren, im Oktober 1949, gegründet wurde und im Jahre 1950 dem RGW beitrat. Unter der Führung der Sozialistischen Einheitspartei Deutschlands ist sie zu einem unabtrennbaren Glied, zu einem festen

Bestandteil und zu einer mitgestaltenden Kraft in der sozialistischen Staatengemeinschaft geworden.

Das vorliegende Buch soll einen Überblick über die wirtschaftliche Zusammenarbeit der RGW-Länder geben, wobei der Zusammenarbeit der DDR mit der UdSSR und den anderen Mitgliedsländern des RGW besondere Aufmerksamkeit geschenkt wird. Wir beschränken uns auf die ökonomische Seite der Zusammenarbeit und damit auch insofern, als wir weder eine Geschichte des RGW noch eine Geschichte der DDR bieten wollen. Wir haben versucht, die Entwicklung der Zusammenarbeit im RGW zu systematisieren und zu periodisieren, wir bringen auswahlsweise Einzelmaterial und haben für interessierte Leser einen Tabellen-Anhang beigefügt.

Das Buch *RGW – DDR*, 25 Jahre Zusammenarbeit, ist Ergebnis einer Gemeinschaftsarbeit im Forschungsbereich „Sozialistische ökonomische Integration" des Zentralinstitutes für Wirtschaftswissenschaften der Akademie der Wissenschaften der DDR. Zum Autorenkollektiv gehörten außer dem Unterzeichner die Doktoren der Wirtschaftswissenschaften Gerhard Huber, Joachim Keil, Wolfgang Keller, Gerhard Kraft, Angela Krause, Peter Sydow, Jannek Streber und Horst Ufer. An der Endredaktion war Dr. Brigitte Stolzenburg beteiligt.

Berlin, im November 1973 Gunther Kohlmey

1. Das sozialistische Weltsystem

1.1. Die revolutionären Weltveränderungen nach 1945 und die Rolle der Sowjetunion

Gründung und Entwicklung der Deutschen Demokratischen Republik waren und sind Bestandteil des revolutionären Weltprozesses, Glied in der Kette des Übergangs der Welt vom Kapitalismus zum Sozialismus.

Die Veränderungen des Kräfteverhältnisses

Der heldenhafte Kampf und schwer erkämpfte Sieg der Sowjetvölker über den deutschen Faschismus führte, verbunden mit dem Kampf der Partisanen, der antifaschistischen und antiimperialistischen Kräfte in anderen Ländern, nach 1945 zu grundlegenden sozialökonomischen und politischen Veränderungen in der Welt und dabei nicht zuletzt in Europa. Die internationale Position des ersten sozialistischen Staates, der Sowjetunion, war unvergleichlich gestärkt. In Europa und Asien entstanden mehrere volksdemokratische Staaten, die in historisch kurzer Zeit in sozialistische hinüberwuchsen. Es bildete sich allmählich das sozialistische Weltsystem heraus, das zum dynamischsten Faktor der heutigen Weltgeschichte geworden ist. Unter den revolutionären Nachkriegsprozessen war dies das wichtigste Ereignis.

Im Rahmen des sozialistischen Weltsystems haben sich in Europa UdSSR, Bulgarien, ČSR, DDR, Polen, Rumänien und Ungarn auf der Grundlage des Warschauer Vertrages (1955) zu einer engen und wohlorganisierten Gemeinschaft zusammengeschlossen. Zusammen mit der Mongolischen Volksrepublik und Kuba wirken sie als Mitglieder des Rates für Gegenseitige Wirtschaftshilfe (1949 gegründet). Eng und fest sind die vom sozialistischen Internationalismus getragenen Beziehungen zur Demokratischen Republik Vietnam, zur Provisorischen Revolutionären Regierung der Republik Südvietnam, zur Koreanischen Volksdemokratischen Republik und zur SFR Jugoslawien.

Nach 1945 wuchs in der Welt die internationale Arbeiterklasse an Zahl, ideologischer Kraft und Organisiertheit. Die revolutionäre internationale Arbeiterbewegung wurde durch neue Kader und neue nationale Abteilungen bereichert. Die kommunistischen und Arbeiterparteien festigten ihre internationale Zusammenarbeit, unter anderem auf regionalen und auf Weltkonferenzen. In vielen entwickelten kapitalistischen Ländern waren während des zweiten Weltkrieges die kommunistischen und Arbeiterparteien im Kampf gegen Imperialismus und Faschismus erstarkt. In Frankreich, Italien und anderen Ländern führte sie der Kampfwille der Partisanen und großer Wählermassen nach dem Krieg vorübergehend in demokratische Regierungen.

Zahlreiche abhängige Völker und Kolonien befreiten sich, es entwickelte sich schnell der weitere Zusammenschluß von Sozialismus, internationaler Arbeiterbewegung und nationaler Befreiungsbewegung. Das imperialistische Kolonialsystem alten Stils brach infolge dieses Bündnisses schnell zusammen. Im Kampf gegen Faschismus und imperialistische Aggressoren entstand die weltumspannende Friedensbewegung. Sie wirkte mit, die Gefahren eines neuen, eines gegen Demokratie und Sozialismus gerichteten Weltkrieges zu bannen.

In mehreren Etappen vollzog sich in den 30 Jahren seit Kriegsende eine historisch bedeutungsvolle Veränderung des Kräfteverhältnisses zugunsten des Sozialismus und aller anderen antiimperialistischen Kräfte. Den Hauptanteil an dieser Veränderung hatte die Sowjetunion.

Die DDR in der sozialistischen Staatengemeinschaft

Nach der Befreiung des deutschen Volkes vom Hitlerfaschismus konnten sich im Osten Deutschlands die demokratischen Kräfte unter der sowjetischen Besatzungsmacht ungehindert entwickeln, während die westlichen Besatzungsmächte in den von ihnen besetzten Gebieten eine langfristig angelegte Politik der Wiederherstellung des deutschen Imperialismus betrieben und immer wieder den Versuch unternahmen, die Bildung und Entwicklung eines demokratischen und sozialistischen deutschen Staates auf dem Gebiet der DDR zu verhindern. Im östlichen Teil Deutschlands wurden nach 1945 grundlegende sozialökonomische Umwälzungen eingeleitet, und 1946 wurde hier die Spaltung der Arbeiterbewegung überwunden: Es entstand die Sozialistische Einheitspartei Deutschlands. 1949 wurde der erste antifaschistisch-demokratische, revolutionär-demokratische deutsche Staat gegründet, der sich schnell zu einem sozialistischen deutschen Staat entwickelte.

Der Kampf um die Lösung der nationalen Frage als einer zutiefst sozialen Frage nahm nach dem Krieg auf deutschem Boden zunächst die Gestalt des Kampfes um die Herstellung einer demokratischen Einheit der deutschen Nation an. Nach der imperialistischen Spaltung ging er in Form des Ringens um demokratische Wiedervereinigung vor sich und schließlich, nach der relativen Konsolidierung des Imperialismus in der Bundesrepublik und ihrer Einbeziehung in das imperialistische Bündnissystem der NATO, in Gestalt des Kampfes um die Sicherung und Festigung, um die internationale Anerkennung des sozialistischen deutschen Staates, der Deutschen Demokratischen Republik.

Das Reifen der sozialistischen Ordnung in der DDR und die konsequente Außenpolitik unserer Republik an der Seite der Sowjetunion und als fester Bestandteil der sozialistischen Staatengemeinschaft haben schließlich zur völkerrechtlichen Anerkennung der DDR durch die meisten Staaten der Welt, auch durch die Bundesrepublik, geführt.

Der Zusammenschluß mit allen anderen Ländern, die, wie die DDR, den Weg des Sozialismus beschreiten, steht in völligem Einklang mit den historischen Prozessen, die unserer Epoche das Gepräge geben, mit dem gesetzmäßigen Übergang vom Kapitalismus zum Sozialismus; er erfolgt auf der Grundlage der allgemeingültigen Gesetzmäßigkeiten des sozialistischen Aufbaus. Die Erfahrungen, die die DDR, ebenso wie alle anderen in der sozialistischen Staatengemeinschaft verankerten Länder, während der vergangenen zweieinhalb Jahrzehnte gesammelt hat, bestätigen: Bei Existenz des Sozialismus als Weltsystem ist es unter bestimmten Umständen möglich, erfolgreich den friedlichen Weg zum Sozialismus zu beschreiten. Eine grundlegende Bedingung ist jedoch, besonders angesichts der Tatsache, daß der Imperialismus seine Positionen nicht freiwillig aufgibt und der Sozialismus sich deshalb in unerbittlicher Auseinandersetzung mit ihm durchsetzen muß, daß die Länder, die den Weg des Sozialismus gehen wollen oder gehen, sich unter Führung der marxistisch-leninistischen Parteien eng zusammenschließen, sich nicht außerhalb der sozialistischen Gemeinschaft stellen, daß sie zusammenarbeiten und sich gegenseitig helfen.

Das entbindet diese Länder nicht von der Verantwortung – und dies gehört zu den wichtigsten und kompliziertesten Aufgaben der kommunistischen und Arbeiterparteien –, unter Ausnutzung des gegenseitigen Erfahrungsaustausches, unter Berücksichtigung der Erfordernisse der Gemeinschaft und der Bedingungen in den Partnerländern, jene Formen, Tempi und Methoden der Ausnutzung allgemeiner Gesetzmäßigkeiten der Schaffung und Entwicklung der sozialistischen Gesellschaft zu finden, die am besten den spezifischen Entwicklungsbedingungen ihrer Länder in den jeweiligen Entwicklungsabschnitten entsprechen.

In diesem Sinne hat die SED die feste Eingliederung der DDR in die sozialistische Staatengemeinschaft und deren wirtschaftliche, politische und militärische Organisationen stets als ein Hauptanliegen ihrer Politik betrachtet. Die konsequente Realisierung dieses außen-, wirtschafts- und militärpolitischen Kurses war und ist, zusammen mit den eigenen großen Anstrengungen des werktätigen Volkes, die sichere Gewähr für die erfolgreiche Gestaltung des Sozialismus in der DDR.

Auf Grund dieser Zusammenhänge hat es zwischen den nationalen und internationalen Interessen, zwischen der Durchsetzung des Prinzips des proletarischen, sozialistischen Internationalismus und der Verwirklichung der Lebensinteressen der Werktätigen der DDR nie einen Gegensatz gegeben. Der proletarische, sozialistische Internationalismus schließt nicht aus, sondern berücksichtigt vollauf, daß jedes sozialistische Land seine spezifischen Interessen aufweist, die aus historischen, geographischen und anderen Gegebenheiten resultieren. Im Sozialismus werden die Bedingungen dafür geschaffen, zwei Tendenzen miteinander zu verbinden, die im Kapitalismus begrenzt und antagonistisch wirken: die Entfaltung einer jeden Nation, ihrer Wirtschaft und ihrer Kultur einerseits und die Internationalisierung, die gegenseitige Annäherung der Nationen andererseits.

Auch in der DDR verwirklichte sich das, was im Kommunistischen Manifest von Marx und Engels vorgezeichnet wurde: Indem die Arbeiterklasse die politische Macht erobert, erhebt sie sich zur herrschenden Klasse und konstituiert sich selbst als Nation.

Wenn wir in der ersten Hälfte der siebziger Jahre auf die Geschichte des sozialistischen Weltsystems und auch auf die Entwicklung der DDR zurückblicken, so können wir in der Tat feststellen, daß und wie hier die sozialistischen Kräfte Geschichte geschrieben haben, wie sie für Fortschritt und Frieden gearbeitet und gekämpft haben, wie sie in Indochina, Korea und in Kuba, wie sie in allen Erdteilen ihr Blut gegeben haben, um den Aktionsradius des inhumanen Imperialismus weiter einzuengen und den des Sozialismus, des Antiimperialismus, der Demokratie und des Friedens systematisch zu vergrößern.

Hauptkraft Sowjetunion

Die mächtigste und führende Kraft des sozialistischen Weltsystems und der sozialistischen Staatengemeinschaft ist die UdSSR. Vielfältig sind die Gründe, warum das so ist.

Die Sowjetunion entstand als Resultat der ersten erfolgreichen sozialistischen Revolution, als Folge der von Lenin ausgearbeiteten und geleiteten Strategie und Taktik der Partei der Bolschewiki, die wiederum durch Lenins Weiterentwicklung der marxistischen Lehre von Partei und Revolution, von Imperialismus, Staat und Nation theoretisch untermauert worden war. In der UdSSR wurden grundlegende Erfahrungen beim Aufbau der neuen, der sozialistischen/kommunistischen Gesellschaft gesammelt. Die Sowjetunion ist heute die größte und einflußreichste sozialistische Macht in der internationalen Politik, im innen- und außenpolitischen, militärischen, weltanschaulichen, kulturellen und wirtschaftlichen Kampf gegen den Imperialismus und besonders alle seine faschistischen Formen, um die Erhaltung des Friedens in der Welt, um Erfolge der Politik der friedlichen Koexistenz zwischen Staaten unterschiedlicher, ja entgegengesetzter Gesellschaftsordnungen, um weitere Erfolge der revolutionären internationalen Arbeiterbewegung, des nationalen Befreiungskampfes.

Schließlich sind im Sowjetland unter der Führung der KPdSU Erfahrungen bei der Politik des Zusammenschlusses von Nationen, Nationalitäten und Völkerschaften in einer Föderation (Union), in einem multinationalen Staatengebilde, gesammelt und theoretisch wie auch für die internationale politische Praxis verallgemeinert worden.

Es gibt wesentliche Unterschiede zwischen der Annäherung, der Zusammenarbeit und dem Zusammenschluß von Nationen in einem einheitlichen Staatengebilde auf der einen Seite und in einer Gemeinschaft selbständiger sozialistischer Staaten andererseits, doch sind die marxistisch-leninistischen *Prinzipien* des Internationalismus, der Lösung der nationalen Frage im Sozialismus, der Annäherung und Kommunikation, des Zusammenschlusses sozialistischer Nationen in den Grundzügen ein und dieselben in sozialistischen Nationalitätenstaaten und im sozialistischen Weltsystem, so zum Beispiel die gleichberechtigte Konsolidierung sozialistischer Nationen, die Entwicklung des Bildungswesens, der Wissenschaft und der Nationalkultur, die Annäherung des Entwicklungsniveaus, die wirtschaftliche Fundierung der Gleichberechtigung, vor allem durch den Aufbau einer modernen Industrie.

Im Rahmen der allseitigen Einfügung der DDR in die sozialistische Staatengemeinschaft spielt die Entfaltung unserer Beziehungen zur Sowjetunion als Kern und Hauptmacht des sozialistischen Weltsystems eine entscheidende Rolle. Die Freundschaft mit den Sowjetvölkern und die politische, wirtschaftliche, kulturelle und andere Zusammenarbeit mit der UdSSR sind der tragende Pfeiler der engen Verbundenheit innerhalb dieser Gemeinschaft. Von 1945 an war es ein Grundanliegen der Kommunisten und anderer fortschrittlicher Kräfte, die Zusammenarbeit mit der ersten sozialistischen Macht, der Sowjetunion, zu festigen. Dazu wurde hartnäckig gegen alle Erscheinungen des Rassismus und Nationalismus gekämpft. Die Sozialistische Einheitspartei Deutschlands begründete seit dem Vereinigungsparteitag 1946 die zentrale Linie und setzte sie durch: fester Zusammenschluß um die UdSSR in der sozialistischen Staatengemeinschaft.

Seit der Vorbereitung und Annahme des Komplexprogramms der sozialistischen ökonomischen Integration (1969–1971), seit dem XXIV. Parteitag der KPdSU (1971), dem VIII. Parteitag der SED (1971) und anderen Parteitagen in den RGW-Ländern gibt es erneute und weitreichende Anstrengungen, die sozialistische Politik des Internationalismus für neue Bedingungen auszuarbeiten und durchzusetzen.

In der Entschließung des VIII. Parteitages der SED wird über die Verbundenheit mit der Sowjetunion gesagt:

„Die Sozialistische Einheitspartei Deutschlands läßt sich unbeirrt von der grundlegenden historischen Lehre leiten: Das Verhältnis zur Sowjetunion ist der entscheidende Prüfstein für die Treue zum Marxismus-Leninismus, zum proletarischen Internationalismus . . .

Der Parteitag stellt mit Genugtuung fest, daß sich die Beziehungen zwischen der Sozialistischen Einheitspartei Deutschlands und der KPdSU und den anderen Bruderparteien der sozialistischen Gemeinschaft immer umfassender und systematischer entfalten. Die Sozialistische Einheitspartei Deutschlands und die Regierung der Deutschen Demokratischen Republik, die einen aktiven Beitrag zur Stärkung der Organisation des Warschauer Vertrages geleistet haben, werden auch künftig gemeinsam mit den anderen Mitgliedstaaten ihre Anstrengungen darauf richten, die Außen- und Militärpolitik verstärkt zu koordinieren und die Verteidigungskraft unseres Bündnisses zu erhöhen.“[1]

1.2. Das sozialistische Welt- und Weltwirtschaftssystem

Mit dem Roten Oktober wurde 1917 und in den Jahren danach ein Sechstel der Erde aus dem kapitalistisch-imperialistischen System herausgerissen. Es begann die Herausbildung eines sozialistischen Welt- und Weltwirtschaftssystems. Neue Dimensionen erhielt dieser Prozeß nach

[1] Entschließung des VIII. Parteitages der Sozialistischen Einheitspartei Deutschlands zum Bericht des Zentralkomitees, in: Dokumente des VIII. Parteitages der SED, Berlin 1971, S. 13

dem zweiten Weltkrieg. Es bildeten sich das sozialistische Weltsystem und das sozialistische System der Weltwirtschaft endgültig heraus, und sie konsolidierten sich.

Wesenszüge

Im Programm der KPdSU (1961) wird das sozialistische Weltsystem wie folgt charakterisiert:

„... *das sozialistische Weltsystem* (ist) eine soziale, wirtschaftliche und politische Gemeinschaft freier, souveräner Völker, die den Weg des Sozialismus und Kommunismus gehen, geeint durch die Gemeinsamkeit der Interessen und Ziele und durch die festen Bande der internationalen sozialistischen Solidarität."[2]

Das sozialistische Weltsystem und seine wirtschaftliche Basis, das sozialistische Weltwirtschaftssystem, entstanden und wurden gefestigt, indem

1. die sozialistische Ordnung in den einzelnen sozialistischen Ländern in allen Bereichen des gesellschaftlichen Lebens, auf der letztlich bestimmenden Grundlage der schnellen Entfaltung der Produktivkräfte, entwickelt wurde und

2. die sozialistischen Nationen, Staaten und Volkswirtschaften die Zusammenarbeit betrieben und sich weltanschaulich, politisch, militärisch, geistig-kulturell und wirtschaftlich zusammenschlossen, sich gegenseitig unterstützten und sich einander zunehmend annäherten.

In beiden Prozessen, dem innerstaatlichen und dem internationalen, bewährte sich die führende Rolle der marxistisch-leninistischen Parteien, wuchsen die Potenzen und Aufgaben der internationalen Arbeiterklasse des sozialistischen Weltsystems.

Die politische Macht der Arbeiterklasse und das gesellschaftliche Eigentum an den Produktionsmitteln (wie insgesamt das System kollektiver nationaler und internationaler sozialistischer Produktionsverhältnisse der Zusammenarbeit und gegenseitigen Unterstützung) bilden die beiden ausschlaggebenden Grundlagen des sozialistischen Welt- und Weltwirtschaftssystems. Dazu wurde in den „Grundprinzipien der internationalen sozialistischen Arbeitsteilung" (1962) ausgeführt:

„Die Gemeinschaft der sozialistischen Staaten stützt sich auf die in

[2] Programm und Statut der Kommunistischen Partei der Sowjetunion, angenommen auf dem XXII. Parteitag der KPdSU, Oktober 1961, Berlin 1961, S. 18

jedem Land geschaffene gleichartige ökonomische Grundlage – das gesellschaftliche Eigentum an den Produktionsmitteln, auf einen gleichartigen Staatsaufbau, die Macht des Volkes mit der Arbeiterklasse an der Spitze, auf eine einheitliche Ideologie, den Marxismus-Leninismus."[3]

Wie die innerstaatlichen gesellschaftlichen Verhältnisse, so umfassen auch die zwischenstaatlichen im Sozialismus alle wichtigen Bereiche: die Produktivkräfte, die Produktionsverhältnisse wie auch die verschiedenen Elemente und Bereiche des gesellschaftlichen Überbaus. Staatliche und nichtstaatliche (gesellschaftliche) Organisationen widmen sich diesen internationalen sozialistischen Beziehungen. Es werden dafür spezielle staatliche, zwischenstaatliche und internationale Institutionen geschaffen.

Das Entstehen und die weitere (quantitative und qualitative) Entwicklung des sozialistischen Welt- und Weltwirtschaftssystems sind Ergebnis und Ausdruck einer neuen Entwicklungsstufe der Vergesellschaftung und Internationalisierung der Produktivkräfte und der sozialökonomischen Beziehungen in Basis und Überbau der Gesellschaft.

Die Internationalisierung der Produktion und des gesamten gesellschaftlichen Lebens ist teils Voraussetzung, teils Aufgabe des Sozialismus. Marx, Engels und Lenin haben in dieser Internationalisierung eine der entscheidenden Funktionen des Kapitalismus bei der Schaffung von Voraussetzungen für den Sozialismus gesehen. Der Kapitalismus habe, so lesen wir schon im *Kommunistischen Manifest*, „die Produktion und Konsumtion aller Länder kosmopolitisch gestaltet"[4]. „Die geistigen Erzeugnisse der einzelnen Nationen werden Gemeingut. Die nationale Einseitigkeit und Beschränktheit wird mehr und mehr unmöglich . . ."[5]

Die sozialistisch-kommunistische Gesellschaftsordnung vollendet dieses Werk der Internationalisierung, indem sie soziale Ausbeutung und nationale Unterdrückung beseitigt, alle Nationen wirtschaftlich und geistig-kulturell entwickelt und sie einander mehr und mehr annähert, sie verbindet, sie dann allmählich verschmelzen läßt.

Entsprechend den Wesenszügen des Sozialismus ist das Zusammenrücken der Völker, der einzelnen Menschen aus den verschiedenen sozialistischen Nationen ein Grundanliegen der weiteren Entwicklung des sozialistischen Weltsystems. Kulturaustausch, Tourismus, Studium und zeitweilige Arbeit in sozialistischen Partnerländern, Verflechtungen

[3] Grundprinzipien der internationalen sozialistischen Arbeitsteilung, in: Freundschaft, Zusammenarbeit, Beistand. Grundsatzverträge zwischen den sozialistischen Staaten, Berlin 1968, S. 271f.

[4] K. Marx/F. Engels, Manifest der Kommunistischen Partei, in: K. Marx/ F. Engels, Werke (MEW), Bd. 4, Berlin 1959, S. 466

[5] Ebenda

in der Konsumtionssphäre – dies und anderes sind Formen persönlicher internationaler Kommunikationen im historischen Prozeß derAnnäherung sozialistischer Nationen.

Historische Bedingungen

Das internationale System des Sozialismus, die sozialistische Staatengemeinschaft, das sozialistische Weltwirtschaftssystem und die internationale Wirtschaftsintegration der Mitgliedsländer des RGW sind, wie das in diesem Buch beschrieben wird, unter ganz bestimmten geschichtlichen Umständen entstanden, und sie entwickeln sich unter konkreten historischen Bedingungen.

Das unterschiedliche wirtschaftliche und wissenschaftlich-technische Entwicklungsniveau der sozialistischen Volkswirtschaften ist eine dieser Bedingungen. Daraus ergibt sich die in allen grundlegenden Dokumenten der kommunistischen und Arbeiterparteien wie auch des RGW formulierte Aufgabe, dieses Entwicklungsniveau allmählich anzugleichen. Im Komplexprogramm wird diese geschichtliche Aufgabe, deren Lösung in ihrer internationalen Ausstrahlungskraft von weitreichender Bedeutung ist, in Abschnitt 2 begründet, erläutert und konkretisiert, besonders für die Mongolische Volksrepublik.[6]

Eine weitere wesentliche gegenwärtige Existenzbedingung des sozialistischen Weltsystems ist sein Bündnis mit der revolutionären internationalen Arbeiterbewegung, der nationalen Befreiungsbewegung, der breiten Friedensbewegung und allen antiimperialistischen Kräften. Alle Leistungen und Fortschritte im sozialistischen Weltsystem haben internationale Ausstrahlung und festigen den Zusammenschluß mit den anderen revolutionären, demokratischen, antiimperialistischen Strömungen. Das gilt für Weltanschauung und Kultur, für sozialistische Demokratie, Innen- und Außenpolitik, das gilt für die wissenschaftlich-technischen Fortschritte, die gesamte Wirtschafts- und Sozialpolitik und natürlich auch für die sozialistische internationale Wirtschaftsintegration. Wie die Geschichte zeigt und wie auch die Zukunft zeigen wird, sind die Festigung der sozialistischen Staatengemeinschaft und der Ausbau der wirtschaftlichen Integrationsprozesse unter Berücksichtigung des Bündnisses

[6] Komplexprogramm für die weitere Vertiefung und Vervollkommnung der Zusammenarbeit und Entwicklung der sozialistischen ökonomischen Integration der Mitgliedsländer des RGW, in: Dokumente RGW, Berlin 1971, S. 20ff.

mit den anderen antiimperialistischen Kräften eine sehr schwierige und widerspruchsvolle, keineswegs immer in allem befriedigend zu bilanzierende Aufgabe.

Natürlich gibt es eine Wechselwirkung: Die Kämpfe und Fortschritte der Arbeiterbewegung und der demokratischen Kräfte im nichtsozialistischen Weltbereich sind von bedeutendem Einfluß auf die Fortschritte in den sozialistischen Ländern selbst. Diese Kräfte unterstützen die Außenpolitik der sozialistischen Staatengemeinschaft und führen einen hartnäckigen Kampf gegen Antikommunismus und Antisowjetismus.

Im Grunde haben wir mit allen diesen Bemerkungen bereits auf eine weitere historische Existenzbedingung des Weltsystems des Sozialismus hingewiesen: auf die Konfrontation mit dem Imperialismus. Bei Ausnutzung aller Möglichkeiten der wirtschaftlichen und sonstigen Zusammenarbeit berücksichtigen wir, daß der Imperialismus der Gegenpol des Sozialismus ist, daß sein Wesen aggressiv ist (nicht nur auf militärischem Gebiet). Wir in der DDR kennen diese gesamte Problematik von Konfrontation und Kooperation nur zu gut und betreiben unsere Politik der Abgrenzung vom imperialistischen System in der BRD bei gleichzeitiger Pflege der friedlichen und gleichberechtigten internationalen Zusammenarbeit.

Die Konflikte innerhalb des imperialistischen Systems und seine Aggressivität nehmen in dem Maße zu, in dem es unter den zunehmenden Druck der modernen Produktivkräfte, des Sozialismus, der revolutionären Arbeiterbewegung, der jungen Nationalstaaten und der gesamten internationalen demokratisch-antiimperialistischen Bewegung gerät – kurz, in dem Maße, in dem die Welt, entsprechend den historischen Gesetzmäßigkeiten, weitere Fortschritte auf dem Wege vom Kapitalismus zum Sozialismus macht.

Es versteht sich, daß die Lösung der Aufgabe: Festigung der sozialistischen Staatengemeinschaft und Sicherung gegen den Imperialismus ebenfalls komplex und schwierig ist, daß sie – man denke nur an die Stärkung unserer Verteidigungskraft – von den Sowjetvölkern und allen anderen Völkern der sozialistischen Staatengemeinschaft große Anstrengungen und auch Opfer verlangt.

Das sozialistische Weltwirtschaftssystem

Alle dem sozialistischen Weltsystem eigenen Wesenszüge, grundlegenden gesetzmäßigen Entwicklungstendenzen, allgemeinen und spezifisch sozialistischen Prinzipien der Zusammenarbeit der Parteien, Staaten und gesellschaftlichen Organisationen gelten auch für das sozialistische Weltwirtschaftssystem, gelten auch für die wirtschaftliche Zusammenarbeit im Rat für Gegenseitige Wirtschaftshilfe. Auf der Basis des gesellschaftlichen Eigentums an den Produktionsmitteln und unter der politischen Macht der Arbeiterklasse ist im Weltsystem des Sozialismus ein sozialökonomisch neuer Typus internationaler Wirtschaftsbeziehungen entstanden.

Die sozialistischen Produktionsverhältnisse erscheinen im sozialistischen Weltwirtschaftssystem als staatlich organisierte, dabei als nationale und internationale. Die sozialistischen internationalen Produktionsverhältnisse sind kollektive Beziehungen der Zusammenarbeit und gegenseitigen Hilfe zwischen gleichberechtigten Nationen, Staaten und Volkswirtschaften. Diese Beziehungen dienen dem Ziel des sozialistischen Wirtschaftens, der höchstmöglichen Hebung des materiellen und geistig-kulturellen Wohlstands aller Werktätigen.

Die sozialistischen internationalen Wirtschaftsbeziehungen sind eine höhere und sozialökonomisch neue Form der Vergesellschaftung von Arbeit und Produktion, ihrer Internationalisierung. Nach Marx ist die allgemeinste Grundlage des Prozesses von Vergesellschaftung und Internationalisierung die Entwicklung der maschinellen Großproduktion. Das gilt auch für die sozialistische Vergesellschaftung und Internationalisierung, in der wir auf sozialistische Art, mit den Vorzügen des Sozialismus, die maschinelle Großproduktion (auch in der Landwirtschaft) weiterentwickeln. Dem dient die sozialistische Rationalisierung. Die moderne maschinelle Großproduktion mit integrierten Forschungs- und Entwicklungsarbeiten, mit modernen chemischen Produkten und Verfahren, mit hochmechanisierten und automatisierten Produktionsprozessen, führt mehr und mehr zur Konzentration von Forschung und Produktion, zu verzweigter gesellschaftlicher (volkswirtschaftlicher und internationaler) Arbeitsteilung und zur Kombination beziehungsweise Kooperation der arbeitsteiligen und konzentrierten Produzenten wie schließlich zu der mit gesellschaftlicher Arbeitsteilung heute zwangsläufig verbundenen (extensiven und intensiven) Ausdehnung des Marktes.

Stets betonte Marx die Einheit und den Zusammenhang von Vergesellschaftung und Internationalisierung. Die sozialistische Gesellschaft hat die Aufgabe, diesen Prozessen den Weg für eine harmonische Entwicklung freizumachen, sie von allen kapitalistischen Formen der Ausbeutung und Gewalt, nationaler Unterdrückung und Entfremdung, der Konkurrenz, Unterentwicklung und Desintegration zu befreien.

„Damit die Völker sich wirklich vereinigen können, muß ihr Interesse ein gemeinschaftliches sein. Damit ihr Interesse gemeinschaftlich sein könne, müssen die jetzigen (kapitalistischen – die Verf.) Eigentumsverhältnisse abgeschafft sein, denn die jetzigen Eigentumsverhältnisse bedingen die Exploitation der Völker unter sich: Die jetzigen Eigentumsverhältnisse abzuschaffen, das ist nur das Interesse der arbeitenden Klasse. Sie allein hat auch die Mittel dazu."[7] So waren die Siege der Werktätigen in den Ländern des sozialistischen Weltsystems zugleich Siege über die nationalen und industriellen Konflikte, die im Kapitalismus die verschiedenen Völker einander feindlich gegenüberstellen. Gleichzeitig waren sie erste Schritte „zur Schaffung einer einheitlichen, nach einem gemeinsamen Plan vom Proletariat aller Nationen zu regelnden Weltwirtschaft als Ganzes, eine Tendenz, die bereits unter dem Kapitalismus ganz deutlich zutage getreten ist, unter dem Sozialismus unbedingt weiterentwickelt und ihrer Vollendung entgegengeführt werden muß."[8]

Bis zu dieser Weltgemeinschaft liegt noch ein langer Entwicklungsweg vor uns. Doch ist durch den Zusammenschluß der RGW-Staaten bereits eine Gemeinschaft entstanden, in der die arbeitenden Menschen der Erde das Vorbild einer künftigen weltweiten Gemeinschaft freier Völker sehen sollen. Die sozialistische Staatengemeinschaft ist der sozial und politisch fortschrittlichste, der wirtschaftlich dynamischste und ein militärisch starker Staatenbereich der Erde. (Einiges Zahlenmaterial hierzu in den Tabellen im Anhang.)

Mit der sozialistischen ökonomischen Integration der Mitgliedsländer des RGW wird eine qualitativ neue Stufe in der Entwicklung des sozialistischen Weltwirtschaftssystems erreicht.

Mit der Annahme des Komplexprogramms der sozialistischen ökonomischen Integration verfügen die RGW-Länder über einen langfristigen Plan zur Intensivierung ihrer wirtschaftlichen und wissenschaftlich-technischen Zusammenarbeit, zur Verflechtung ihrer Volkswirtschaften auf dem Weg der Schaffung einer Weltgemeinschaft freier Völker. Damit eröffnet sich gleichzeitig auch ein neuer, langer Entwicklungsabschnitt der Internationalisierung der Wirtschaftsbeziehungen in der sozialistischen Gesellschaft, in dem sich das internationale Wesen der sozialistischen Produktionsverhältnisse weiter entfaltet und die Anwendung der internationalistischen Prinzipien der marxistisch-leninistischen Weltanschauung und Politik weiter vervollkommnet.

Sowohl im Prozeß der sozialistischen Vergesellschaftung von Arbeit und Produktion als auch im Prozeß ihrer Internationalisierung wird die Struktur der sozialistischen Produktionsverhältnisse reichhaltiger. Dabei

[7] K. Marx, Rede über Polen, in: MEW, Bd. 4, a. a. O., S. 416

[8] W. I. Lenin, Entwurf der Thesen zur nationalen und kolonialen Frage, in: Werke, Bd. 31, Berlin 1966, S. 135

ist für den Integrationsprozeß kennzeichnend, daß schrittweise neue internationale ökonomische Beziehungen, also neue Elemente der sozialistischen Produktionsverhältnisse geschaffen werden: Abstimmungen der Wirtschaftspolitik, neue Formen der Plankoordinierung, die gemeinsame Planung vordringlicher Aufgaben der Staatengemeinschaft, Direktbeziehungen zwischen Betrieben, Instituten, Kombinaten und Ministerien, gemeinsame Forschungen, Investitionen und Produktionen, tiefgreifende Spezialisierungen und Kooperationen in Forschung, Entwicklung und Produktion, gemeinsame Einrichtungen verschiedener Art, neue Distributions- und Zirkulationsbeziehungen. In dieser Struktur werden die direkten internationalen Produktionsbeziehungen mehr Gewicht als in der bisherigen Zusammenarbeit erhalten. Die wirtschaftliche Integration vollzieht sich vor allem über die Verstärkung der Verbindungen und Verflechtungen in der Produktion. Auf diese Weise werden die volkswirtschaftlichen Reproduktionsprozesse mehr und mehr von den Integrationsmaßnahmen beeinflußt. Es verflechten die volkswirtschaftlich organisierten sozialistischen Produktionsverhältnisse zunehmend international.

Mit der Entfaltung der sozialistischen internationalen Wirtschaftsintegration wird es möglich, die ökonomischen Gesetze vollkommener auszunutzen. Das gilt für das Grundgesetz ebenso wie zum Beispiel für das Gesetz der gesellschaftlichen Arbeitsteilung, führt doch die Ausnutzung der Möglichkeiten weiterer internationaler Arbeitsteilung zu einer Vervollkommnung der Mittel der sozialistischen Produktion, was wiederum eine bessere Befriedigung der Bedürfnisse erlaubt. Aber auch das Gesetz der planmäßigen (und proportionalen) Entwicklung und das Wertgesetz können vollkommener ausgenutzt werden, dienen doch die Entwicklung des Außenhandels, der Valutabeziehungen wie überhaupt des sozialistischen internationalen Marktes der besseren planmäßigen Gestaltung der wirtschaftlichen Kooperation zwischen den Partnern.

Mit der Integration dehnt sich also das Wirkungsfeld der ökonomischen Gesetze des Sozialismus aus, wodurch es für die RGW-Länder immer notwendiger wird, gemeinsam Lösungen und Varianten zu finden, die diesen erweiterten Wirkungsbedingungen entsprechen und die vom Standpunkt der gesamten RGW-Gemeinschaft am effektivsten und rationellsten sind. Das ist alles andere als einfach. Hier gibt es Widersprüche im Objektiven und kann es Widersprüche im Subjektiven geben, wenn die Wirkungsbedingungen und komplexen Zusammenhänge der ökonomischen Gesetze nicht rechtzeitig und nicht gründlich genug erkannt werden, wenn kurzfristige und spezifisch nationale (volkswirtschaftliche) Interessen einseitig betont werden und aus anderen Gründen mehr. Das Spezifische im Allgemeinen zu erkennen und durchzusetzen, gehört, wie bereits in den vergangenen Entwicklungsetappen, zu den verantwortungsvollsten und kompliziertesten Aufgaben der kommunistischen und Arbeiterparteien der sozialistischen Länder und erfordert einen ständigen Meinungs- und Erfahrungsaustausch.

Somit schafft die sozialistische ökonomische Integration durch die damit verbundene Intensivierung des Internationalisierungs- und Vergesellschaftungsprozesses „neue günstige Voraussetzungen, jene großen Aufgaben zu erfüllen, wie sie vom XXIV. Parteitag der KPdSU, von den Parteitagen der anderen Bruderparteien und von unserem VIII. Parteitag zur weiteren Erhöhung des materiellen und kulturellen Lebensniveaus des Volkes beschlossen wurden“[9]. Zu diesen großen Aufgaben gehört auch die Durchsetzung der Erfordernisse der wissenschaftlich-technischen Revolution, die „unter den Bedingungen des Sozialismus ... in besonderem Maße Kooperation, sinnvolle Arbeitsteilung und die Verflechtung der Volkswirtschaften erforderlich“ macht.[10] Nur auf diesem Wege wird es möglich sein, jene Dimensionen in der Produktion, Forschung und Entwicklung zu erreichen, die höchste Effektivität und ein hohes wissenschaftlich-technisches Niveau gewährleisten.

In diesem Sinne ist die sozialistische ökonomische Integration „keine bloße Summierung der Kräfte der beteiligten Länder, sondern schafft neue qualitative Bedingungen für das rasche Wachstum des ökonomischen Potentials unserer Länder und damit für die Hebung des Wohlstandes unserer Völker.“[11] Gleichzeitig ist sie von außerordentlicher Bedeutung für die weitere Stärkung des Sozialismus in der internationalen Arena und im Wettbewerb beider Weltsysteme. Schließlich fördert sie die weitere Annäherung der sozialistischen Nationen, Staaten und Volkswirtschaften auf dem großartigen, aber langen und komplizierten Weg zum umfassenden und hochentwickelten sozialistisch-kommunistischen Weltsystem, wie es in den sozialökonomischen Prognosen von Marx, Engels und Lenin formuliert worden ist.

Volkswirtschaftliche Leistungen und internationale Zusammenarbeit

Häufig wurde in Dokumenten der kommunistischen und Arbeiterparteien der RGW-Länder hervorgehoben, daß das Erstarken des sozialistischen Weltsystems und des wirtschaftlichen Bundes der RGW-Länder

[9] E. Honecker, Aus dem Bericht des Politbüros an die 9. Tagung des ZK der SED, Berlin 1973, S. 31

[10] Ebenda, S. 29 [11] Ebenda

ebenso auf den Anstrengungen in den einzelnen Ländern wie auch auf der auszubauenden Zusammenarbeit beruht. So steht es in den „Grundprinzipien der internationalen sozialistischen Arbeitsteilung“[12], so steht es im Komplexprogramm für die Wirtschaftsintegration der RGW-Länder.[13] Im gleichen Sinne heißt es im Kommuniqué einer Beratung der kommunistischen und Arbeiterparteien der RGW-Länder im Jahre 1962, „daß die Erfolge in den Ländern des sozialistischen Weltsystems dank der richtigen Anwendung der allgemeinen Gesetzmäßigkeiten des sozialistischen Aufbaus, unter Berücksichtigung der konkreten Besonderheiten eines jeden Landes sowie der Interessen der Gemeinschaft der sozialistischen Länder, dank den Anstrengungen der Völker dieser Länder, ihrer engen Zusammenarbeit und gegenseitigen Hilfe, errungen wurden.“[14]

Die wirtschaftliche Zusammenarbeit der RGW-Staaten kann nur Früchte bringen, wenn sie von den Anstrengungen und Erfolgen der einzelnen Länder getragen wird. Hier zeichnen sich zwei Hauptrichtungen ab: Einmal geht es um die Steigerung der Produktivität der gesamten gesellschaftlichen Arbeit; zum anderen ist das volkswirtschaftliche Leitungs- und Planungssystem laufend effektiver und mit Blickwinkel auf die Förderung der Zusammenarbeit zu gestalten. Aber auch umgekehrte Einflüsse gibt es in den Beziehungen von internationaler Zusammenarbeit und volkswirtschaftlicher Leistung: Die sozialistische internationale Wirtschaftszusammenarbeit, besonders natürlich in Gestalt der ökonomischen Integration, trägt immer wirkungsvoller dazu bei, erstens die Effektivität des Wirtschaftens in den Mitgliedsländern zu erhöhen und zweitens durch Koordinierung, gemeinsame Planungstätigkeit wie auch Erfahrungsaustausch die volkswirtschaftlichen Leitungs-, Planungs- und Stimulierungssysteme zu verbessern. Die Wirtschaftsintegration bringt neue volkswirtschaftliche Wachstumsfaktoren zur Entfaltung und zur Wirkung.

In diesem Buch wird auf einige konkrete Zusammenhänge der Wechselbeziehungen von volkswirtschaftlicher Leistung und internationaler Zusammenarbeit eingegangen, und es werden Beispiele angeführt. An dieser Stelle sei auf die gemeinsame Lösung von Energie-, Werkstoff- und EDV-Problemen im Rahmen des RGW verwiesen. Auf allen drei Gebieten ar-

[12] Grundprinzipien, ... in: Freundschaft, Zusammenarbeit, Beistand ..., a. a. O., S. 271f.

[13] Komplexprogramm, ... in: Dokumente RGW, a. a. O., S. 14

[14] Kommuniqué der Moskauer Beratung der Vertreter der kommunistischen und Arbeiterparteien der Teilnehmerländer des Rates für Gegenseitige Wirtschaftshilfe (RGW), in: Freundschaft, Zusammenarbeit, Beistand ..., a. a. O., S. 266

beiten auch wir in der DDR an neuen Entwicklungen, an der Verbesserung von Qualität und Arbeitsproduktivität, müssen wir schwierige Investitions- und Strukturentscheidungen treffen. Doch ist ebenso klar, daß wir diese Aufgaben nicht nur mit eigenen Kapazitäten und eigenen langfristigen Strategien lösen, vielmehr bedarf es dazu des Zusammenlegens und des Koordinierens mit den Kapazitäten der Partnerländer, und ebenso sind abgestimmte und gemeinsame Strategien notwendig, bei denen langfristige Entwicklungen von Forschung und Bedarf, von Produktion und Investitionen in den einzelnen Ländern Berücksichtigung finden.

Hauptgebiete der wirtschaftlichen Zusammenarbeit

Das Ziel der sozialistischen internationalen Wirtschaftszusammenarbeit ist die Verbesserung der Arbeits- und Lebensbedingungen der Werktätigen entsprechend den gegebenen Möglichkeiten, das Mittel ist die Steigerung der gesellschaftlichen Produktivität, die Intensivierung des volkswirtschaftlichen Reproduktionsprozesses und der internationalen Arbeitsteilung wie überhaupt der internationalen Wirtschaftskooperation.

Die Entwicklung der wirtschaftlichen Zusammenarbeit der RGW-Länder bis hin zum Beginn der wirtschaftlichen Integration, bringt zum Ausdruck, wie die sozialistischen internationalen Wirtschaftsbeziehungen planmäßig, von Stufe zu Stufe, entfaltet wurden. Immer mehr rücken im Integrationsprozeß die direkten internationalen Produktionsbeziehungen in den Vordergrund, beeinflussen sie die internationalen Distributionsverhältnisse (z. B. Kredite und Einlagen in gemeinsame Einrichtungen) wie auch die internationalen Zirkulationsbeziehungen (den Außenhandel, den Zahlungsverkehr, Valutakurse, Zahlungsbilanzen usw.).

In den weiteren Kapiteln dieses Buches kann nachgelesen werden, wie sich die wirtschaftliche Zusammenarbeit der Mitgliedsländer gliedert, wie diese Gliederung planmäßig bereichert worden ist und wie die Hauptformen dieser Zusammenarbeit immer wieder Gegenstand der Beratungen und Beschlüsse von Parteien und Regierungen waren.

Unter politökonomischen Erwägungen ist folgende Gliederung denkbar:

1. Zusammenarbeit auf dem Gebiet der Planung: von Abstimmungen der Wirtschaftspolitik über Plankoordinierungen, gemeinsame Planungen, wissenschaftlich-technische Konzeptionen bis hin zur Zusammenarbeit von Kombinaten und ähnlichen Einrichtungen. (Vgl. im einzelnen die Gliederung im Komplexprogramm.)

2. Zusammenarbeit auf dem Gebiet der Produktion: Forschungskooperation, gemeinsame Forschungseinrichtungen, Produktionsspezialisierung und -kooperation, Austausch, Ausbildung und gemeinsamer Einsatz von Arbeitskräften, Investitionsabstimmungen und gemeinsame Investitionen, Koordinierungszentren für Forschung und Produktion, gemeinsame Produktionsbetriebe und Forschungseinrichtungen und anderes mehr.

3. Zusammenarbeit auf dem Gebiet der Distribution: unentgeltliche Hilfe, Kredite, Investitionsbeteiligungen, Einlagen in gemeinsame Einrichtungen und Leistungen dieser Einrichtungen, auch Preisvereinbarungen, Überweisungen für Sozialversicherung und andere Umverteilungen bei Arbeit von Werktätigen in anderen sozialistischen Ländern, Tourismus und weiteres.

4. Zusammenarbeit auf dem Gebiet der Zirkulation: Außenhandel, Zahlungs- und Verrechnungsverkehr, gemeinsame (kollektive) Währung in Gestalt des transferablen Rubels, Transferierbarkeit und Konvertierbarkeit, Valutakurse und Valutakoeffizienten, Regelungen auf dem Gebiet des Tourismus und so weiter.

5. Zusammenarbeit auf dem Gebiet der Konsumtion: Maßnahmen für die verbesserte und arbeitsteilige Produktion von Konsumgütern und Herstellung von Produktionsmitteln für diese Konsumgütererzeugung, Vereinbarungen über die Verbreiterung der Waren- und Dienstleistungssortimente in den einzelnen Ländern durch Austausch, Spezialisierung und anderes, Reiseverkehr, Abstimmung von sozialpolitischen Maßnahmen, von Einzelhandelspreisen und ähnliches.

Entwicklungsabschnitte

Nachdem der Sozialismus über den Rahmen eines einzelnen Landes, einer einzelnen Volkswirtschaft hinausgetreten war, entwickelten und vervollkommneten sich die internationalen ökonomischen Verbindungen zwischen den sozialistischen Partnerländern. Das war ein in seinen Grundtendenzen kontinuierlicher Prozeß, den man jedoch der besseren Übersicht halber und, um Wesentliches bestimmter Entwicklungen hervorzuheben, in einige Zeitabschnitte aufgliedern kann. Es gibt unserer Meinung nach drei hauptsächliche Kriterien, die einer solchen Gliederung zugrunde gelegt werden sollten:

1. Die Stadien der sozialistischen Entwicklung in den einzelnen Ländern.
2. Die Entwicklungsprozesse des sozialistischen Weltsystems.
3. Die Veränderungen im internationalen Kräfteverhältnis Sozialismus—Imperialismus.

Da der Gegenstand unseres Buches die *wirtschaftliche* Zusammenarbeit zwischen einem *Teil* der sozialistischen Staaten, den RGW-Mitgliedsländern, ist, wären bei den drei Punkten erstens die ökonomischen Entwicklungen besonders zu berücksichtigen, und zweitens wäre das Schwergewicht auf die Zusammenarbeit eben zwischen den RGW-Staaten zu legen.

Wenn die Entwicklung der Wirtschaftsbeziehungen der RGW-Staaten zeitlich gegliedert werden soll, kann unserer Ansicht nach keines der drei Kriterien *allein* zugrunde gelegt werden, wirken sie doch im Zusammenhang. Allerdings können die aus den einzelnen Kriterien abzuleitenden Zeitabschnitte in gewissem Maße voneinander abweichen.

Wir haben in unserer Arbeit dem ersten Kriterium einen gewissen Vorrang eingeräumt, weil, mit Ausnahme der UdSSR, die sozialistische Entwicklung in allen europäischen RGW-Ländern einen dem sozialen Inhalt nach ungefähr gleichen Ablauf hatte. Das beeinflußte in starkem Maße die Entwicklung sowohl der wirtschaftlichen Zusammenarbeit der RGW-Länder als auch des Kampfes gegen den Imperialismus. So ergab sich für uns eine Gliederung in vier Zeitabschnitte.[15]

Ein erster Abschnitt umfaßt die Zeit der Wiederherstellung der Volkswirtschaft in der UdSSR auf der einen Seite und andererseits die Zeit von der Bildung volksdemokratischer Staaten bis zum Beginn der sozialistischen Etappe der Revolution, wobei dieser Beginn zeitlich ungefähr mit der Gründung des Rates für Gegenseitige Wirtschaftshilfe zusammenfällt. Diese Entwicklung umfaßt die Jahre von 1944/45 bis etwa um 1950.

Der zweite Zeitabschnitt ist etwa mit den fünfziger Jahren deckungsgleich. In der Sowjetunion wird am Aufbau eines entwickelten Sozialismus gearbeitet, und in den anderen europäischen RGW-Staaten wird der sozialistische Aufbau durchgeführt und auch zum Abschluß gebracht. Im RGW wird mit Formen der Zusammenarbeit begonnen (vor allem Plankoordinierungen), die bereits über zweiseitige Außenhandelsvereinbarungen hinausgehen. In die fünfziger Jahre fällt die weitere Konsolidierung des sozialistischen Weltsystems, für die besonders der Warschauer Vertrag (1955) und die Entfaltung multilateraler ökonomischer Zusammenarbeit zwischen den RGW-Ländern in der zweiten Hälfte der fünfziger Jahre kennzeichnend sind.

In den sechziger Jahren, einem dritten Zeitabschnitt, wird nach der UdSSR auch in den anderen europäischen RGW-Ländern mit dem Auf-

15 Eine etwas andere Periodisierung findet sich beispielsweise bei M. Hegemann, Die Entwicklung der Zusammenarbeit im RGW, in: Zeitschrift für Geschichtswissenschaft, 1/1971, S. 6

bau des entwickelten Sozialismus begonnen. Entsprechend wird die sozialistische internationale Zusammenarbeit in Richtung auf die Integration intensiviert.

Schließlich beginnt Anfang der siebziger Jahre, mit der sozialistischen ökonomischen Integration der Mitgliedsländer des RGW, ein neuer, ein vierter Zeitabschnitt. Er wird von den in den meisten Ländern gestellten neuen Aufgaben geprägt, die Arbeits- und Lebensbedingungen der Menschen stärker zu verbessern, die sozialen Beziehungen in allen Lebensbereichen entsprechend sozialistischen Prinzipien weiter zu gestalten, die volkswirtschaftlichen Reproduktionsprozesse zu intensivieren und die internationalen ökonomischen Integrationsprozesse zu entfalten. Zugleich ist dies die Zeit, in der die sozialistische Politik der friedlichen Koexistenz ganz bestimmte positive Resultate zeitigt und sich auf dieser Grundlage einige neue Beziehungen zwischen sozialistischen und imperialistischen Ländern entwickeln. Das Kräfteverhältnis in der Welt hat sich weiter zugunsten des Sozialismus verändert.

Jeder der vier Zeitabschnitte in der wirtschaftlichen Zusammenarbeit der RGW-Staaten trug spezifische Züge, hatte seine speziellen Widersprüche, Probleme, Schwerpunkte und Ergebnisse. Gleichzeitig gibt es Wesenszüge, die für alle vier Abschnitte gleichermaßen kennzeichnend waren beziehungsweise sind und die gesehen werden müssen, wenn man zu einer richtigen Würdigung und realen Einschätzung der bisherigen fünfundzwanzigjährigen Tätigkeit des RGW und der Zusammenarbeit seiner Mitgliedsländer gelangen will.

1.3. Die Prinzipien der wirtschaftlichen Zusammenarbeit sozialistischer Staaten

In den oben erwähnten vier Zeitabschnitten der wirtschaftlichen Zusammenarbeit der Mitgliedsländer des Rates für Gegenseitige Wirtschaftshilfe wurden von den marxistisch-leninistischen Parteien und den Regierungen in den Grundzügen einheitlich die entscheidenden Prinzipien sozialistischer internationaler Zusammenarbeit angewendet und ihre konkrete Handhabung vervollkommnet. Es galt, die objektiven Entwicklungsbedingungen möglichst genau und vollständig zu berücksichtigen, dem Wirken der objektiven ökonomischen Gesetze Rechnung zu tragen, aus erreichten Erfolgen keine überstürzten Maßnahmen abzuleiten, aus Irrtümern zu lernen, auf veränderte Situationen schnell zu reagieren, enge nationale Konzeptionen zu überwinden und vieles andere mehr.

Grundlegende Leitsätze

Aus der marxistisch-leninistischen Weltanschauung, die die objektiven gesellschaftlichen Entwicklungsprozesse reflektiert, leiten sich die grundlegenden Prinzipien der wirtschaftlichen Zusammenarbeit zwischen sozialistischen Staaten ab. Die allgemeinen Grundlagen – sie lösen natürlich nicht automatisch die wirkenden Prinzipien aus – für das richtige Anwenden dieser Prinzipien sind das gesellschaftliche Eigentum an den Produktionsmitteln und die politische Macht der Arbeiterklasse, deren Partei die führende Rolle bei der Gestaltung der gesellschaftlichen Entwicklung ausübt.

In Abschnitt 1 des Komplexprogramms der sozialistischen ökonomischen Integration werden die Grundprinzipien der Zusammenarbeit der beteiligten Länder dargelegt und anschließend Hauptziele, -wege und -mittel des weiteren Ausbaus der ökonomischen Zusammenarbeit und wirtschaftlichen Integration festgelegt.

„Die weitere Vertiefung und Vervollkommnung der Zusammenarbeit und Entwicklung der sozialistischen ökonomischen Integration der Mitgliedsländer des RGW werden auch in Zukunft entsprechend den Prinzipien des sozialistischen Internationalismus auf der Grundlage der Achtung der staatlichen Souveränität, der Unabhängigkeit und der nationalen Interessen, der Nichteinmischung in die inneren Angelegenheiten der Länder, der völligen Gleichberechtigung, des gegenseitigen Vorteils und der kameradschaftlichen gegenseitigen Hilfe erfolgen.“[16]

Auf der Grundlage der Wahrung allgemein demokratischer Prinzipien der Zusammenarbeit (Souveränität, Nichteinmischung usw.) werden im Programm spezifisch sozialistische Züge formuliert, darunter die gegenseitige Hilfe und die völlige Gleichberechtigung. Die Anwendung dieser Grundzüge hat in vielen Dokumenten der kommunistischen und Arbeiterparteien wie auch in Dokumenten und in der Praxis des RGW zu der Zielstellung geführt, eine allmähliche Angleichung des wirtschaftlichen und wissenschaftlich-technischen Entwicklungsniveaus der beteiligten Länder herbeizuführen.

Die grundlegende Bedingung jeglicher Zusammenarbeit sozialistischer Staaten ist die führende Rolle der kommunistischen und Arbeiterparteien bei der Gestaltung dieser Zusammenarbeit. Der große und stetig zunehmende Einfluß des RGW und der Zusammenarbeit seiner Mitgliedsländer ist eng mit der Tätigkeit der kommunistischen und Arbeiterparteien dieser Länder verknüpft. Zwischen der KPdSU, der SED und den anderen Bruderparteien entwickelte sich ein umfassendes System der Kooperation,

[16] Komplexprogramm, ... in: Dokumente RGW, a. a. O., S. 15f.

des Meinungs- und Erfahrungsaustausches und der Abstimmung ihrer Politik. Eine besondere Bedeutung haben dabei die großen internationalen Beratungen der kommunistischen und Arbeiterparteien, aber auch die Tagungen des RGW und des politischen beratenden Ausschusses im Rahmen des Warschauer Vertrages. Als außerordentlich nützlich erwiesen sich die direkten Kontakte zwischen den führenden Repräsentanten der Partei- und Staatsführung auf bilateraler und multilateraler Ebene, die die Lösung komplizierter Probleme der Zuammenarbeit ermöglichten oder beschleunigten.

Alle diese Formen gewährleisten die Abstimmung und gegenseitige Berücksichtigung der Interessen der Teilnehmerländer, die Abstimmungen der Grundlinien und der strategischen Ziele der Zusammenarbeit, schließlich auch die gemeinsame Festlegung der politischen und wirtschaftlichen Schwerpunktaufgaben in den einzelnen Entwicklungsabschnitten; sie setzen einen gründlichen Erfahrungsaustausch über die Beachtung der allgemeinen Gesetzmäßigkeiten der sozialistischen Entwicklung und ihrer spezifischen Züge in den einzelnen Ländern voraus.

Die bisherige politische, wirtschaftliche und geistig-kulturelle Zusammenarbeit in der sozialistischen Staatengemeinschaft beweist, ebenso wie es die Erfolge bei der Durchsetzung der Leninschen Politik der friedlichen Koexistenz tun, daß die Stärke und Ausstrahlungskraft der Sowjetunion, die wachsende Einheit und Geschlossenheit der sozialistischen Staatengemeinschaft die entscheidenden Faktoren für die Lösung aller Probleme sind. Folglich besteht eine grundlegende Aufgabe darin, die Einheit und Geschlossenheit der verschiedenen Hauptkräfte der antiimperialistischen Weltbewegung ebenso zu wahren wie die Einheit und Geschlossenheit der kommunistischen und Arbeiterparteien und das Bündnis der Länder der sozialistischen Gemeinschaft auf allen Gebieten des gesellschaftlichen Lebens. Das ist die Garantie für weitere Erfolge des internationalen Sozialismus und der Politik der friedlichen Koexistenz.

Dazu wird in der Entschließung der Moskauer Beratung der kommunistischen und Arbeiterparteien aus dem Jahre 1969 festgehalten:

„Die Erfolge des Sozialismus, sein Einfluß auf den Verlauf der internationalen Ereignisse, die Wirksamkeit seines Kampfes gegen die imperialistische Aggression hängen in bedeutendem Maße von der Geschlossenheit der sozialistischen Länder ab. Die Aktionseinheit der sozialistischen Länder ist ein wichtiger Faktor für den Zusammenschluß aller antiimperialistischen Kräfte.“[17]

[17] Internationale Beratung der kommunistischen und Arbeiterparteien, Moskau—Berlin 1969, S. 27

Der ständige Ausbau der Grundlagen der sozialistischen Staatengemeinschaft und die Entwicklung und Festigung des Bündnisses und der Einheit ihrer Länder waren und sind bei allen erreichten Fortschritten selbstverständlich kein einfacher, glatt verlaufender Prozeß.

„Die Kommunisten sehen", so wurde 1969 in der Erklärung der Moskauer Beratung formuliert, „die Schwierigkeiten in der Entwicklung des sozialistischen Weltsystems. Jedoch ist die Gemeinsamkeit der sozialökonomischen Ordnung, die Übereinstimmung der grundlegenden Interessen und Ziele der ihm angehörenden Länder die Grundlage des sozialistischen Systems. Diese Gemeinsamkeit bietet die Gewähr für die Überwindung der bestehenden Schwierigkeiten, für das weitere Erstarken der Einheit des sozialistischen Weltsystems auf der Grundlage der Prinzipien des Marxismus-Leninismus und des proletarischen Internationalismus."[18]

Internationale und nationale Interessen

Die Stärkung der sozialistischen Staatengemeinschaft (in ihren einzelnen Gliedern und als Ganzes) wie auch die Festigung der Einheit und des Zusammenschlusses hängen eng mit der Aufgabe zusammen, daß ständig unter konkreten inneren und äußeren Bedingungen der Widerspruch zwischen internationalen und nationalen Interessen zu lösen und ihre Einheit herzustellen sind.

Die Dialektik in der Motivation und im Wirken von Interessen im sozialistischen Welt- und Weltwirtschaftssystem ist durchaus vielschichtig. Es entstehen Widersprüche, deren gemeinsame Lösung gemäß den Prinzipien des sozialistischen Internationalismus die Entwicklung voranbringt; natürlich können auch Unterschiede und Gegensätze, ja Konflikte entstehen – bis hin zu der dem internationalen Imperialismus in die Hände spielenden Spaltungspolitik der gegenwärtigen Führung der VR China.

Wir dürfen nationale und internationale Interessen nicht einfach gegenüberstellen, ist es doch das kurz- und langfristig wirkende objektive nationale Interesse eines jeden sozialistischen Landes – unabhängig davon, wie dieses subjektiv, in der Politik, reflektiert wird –, das internationale sozialistische Gesamtsystem zu schützen und zu entwickeln. Wir könnten demnach so formulieren, daß die objektiven internationalen Interessen im sozialistischen Weltsystem die allgemeinen Elemente aller objektiven nationalen Interessen sind, jene *allgemeinen* nationalen Interessen, die

[18] Ebenda, S. 28

sich von Land zu Land wiederholen, die in jedem sozialistischen Land gleich sind. Ein weiterer Bestandteil der nationalen Interessen sind die spezifischen nationalen Interessen. Gerade bei diesen treten aus vielen Gründen Unterschiede von Land zu Land auf, herrührend aus Geschichte, wirtschaftlicher Situation, außenpolitischen Aufgaben, geographischer Lage und anderem mehr.

Je enger die RGW-Länder zusammenarbeiten, je mehr sich ihre Wirtschaften durch internationale ökonomische Integration verflechten, je mehr sich das Entwicklungsniveau der einzelnen Volkswirtschaften allmählich angleicht, desto eher können auch die *spezifischen* Interessen in Übereinstimmung gebracht oder doch angenähert, können Kompromißlösungen gefunden werden. Die Geschichte des Rates für Gegenseitige Wirtschaftshilfe bietet viele Beispiele für derartige Lösungen in schwierigen internationalen Situationen und bei unterschiedlichen Interessenlagen.

Nicht immer waren, wie wir noch sehen werden, die Lösungen befriedigend (zum Beispiel bei Produktionsspezialisierungen, Valutakursen, Preisen, Umsetzung von Handelsabkommen in Jahresprotokolle); dann wurde – in unserem Buch wird der Leser Beispiele finden – erneut beraten, verhandelt, vereinbart. Auf diesem Wege des Lösens von Widersprüchen zwischen besonderen, einzelnen nationalen und den internationalen Interessen ist schließlich auch das Komplexprogramm der sozialistischen ökonomischen Integration zustande gekommen.

Die Dialektik der Motivation und des Wirkens von Interessen im sozialistischen Weltsystem enthält noch andere Strukturelemente: die widerspruchsvolle Einheit erstens der zentralen Interessen des Staates, zweitens der Interessen der Betriebe, Institute, Territorien und so weiter und schließlich drittens der Interessen der Bevölkerung, ihrer Klassen, Schichten, Individuen. In der sozialistischen internationalen Zusammenarbeit, zum Beispiel in der wirtschaftlichen Integration, geht es nicht nur um die Abstimmung der zentralen staatlichen Interessen, es geht auch um die Entfaltung und Berücksichtigung der Interessen der Kombinate und Betriebe an wirkungsvollen Integrationsschritten. Bekanntlich sind hier noch viele Leitungs-, Planungs- und Stimulierungsaufgaben zu lösen. Die bisherige wirtschaftliche Zusammenarbeit der RGW-Länder macht deutlich, daß wiederholt richtige Initiativen von Kombinaten infolge ungenügender Plannormative und Stimulierungen entweder nicht geweckt oder in volkswirtschaftlich unerwünschte Richtungen gelenkt wurden. Auf der anderen Seite wurden aber durchaus vorhandene Möglichkeiten von den Kombinaten, Betrieben und Instituten keineswegs immer schnell, voll und rationell genutzt.

Im Zeichen der von den Parteitagen vieler RGW-Länder gestellten

Hauptaufgaben ist es weiterhin notwendig, das Interesse der Werktätigen an der Zusammenarbeit im sozialistischen Weltsystem und dabei nicht zuletzt an der sozialistischen ökonomischen Integration zu fördern. Das ist eine Aufgabe der Parteiarbeit ebenso wie der Kulturpolitik, eine Aufgabe der Planung (Weckung von Interesse an der Durchführung von Integrationsmaßnahmen) ebenso wie der Politik auf den Gebieten des Tourismus oder der Förderung von Integrationsprozessen auf den Binnenmärkten.

Einheit gegen Spaltungspolitik

Die Geschichte des sozialistischen Weltsystems ist somit eine Geschichte des Ringens um die Durchsetzung des Prinzips des proletarischen, sozialistischen Internationalismus bei Wahrung objektiver nationaler Interessen. Nur so können sich Zusammenschluß und Annäherung, Einheit und Geschlossenheit herausbilden, können sie verstärkt werden. Durch Beratung und Zusammenarbeit werden Tendenzen zu nationalen Alleingängen, zur einseitigen Orientierung auf nur kurzfristige Interessen überwunden und die Potenzen des internationalen Sozialismus, die Talente und Fähigkeiten der Völker im Interesse sowohl festen Zusammenschlusses als auch nationalen Aufblühens gefördert.

Die gegenwärtige Führung der VR China (und auch der VR Albanien) hat sich seit der Wende der fünfziger zu den sechziger Jahren diesen Prinzipien der Aussprache und Zusammenarbeit, der gegenseitigen Hilfe und der Einheit widersetzt und ist Schritt für Schritt den Weg bis zum offenen politischen Angriff auf die Sowjetunion und die meisten anderen sozialistischen Länder gegangen.

Die Spaltungspolitik der gegenwärtigen Führung der KP Chinas begann mit der Verletzung des elementaren kommunistischen Grundsatzes, auftretende Meinungsverschiedenheiten durch Festigung der Zusammenarbeit zu klären, im gemeinsamen, koordinierten Handeln bei der weiteren Entwicklung des sozialistischen Weltsystems und des Kampfes gegen den Imperialismus. Seit der Wende von den fünfziger zu den sechziger Jahren trägt die Entwicklung des sozialistischen Weltsystems und der wirtschaftlichen Zusammenarbeit sozialistischer Länder den Schatten der Spaltungspolitik der jetzigen chinesischen Führung.

Noch 1960 hatten die Vertreter der KP Chinas auf der internationalen Beratung der kommunistischen und Arbeiterparteien in Moskau der These zugestimmt:

„Die volksdemokratischen Republiken Albanien, Bulgarien, China, die Deutsche Demokratische Republik, die Koreanische Volksdemokratische Republik, die Mongolei, Polen, Rumänien, die Tschechoslowakische Sozialistische Republik, Ungarn und die Demokratische Republik Vietnam, die zusammen mit der großen Sowjetunion das mächtige sozialistische Lager gebildet haben, konnten in historisch kurzer Zeit gewaltige Erfolge beim Aufbau des Sozialismus erringen."[19]

Doch dann folgte eine Steigerung von politischen Maßnahmen und theoretischen Thesen, die gegen die Sowjetunion und gegen die Einheit der sozialistischen Staaten und Völker gerichtet waren und sind.

Auf dem IX. Parteitag der KP Chinas (1969) wird aus dem Hauptwiderspruch in der heutigen Welt zwischen Sozialismus und Imperialismus der Widerspruch „zwischen den unterdrückten Nationen einerseits und dem Imperialismus und Sozialimperialismus andererseits."[20] Mit dieser These werden ebenso wie mit dem Satz von der Konfrontation „Weltdorf – Weltstadt" und der Losung „Alle kleinen und mittleren Staaten gegen die beiden Supermächte" alle sozialökonomischen Gegensätze von Kapitalismus und Sozialismus verleugnet. Das Ziel dieser Politik und derartiger Thesen ist die Spaltung des Bündnisses der UdSSR und des sozialistischen Weltsystems mit der nationalen Befreiungsbewegung und der internationalen Arbeiterklasse der kapitalistischen Welt.

Gröbste antisowjetische Zuspitzungen enthält der Bericht an den X. Parteitag der KP Chinas (August 1973), der von Tschou-En-lai vorgetragen wurde. Hier wird aus der Sowjetunion nicht nur ein imperialistisches, sondern gar ein faschistisches Land: „Während der letzten zwei Jahrzehnte hat die herrschende revisionistische Clique in der Sowjetunion ... ein sozialistisches Land in ein sozialimperialistisches degenerieren lassen. Im Innern wurde der Kapitalismus wiederhergestellt, ... eine faschistische Diktatur errichtet ..."[21] Das ist nichts anderes als die Wiederholung der alten imperialistischen Propaganda, daß proletarische und faschistische Diktatur doch ein und dasselbe seien.

Mit der Feststellung, daß die Sowjetunion der Nachbar Chinas ist, zugleich aber ein revisionistisch-faschistisches Monstrum sei, hat sich die chinesische Führung das Argument zusammengebaut, daß sich das chinesische Volk „gegen jeden Aggressionskrieg" schützen müsse und besonders „gegen einen überraschenden Angriff auf unser Land durch den sowjetisch-revisionistischen Sozialimperialismus"[22].

[19] Mitteilung über eine Beratung von Vertretern der kommunistischen und Arbeiterparteien in Moskau, in: Einheit 12/1960, S. 1800

[20] Zitiert nach G. Apalin, Das antisozialistische Wesen der Außenpolitik Pekings, in: Neues Deutschland vom 3. 12. 1971, S. 5

[21] Peking Review, 35–36/1973, S. 23 [22] Ebenda, S. 24

Der Rechenschaftsbericht an den X. Parteitag der KP Chinas enthält keinerlei Forderungen an den US-Imperialismus, kein Wort über die Ausplünderungen, Aggressionen und Verbrechen des Imperialismus, kein Wort über den Neokolonialismus, wohl aber die Forderung, die Sowjetunion solle sich aus dem Mittelmeer, dem Nahen Osten, Asien, Afrika, Europa usw. „zurückziehen".

Diese Feststellung läuft nicht nur darauf hinaus, die Einheit von Sozialismus und anderen antiimperialistischen Kräften zu sprengen, sondern damit auch darauf, den Machtbereich des Imperialismus durch Preisgabe, durch Spaltung, Antisowjetismus und Verrat an den Verbündeten wieder zu erweitern, nachdem er mit unzähligen Opfern und durch zähe Politik in Jahrzehnten eingeengt worden ist.

Antiimperialistischer Kampf und internationale wirtschaftliche Zusammenarbeit

Im Kampf gegen jegliche Spaltungspolitik ringen wir um den festen Zusammenschluß von Sozialismus, internationaler Arbeiterklasse, nationaler Befreiungsbewegung, der Friedensbewegung und aller demokratischen Kräfte im Kampf gegen den Imperialismus. Die im Laufe der vergangenen 25 Jahre geschaffenen Tatsachen haben die große Lebenskraft des Sozialismus als Weltsystem bewiesen.

Der Beitrag des sozialistischen Weltsystems zur gemeinsamen Sache der antiimperialistischen Kräfte wird letzten Endes vor allem durch seine wachsende wirtschaftliche Macht bestimmt. Dieser Aspekt war auch bei der Ausarbeitung des „Komplexprogramms für die weitere Vertiefung und Vervollkommnung der Zusammenarbeit und Entwicklung der sozialistischen ökonomischen Integration der Mitgliedsländer des RGW" mitbestimmend. Geleitet von der Erkenntnis der Moskauer Beratung 1969, durch die allseitige Zusammenarbeit in entscheidenden Bereichen des Wettbewerbs mit dem Imperialismus weitere Erfolge zu gewährleisten, haben die Länder der sozialistischen Staatengemeinschaft mit dem Eintritt in die Phase der sozialistischen ökonomischen Integration weitere Ziele angesteuert und Aufgaben in Angriff genommen, um das Wirtschaftspotential der sozialistischen Staatengemeinschaft zu stärken und den Lebensstandard der Völker weiter zu erhöhen.

Die Entwicklung der Zusammenarbeit der RGW-Länder war begleitet und geprägt von der Auseinandersetzung zwischen den beiden Weltsystemen. 25 Jahre Zusammenarbeit im RGW – das waren Jahre unerbittlichen, nie nachlassenden Klassenkampfes auf allen Gebieten des gesellschaftlichen Lebens, der auf wirtschaftlichem Gebiet jedoch stets mit besonderer Heftigkeit geführt wurde; zu keiner Zeit war der Imperialismus bereit, seine Machtpositionen und Einflußgebiete aufzugeben, hat er seine Versuche eingestellt, den Vormarsch des Sozialismus aufzuhalten und das Rad der Geschichte zurückzudrehen. Die sozialistischen Länder haben dabei erfahren müssen, daß der Imperialismus sich einer breiten Skala von Mitteln bedient: Aggressionskriege, militärische und andere Diversionen, militärische Drohungen, außenpolitische Manöver, Konterrevolution, innere Wirtschaftssabotage und äußere wirtschaftliche Angriffe (Embargo, Diskriminierung und anderes mehr), Abwerbung von Arbeitskräften und organisierte Fluchtbewegungen, „kulturelle" Unterwanderung und ideologische Kampagnen, Schürung von Nationalismus, Antisemitismus und sonstigem Rassismus, Antisowjetismus, Politik der Spaltung des sozialistischen Weltsystems. Dank der wachsenden Einheit und Stärke der sozialistischen Staatengemeinschaft mit der Sowjetunion als Zentrum sind alle imperialistischen Versuche der Vernichtung des Sozialismus in einzelnen Ländern und als internationales System vereitelt worden.

Dank der gewachsenen politischen, ökonomischen und militärischen Kraft und damit des koordinierten Vorgehens in der internationalen Arena verschob sich das Kräfteverhältnis in der Welt wesentlich zugunsten des Sozialismus. Dadurch wurde es der sozialistischen Staatengemeinschaft in zunehmendem Maße möglich, der aggressiven Politik des Imperialismus Zügel anzulegen. Das alles hat dazu beigetragen, das Vertrauen der Völker in die Gemeinschaft der sozialistischen Länder zu erhöhen.

Die Ereignisse seit der Beratung der kommunistischen und Arbeiterparteien im Jahre 1969 in Moskau haben deren Einschätzungen in überzeugender Weise bestätigt. Seitdem sind nur wenige Jahre vergangen. Ihre Beschlüsse wurden zur Generallinie des weiteren gemeinsamen Kampfes der drei revolutionären Hauptströme: des sozialistischen Weltsystems, der internationalen Arbeiterklasse und der nationalen Befreiungsbewegung.

Auf ihrer Grundlage entwickelte die Kommunistische Partei der Sowjetunion auf dem XXIV. Parteitag das Friedensprogramm, das den Kampf um die Erhaltung und Festigung des Friedens seit Bestehen der Sowjetmacht fortsetzt. Es bewährt sich als Aktionsprogramm der sozialistischen Staatengemeinschaft und der kommunistischen Weltbewegung. Die strategische Linie ist auf Sicherheit, Entspannung, Stärkung der antiimperialistischen Kräfte und Positionen in der Welt und darauf gerichtet, günstige äußere Bedingungen für den Sozialismus zu schaffen. Gewichtige

Ergebnisse dieser koordinierten Politik sind das Abkommen zwischen der Sowjetunion und den USA zur Verhinderung eines Kernwaffenkrieges, die Konferenzen für Sicherheit und Zusammenarbeit in Europa und zur Truppenreduzierung, das europäische Vertragswerk, dessen Eckpfeiler die Verträge von Moskau, Warschau, Berlin und Prag sind, und nicht zuletzt die volle und gleichberechtigte Teilnahme der DDR am internationalen Leben.

Bei allem Bemühen, die Zusammenarbeit vor allem untereinander zu entwickeln und zu vervollkommnen und ihre Einheit und Geschlossenheit zu festigen, waren die RGW-Länder in ihren Wirtschaftsbeziehungen immer darauf orientiert, die Vorteile einer internationalen Arbeitsteilung und wirtschaftlicher Beziehungen mit den nichtsozialistischen Wirtschaftsgebieten auszunutzen und die Wirtschaftsbeziehungen zu den jungen antiimperialistischen Nationalstaaten zu fördern. Geleitet von ihrem Streben nach der Förderung des sozialistischen Weltsystems, betrachten und nutzen die Mitgliedstaaten des Warschauer Vertragssystems und des RGW ihre Wirtschaftsbeziehungen mit „dritten Ländern“ als ein wichtiges Mittel des internationalen Kampfes um die Erhaltung des Friedens, die Stärkung der progressiven Kräfte in der Welt und um die Festigung ihrer eigenen wirtschaftlichen Positionen. Das galt auch für die Zeit des „kalten Krieges“, da die RGW-Länder sowohl ihre Beziehungen zu Entwicklungsländern vertieften als auch die Zusammenarbeit mit realistischen Wirtschaftskreisen kapitalistischer Industrieländer suchten, ungeachtet aller Diskriminierungen durch staatsmonopolistische Machtgruppen.

Die „Grundprinzipien der internationalen sozialistischen Arbeitsteilung“ wie auch das Komplexprogramm der sozialistischen ökonomischen Integration enthalten ausdrücklich die Aufgabe, auf der Grundlage der sozialistischen internationalen Wirtschaftskooperation die ökonomischen Beziehungen mit allen interessierten Ländern zum gegenseitigen Vorteil weiterzuentwickeln. Dabei ist auch die Möglichkeit vorgesehen, weitere Länder an der Zusammenarbeit mit dem RGW und den RGW-Ländern zu beteiligen. Das Abkommen mit Finnland ist dafür ein erstes Beispiel.[23]

In den Appellen und Erklärungen zur Sicherheit und Zusammenarbeit in Europa sind die Staaten des Warschauer Vertrages stets für universelle und gleichberechtigte gesamteuropäische Wirtschaftsbeziehungen eingetreten. Das war so in der Bukarester Deklaration von 1966,

[23] Abkommen und Statut der Kommission für die Zusammenarbeit des RGW und der Republik Finnland, in: Außenhandel (Moskau, in deutscher Sprache), 10/1973, S. 54ff.

in der Erklärung von kommunistischen und Arbeiterparteien in Karlovy Vary 1967, im Budapester Appell 1969 und in der Prager Deklaration über Frieden, Sicherheit und Zusammenarbeit in Europa aus dem Jahre 1972.[24]

Gegenwärtig, da in Europa die sozialistische Politik der Entspannung erfreuliche Fortschritte erzielt hat, setzen sich die sozialistischen Länder Europas aktiv dafür ein, die gesamteuropäische Zusammenarbeit umfassend zu entwickeln. Die Dokumente der Helsinki-Konsultationen zur Vorbereitung der Konferenz für Sicherheit und Zusammenarbeit in Europa enthalten neben der Deklaration der Sowjetunion auch einen Vorschlag der UVR und der DDR zur Entwicklung einer gesamteuropäischen wirtschaftlichen und wissenschaftlich-technischen Zusammenarbeit (siehe S. 155 f.).[25]

[24] Vgl.: Neues Deutschland vom 9. 7. 1966, 27. 4. 1967, 18. 3. 1969, S. 1, 27. 1. 1972, S. 1f.

[25] Vgl. Schlußempfehlungen der Helsinki-Konsultationen, in: Horizont, 28/1973. Vgl. Allgemeine Deklaration über die Grundlagen der europäischen Sicherheit und die Prinzipien der Beziehungen zwischen den Staaten in Europa, von der UdSSR in Helsinki als Entwurf eingebracht, in: Neues Deutschland vom 5. 7. 1973.
Vgl. Gemeinsame Erklärung über die Entwicklung der Zusammenarbeit auf dem Gebiet der Wirtschaft, des Handels, der Wissenschaft und Technik sowie im Bereich des Umweltschutzes, von der DDR und der UVR in Helsinki als Entwurf übergeben, in: Neues Deutschland vom 6. 7. 1973

2. Vor der Gründung des RGW und der DDR (1945–1949)

2.1. Die Zerschlagung des Faschismus. Das Entstehen des sozialistischen Weltsystems

Mit dem Sieg der Antihitlerkoalition über den deutschen Faschismus im Jahre 1945 und durch den hervorragenden Anteil der sozialistischen Sowjetmacht an diesem Sieg begann ein neuer Zeitabschnitt in der Geschichte. Die UdSSR hatte durch den militärischen Sieg ihren politischen und moralischen Einfluß in der Welt bedeutend erhöht und sich neue Bedingungen für die Fortsetzung des friedlichen sozialistischen und kommunistischen Aufbaus geschaffen. In Europa und Asien wurden nach dem zweiten Weltkrieg volksdemokratische Revolutionen durchgeführt. Mit deren Sieg entwickelten sich zwischen der UdSSR und den Volksdemokratien internationale Beziehungen neuen Typs.

Auch auf deutschem Boden ergab sich durch die Vernichtung des Faschismus und den Sieg der Antihitlerkoalition die reale Chance, im Interesse des werktätigen Volkes in ganz Deutschland die Herrschaft von Großkapital und Reaktion zu zerschlagen, revolutionär-demokratische Umgestaltungen in Politik, Wirtschaft und Kultur durchzuführen und internationale Beziehungen des Friedens, der Gleichberechtigung und der Zusammenarbeit mit allen daran interessierten Völkern in der Welt herzustellen.

Während jedoch die imperialistischen Sieger- und Besatzungsmächte diesen Weg – entgegen den während des Krieges und auf der Potsdamer Konferenz im Sommer 1945 mit der Sowjetunion getroffenen Vereinbarungen – in den westlichen Besatzungszonen Deutschlands versperrten, gelang es den Kommunisten und anderen demokratischen Kräften in der damaligen sowjetischen Besatzungszone, unter dem Schutz, der Kontrolle und in aktiver Zusammenarbeit mit der sowjetischen Besatzungsmacht, die antifaschistisch-demokratische Ordnung zu errichten und die Gründung des ersten deutschen Arbeiter-und-Bauern-Staates vorzubereiten. Es entwickelten sich das historisch so bedeutsame Bündnis und die wirtschaftliche Zusammenarbeit mit der UdSSR.

Revolutionärer Weltprozeß

Alle diese Ereignisse brachten zum Ausdruck, daß im revolutionären Weltprozeß, im Kampf zwischen Sozialismus und Imperialismus, tiefgreifende Veränderungen vor sich gingen. Volksdemokratische Revolutionen und antikolonialistische Bewegungen siegten. Der Imperialismus wurde von traditionellen Machtpositionen und Einflußgebieten verdrängt. Mit der Zerschlagung des Faschismus in Europa und Asien und der Bildung volksdemokratischer Staaten wurde (nach der Oktoberrevolution, der Gründung der Union der Sozialistischen Sowjetrepubliken, dem erfolgreichen Aufbau des Sozialismus in der UdSSR und dem Entstehen der Mongolischen Volksrepublik) eine weitere Grundlage dafür geschaffen, daß sich der Sozialismus als Weltsystem formieren konnte.

Mit der Herausbildung des sozialistischen Weltsystems war nach dem Sieg der Großen Sozialistischen Oktoberrevolution das zweite bedeutende revolutionäre Ereignis in der Geschichte des 20. Jahrhunderts, der zweite große Schritt auf dem Wege zum revolutionären Sturz der imperialistischen Weltordnung vollzogen.

Im Ergebnis dieser internationlen Veränderungen entstand und entwickelte sich bereits in diesem ersten Nachkriegszeitraum das Bündnis zwischen Sozialismus, volksdemokratischer Revolution, antikolonialem und nationalem Befreiungskampf wie schließlich der erstarkenden revolutionären internationalen Arbeiterbewegung und der neuen demokratischen Friedensbewegung in der ganzen Welt. Diese enge Verbindung der revolutionären und antiimperialistischen Strömungen zeigte sich in bewaffneten nationalen Befreiungskämpfen (vor allem in Indochina) und in einer Welle von Unabhängigkeitsproklamationen ehemaliger Kolonien.

In einigen entwickelten kapitalistischen Ländern, besonders dort, wo große antifaschistische Widerstandsbewegungen entstanden waren, drängte die revolutionäre Arbeiterklasse zur Macht, was jedoch durch Interventionen des US-Imperialismus verhindert wurde. Die Partisanen wurden entwaffnet und sollten isoliert werden. Der Eintritt der französischen und italienischen Kommunisten in die Regierung, die Annahme einer bürgerlich-demokratischen Verfassung in Italien, die antifaschistisch-demokratischen Aktionen in mehreren Gebieten der westlichen Besatzungszonen Deutschlands und andere Ereignisse mehr waren jedoch unübersehbarer Ausdruck des Beginns einer neuen Phase in der Entwicklung des Bündnisses von sozialistischer Revolution und revolutionärer Arbeiterbewegung in den kapitalistischen Industrieländern.

Mit diesen revolutionären Umgestaltungen und Prozessen begann ein neuer Zeitabschnitt in jener langen, historisch so bedeutsamen Epoche des Übergangs der Welt vom Kapitalismus zum Sozialismus, der dadurch charakterisiert ist, daß sich das Kräfteverhältnis immer mehr zugunsten des Sozialismus verschiebt und dieser damit das internationale Weltgeschehen entscheidend bestimmt.

Grundlinien neuer internationaler Zusammenarbeit

Mit dem sozialistischen Weltsystem bildete sich allmählich, im Zuge der Entwicklung des militärisch-politischen Bündnisses und erster Formen der wirtschaftlichen Zusammenarbeit zwischen der Sowjetunion und den jungen volksdemokratischen Staaten, auch das sozialistische Weltwirtschaftssystem heraus. Der erste Entwicklungsabschnitt dieser Zusammenarbeit, der die Jahre 1944/45 bis etwa 1949/50 umfaßt, ist durch die folgenden Hauptmerkmale gekennzeichnet:

1. Die Sowjetunion als die organisierende Kraft und führende Macht des sich herausbildenden sozialistischen Weltsystems festigt ihre internationalen Positionen im antiimperialistischen Kampf, im Kampf für Demokratie und Frieden, gegen Aggression und Kolonialismus. Im dritten Fünfjahrplan 1946–1950, der vorfristig erfüllt wird, erfolgt die Umstellung von den Kriegsaufgaben der Wirtschaft auf den friedlichen Aufbau, werden ein großer Teil der Kriegszerstörungen beseitigt und das Vorkriegsniveau der Produktion erreicht und überschritten.

2. Revolutionär-demokratische Umgestaltungen in Politik, Staat, Wirtschaft und Kultur vollziehen sich dank der führenden Rolle der kommunistischen und Arbeiterparteien in den Ländern der Volksdemokratie und im östlichen Teil Deutschlands. Heftige Klassenkämpfe werden in diesen Ländern geführt, um gegenrevolutionäre Aktionen zu bekämpfen und zu verhindern, um die Restaurierung der monopolkapitalistischen Herrschaft in Staat und Wirtschaft abzuwehren, die Lebenslage der Bevölkerung zu verbessern und die Kriegsschäden zu beseitigen. Es festigt sich der Zusammenschluß der demokratischen und revolutionären Volkskräfte unter der Führung der Arbeiterklasse und ihrer marxistisch-leninistischen Parteien.

3. Im Geist des proletarischen, sozialistischen Internationalismus, der ein Wesenszug des Sozialismus ist und die internationale Vereinigung der Arbeiterklasse und die gegenseitige Unterstützung einschließt, vollzieht sich mit historischer Gesetzmäßigkeit der Zusammenschluß der UdSSR und der volksdemokratischen Staaten im Kampf gegen die politischen und wirtschaftlichen Vernichtungspläne und -aktionen des Imperia-

lismus zu einem neuen militärisch-politischen Bündnis. In der Sowjetischen Besatzungszone mußten die Errungenschaften der antifaschistisch-demokratischen Umwälzungen geschützt werden, wurde der Kampf um eine demokratische Einheit des deutschen Volkes, gegen die monopolkapitalistische Restauration und die imperialistische Spaltungspolitik geführt.

4. Entsprechend den sozialökonomischen Entwicklungsgesetzen und politischen Prinzipien des Sozialismus und der volksdemokratischen Ordnung entwickelt sich schrittweise die wirtschaftliche Zusammenarbeit zwischen der Sowjetunion und den volksdemokratischen Staaten. Diese Zusammenarbeit ging damals vor allem in Gestalt der wirtschaftlichen Unterstützung der UdSSR für diese Staaten, in den Formen des Außenhandels und gemischter Gesellschaften und auf militärökonomischem Gebiet vor sich. Die SBZ (Sowjetische Besatzungszone) erfüllte ihre Wiedergutmachungsverpflichtungen durch Reparationen und die Leistungen gutgeeigneter Großbetriebe, die sowjetische Aktiengesellschaften wurden.

An die Stelle der von den USA auch den sozialistischen Ländern angebotenen, den kapitalistischen Partnern im Interesse der westeuropäischen Monopole und der Systemerhaltung gewährten Marshallplankredite und -stützungen erwiesen sich UdSSR und Volksdemokratien gegenseitige Hilfe und Unterstützung. Sie sicherten langfristig eine stabile und den Interessen des Volkes dienende souveräne Entwicklung ihrer Länder.

Mit dem Übergang der volksdemokratischen Revolutionen in sozialistische, mit der Gründung der DDR und dem Beginn des Aufbaus des Sozialismus in unserer Republik, mit dem Sieg der Volksrevolution in China, mit der schnellen Wiederherstellung der Volkswirtschaft in der Sowjetunion und dem zunehmenden Gewicht ihrer Rolle als sozialistische Hauptmacht in der internationalen Arena hatte sich das sozialistische Welt- und Weltwirtschaftssystem herausgebildet – also etwa Anfang der fünfziger Jahre.

In diese Zeit fällt auch die Gründung des RGW im Jahre 1949, mit der eine erste Phase der Herausbildung eines militärisch-politischen Bündnisses und der wirtschaftlichen Zusammenarbeit zwischen der Sowjetunion und den Volksdemokratien ihren Abschluß findet.

2.2. Die Wiederherstellung der Volkswirtschaft in der UdSSR und die sozialökonomischen Umgestaltungen in den Ländern der Volksdemokratie

Für die Entwicklung der sozialistischen Weltwirtschaft und damit auch für die Entfaltung der volksdemokratischen und sozialistischen Revolution war stets mitentscheidend, wie es der Sowjetunion als Hauptkraft des sozialistischen Lagers selbst gelang, ihr wirtschaftliches und wissenschaftlich-technisches Potential zu vergrößern.

Grundlegende Umgestaltungen

Mit sowjetischer Unterstützung und aus eigener Kraft wurden in den Ländern der Volksdemokratie unter Führung der Parteien der Arbeiterklasse grundlegende politische, soziale, ideologische, wirtschaftliche und kulturelle Umgestaltungen vorgenommen. Auf wirtschaftlichem Gebiet waren entscheidende Maßnahmen: die Schaffung eines demokratischen und später sozialistischen Staatsapparates für die Leitung der Wirtschaft, die Nationalisierung der wichtigsten Produktionsmittel und der Banken, Bodenreformen, sozialpolitische Maßnahmen im Interesse der Werktätigen, Währungsreformen, sozialistische Industrialisierung durch Schaffung beziehungsweise Ausbau der Schwerindustrie, Beginn der sozialistischen Umgestaltung der Landwirtschaft, Errichtung des staatlichen Außenhandels-, Valuta- und Transportmonopols, Aufbau von Wirtschaftsbeziehungen untereinander und mit der Sowjetunion.

In allen Ländern waren während des Krieges und der faschistischen Okkupation, wenn auch im einzelnen sehr unterschiedlich, hohe Verluste zu beklagen. Führende politische Kader waren ermordet worden und gefallen. Beträchtlich waren die materiellen Kriegsschäden. In den Jahren

Tabelle 1

Bruttoproduktion der Industrie der europäischen RGW-Länder im Jahre 1950 (Vorkriegsniveau = 100)

Bulgarien	Ungarn	DDR	Polen	Rumänien	UdSSR	ČSR
309	158	113	224	147	173	141

Quelle: Statisticeskij ežegodnik stran-clenov Soveta Ekonomičeskoj vzaimopomošči (Statistisches Jahrbuch der Mitgliedländer des RGW 1970), Sov. Ekonnomičeskoj vzaimopomošči, Moskva 1970 Als Vorkriegsjahre wurden angenommen für Bulgarien – 1939; Ungarn und Rumänien – 1938; die DDR – 1936; UdSSR – 1940; Polen und ČSR – 1937.

Tabelle 2

*Ausgewählte Produktionen der Grundstoff- und der Leichtindustrie einiger RGW-Länder 1947–1950 im Vergleich zur Vorkriegszeit**

Erzeugnis	Bulgarien		Ungarn		Polen		Rumänien		ČSR	
	1939	1950	1938	1949	1938	1947	1938	1950	1937	1948
Elektroenergie Mio KWh	266	797	1400	2500	4000	6700	1130	2113	4100	7500
Kohle Mio t	2,2	5,9	9,4	11,8	38,1	59,1	2,8	3,9	34,7	40,3
Stahl Mio t	0,6	0,5	0,6	0,9	1,4	1,6	0,3	0,6	2,3	2,6
Zement 1000 t	225	602	•	•	1719	1522	510	1028	1300	1700
Aluminium 1000 t	—	—	1,3	14,4	•	•	•	•	—	—
Baumwollgewebe Mio m²	34	83	146	166	288	257	104	148	377	280

* In den jeweiligen Grenzen

Quelle: Bjulleten inostrannoj kommerčeskoj informacij (BIKI), Nr. 22, Anhang, Moskau, Jg. 1965; Bulgarien S. 12; Ungarn S. 42 und S. 44; Polen S. 104; Rumänien S. 133; ČSR S. 162

1946/1947 lag die Produktion von Industrie und Landwirtschaft im Durchschnitt noch unter dem Vorkriegsstand. Das gilt auch für die Umsätze im Außenhandel. Dann erfolgte ein schneller Aufbau. 1950 hatte die Industrieproduktion in den Volksdemokratien Europas bereits das Vorkriegsniveau überschritten, ebenso der Außenhandelsumsatz. Für die Landwirtschaft trifft das nur zum Teil zu. Die *Tabellen 1 und 2* geben einen Einblick in den Stand der industriellen Entwicklung der ersten Nachkriegsjahre im Vergleich zum Vorkriegsniveau.

Ungeachtet der im eigenen Lande anstehenden großen wirtschaftlichen Probleme unterstützte die UdSSR im Rahmen der gegebenen Möglichkeiten den volksdemokratischen Aufbau durch Lieferungen von Lebensmitteln, Rohstoffen und Ausrüstungen. Sie hatte großen Anteil am Wiederaufbau vieler Betriebe. Sowjetische Fachleute arbeiteten als Berater beim Aufbau der Leitung und Planung der Volkswirtschaft in den verschiedensten Bereichen der Wirtschaft. Die UdSSR leistete vielfältige wissenschaftliche und technische Unterstützung und gewährte auch Kredite. Damals begann jene inzwischen so bedeutend gewordene Mitwirkung der Sowjetunion beim Bau von Betrieben und anderen Einrichtungen in befreundeten und interessierten Ländern, über die *Tabelle A 30* eine Übersicht vermittelt.

Tabelle 3 zeigt den hohen Anteil, den die volksdemokratischen Länder 1948 und 1950 am Außenhandelsumsatz der Sowjetunion erreicht hatten. Dabei muß in Rechnung gestellt werden, daß in der Vorkriegszeit von den damaligen reaktionären Regimes dieser Länder der Handel mit der Sowjetunion auf das äußerste reduziert worden war (vgl. ebenfalls *Tabelle 3*). So brachten die gesellschaftlichen Veränderungen in Osteuropa, auf dem Balkan und im östlichen Teil Deutschlands erhebliche regionale Umgruppierungen des Außenhandels mit sich. Das war unter vielen Gesichtspunkten keine einfach zu lösende Aufgabe.

Wiederaufbau in der Sowjetunion

Für die Sowjetunion brachte die Nachkriegszeit auch auf wirtschaftlichem Gebiet neue Aufgaben und Probleme. Nach der Zeit des sozialistischen Aufbaus und nach den Jahren des Großen Vaterländischen Krieges begann nun die Zeit der Wiederherstellung der Volkswirtschaft, des Aufbaus eines entwickelten Sozialismus, der Verbesserung des Lebensniveaus der Sowjetvölker wie auch der wirtschaftlichen Zusammenarbeit mit den neuen volksdemokratischen und sozialistischen Staaten und der Unterstützung der jungen antiimperialistischen Nationalstaaten.

Tabelle 3

Der Außenhandel der UdSSR mit den heutigen europäischen RGW-Ländern 1933–1950
(Mio Rubel des heutigen Kurses)

		1933	1938–1940 (Jahres-durch-schnitt)***	1946	1948	1950
Gesamtausfuhr*		388,7	191,1	588,3	1177,3	1615,2
Gesamteinfuhr**		237,1	219,4	692,0	1101,6	1310,3
Export nach	Bulgarien	0,2	1,5	75,5	71,5	90,0
Import aus		—	1,4	46,5	58,4	62,2
Export nach	Ungarn	0,1	0,2	9,2	31,0	114,2
Import aus		0,1	—	9,5	25,7	74,9
Export nach	Deutschland	67,2	50,1	36,9	82,3	167,2
Import aus	bzw. DDR	116,1	30,7	45,3	55,6	144,1
Export nach	Polen	4,0	0,8	95,8	119,6	217,3
Import aus		10,2	0,1	97,6	156,3	189,0
Export nach	Rumänien	0,1	0,2	27,3	43,4	102,5
Import aus		—	—	20,2	82,4	125,3
Export nach	Ungarn	0,9	1,1	26,1	127,6	198,4
Import aus		3,8	3,2	29,0	122,3	181,4

* fob
** Bis 1940 cif, ab 1946 fob
*** Anhand der Quelle v. Verf. berechnet

Quelle: Vnešnjaja torgovlja SSSR, statističeskij sbornik, 1918–1966, Moskva 1967

Die Sowjetunion hatte durch den Krieg ungefähr 25 Millionen Menschen verloren; fast 2000 Städte und 70000 Dörfer, 32000 Industriebetriebe und fast 100000 Kolchosen waren schwer oder vollständig zerstört worden. Die Agrarproduktion betrug 1945 rund 60 Prozent des Vorkriegsniveaus, noch niedriger war der Einzelhandelsumsatz: 45 Prozent.[26]

Demgegenüber konnten die USA während des Krieges ihre wirtschaftliche Position erheblich ausbauen. Die Menschenverluste waren gering, und im Lande selbst gab es keine Zerstörungen. Die Industrieproduktion stieg in den USA bis 1943 stark an und ging dann zurück, nachdem durch die Schlachten vor Moskau, an der Wolga und bei Kursk von der Roten Armee

26 Alle Angaben nach: Dostiženija sovetskoj vlasti za 40 let v cifrach,, hrsg. von der Zentralverwaltung für Statistik beim Ministerrat der UdSSR, Moskva 1957, S. 21

eine entscheidende Wende im Krieg gegen Hitlerdeutschland herbeigeführt worden war (s. *Tabelle 4*).

Tabelle 4[27]

Die Industrieproduktion der UdSSR und der USA 1929–1950
(1929 = 100)

	1929	1939	1943	1946	1950
UdSSR	100	552	573	466	1082
USA	100	99	217	155	182

Während wichtige Gebiete der Sowjetunion von den faschistischen Okkupanten schwer zerstört worden waren, nahm in den Vereinigten Staaten die Erzeugung von Elektroenergie von 160 Mrd. Kilowatt im Jahre 1939 auf 274 Mrd. im Jahre 1943 zu. Für die Stahlproduktion lauten die entsprechenden Ziffern (in Mio Tonnen) 47,9 und 80,6.[28]

Für die Jahre 1946–1950 wurde der erste Nachkriegsfünfjahrplan ausgearbeitet. Mit seinen Hauptkennziffern wurde das Ziel gestellt, die Kriegsschäden in der Wirtschaft weitgehend zu beseitigen, den einheitlichen Volkswirtschaftskomplex wiederherzustellen, in Industrie und Landwirtschaft den Vorkriegsstand in vielen Positionen wieder zu erreichen und so weit wie möglich zu überschreiten.

Schon 1948 wurde das Vorkriegsniveau der Industrieproduktion erzielt, und im Jahre 1950 lag sie bei 173 Prozent des Standes von 1940. Die Landwirtschaft erreichte 1950 99 Prozent des Vorkriegsniveaus.

Tabelle 3 gibt über die schnelle Entwicklung des sowjetischen Außenhandels in den ersten Nachkriegsjahren Auskunft, ebenso über dessen neue regionale Strukturen, über den schnell zunehmenden Anteil der Länder der Volksdemokratie.

2.3. Das Potsdamer Abkommen und der Aufbau der antifaschistisch-demokratischen Ordnung im östlichen Teil Deutschlands

Die allgemeine historische Gesetzmäßigkeit des Übergangs zum Sozialismus setzt sich bekanntlich stets unter konkreten geschichtlichen (nationalen und internationalen) Bedingungen durch. Das zeigte sich in jenen

27 Ėkonomika kapitalističeskich stran poslc vtoroj mirovoj voiny (Statističeskij sbornik), Moskva 1953, S. 18

28 S. M. Višnev, Promyšlennost kapitalističeskich stran vo vtoroj mirovoj voine, Moskva 1947, S. 66 und 131

Jahren auch bei den volksdemokratischen Revolutionen, ebenso im östlichen Teil Deutschlands bei der Beseitigung der Folgen der Naziherrschaft und des Krieges, bei der Zerstörung der faschistischen und überhaupt monopolkapitalistischen Herrschaftsformen und der Errichtung der antifaschistisch-demokratischen Ordnung.

Potsdamer Abkommen

Allgemeine Grundsätze eines demokratischen, antifaschistischen, antimilitaristischen Neuaufbaus in ganz Deutschland enthält das Potsdamer Abkommen der Regierungschefs der UdSSR, der USA und Großbritanniens vom Juli/August 1945. Dieses Abkommen war ein Kompromiß, doch gelang es der Sowjetunion, daß wesentliche Teilziele ihres Gesamtziels im Dokument formuliert wurden. So konnte die UdSSR durchsetzen, daß in der Mitteilung über die Konferenz ein so wichtiger Grundsatz formuliert wurde wie: „Der deutsche Militarismus und Nazismus werden ausgerottet, und die Alliierten treffen nach gegenseitiger Vereinbarung in der Gegenwart und in der Zukunft auch andere Maßnahmen, die notwendig sind, damit Deutschland niemals mehr seine Nachbarn oder die Erhaltung des Friedens in der ganzen Welt bedrohen kann."[29]

Weiter gelang es der UdSSR, im Potsdamer Abkommen eine entscheidende sozialökonomische Voraussetzung friedlicher und demokratischer Entwicklung zu fixieren, nämlich die „Vernichtung der bestehenden übermäßigen Konzentration der Wirtschaftskraft, dargestellt insbesondere durch Kartelle, Syndikate, Trusts und andere Monopolvereinigungen".[30]

Im Gegensatz zur Restauration des deutschen Imperialismus in den Westzonen entsprach der Aufbau in der sowjetischen Besatzungszone den Grundsätzen des Potsdamer Abkommens.

Der politische Hauptprozeß jener Jahre im östlichen Teil Deutschlands war die Entfaltung und der Zusammenschluß der demokratischen Kräfte des werktätigen Volkes unter der Führung der Arbeiterklasse und ihrer Sozialistischen Einheitspartei Deutschlands. Deren Gründung im April 1946 bedeutete auf dem Gebiet der heutigen DDR die Überwindung der verhängnisvollen Spaltung in der Arbeiterbewegung. Damit entwickelte und formierte sich bereits die entscheidende Kraft für die Lösung der Aufgaben der Übergangsperiode zum Sozialismus und der Entwicklung einer sozialistischen Staatsmacht.

29 Um ein antifaschistisch-demokratisches Deutschland. Dokumente aus den Jahren 1945–1969, Berlin 1968, S. 107

30 Ebenda, S. 111

Sozialökonomische Umgestaltungen in der sowjetischen Besatzungszone

In Zusammenarbeit mit der Sowjetunion wurden dem Wesen nach jene revolutionär-demokratischen Umgestaltungen durchgeführt, die stets die allgemeine Basis des Sturzes imperialistischer Herrschaft und des Beschreitens eines antikapitalistischen Entwicklungsweges bedeuten: politische Macht der Werktätigen, Nationalisierung der Monopole, dabei auch des Großhandels und der Großbanken – und allmähliche Errichtung von gesellschaftlichem Eigentum an den Produktionsmitteln.

Schwer waren die materiellen Kriegszerstörungen und die geistigen Trümmer, die es zu beseitigen galt. Auf dem heutigen Gebiet der DDR waren etwa 45 Prozent der Industrie zerstört worden – in den westlichen Besatzungszonen waren es nur rund 20 Prozent –, in den Großstädten fehlte mehr als die Hälfte des früheren Wohnraums.

Um die Schlacht gegen Hunger und Not zu gewinnen und schnelle Produktionssteigerungen im Interesse der Werktätigen zu erreichen, waren viele tiefgreifende und weitreichende gesellschaftliche Veränderungen notwendig.

Im August 1945 wurden Zentralverwaltungen für die Sowjetische Besatzungszone gebildet. Im September 1945 ging die demokratische Bodenreform vor sich. Im gleichen Jahr wurde das Eigentum der Naziorganisationen und Kriegsverbrecher beschlagnahmt (Sequesterverfahren). Durch Volksentscheid und Gesetze fanden in den einzelnen damaligen Ländern der SBZ Nationalisierungen statt. 1947 entstanden VEB, und es wurde für die zentrale Leitung der Wirtschaft der SBZ die Deutsche Wirtschaftskommission (DWK) gebildet.

Um den Werktätigen Arbeitsplätze zu sichern, wurden viele der für eine Demontage vorgesehenen Betriebe in VEB und SAG umgewandelt. 1946/1947 übergab die Sowjetunion eine ganze Reihe dieser SAG an die damaligen Länderverwaltungen. Das Sequesterverfahren (Beschlagnahme, Entzug des Eigentums oder Besitzes) wurde im April 1948 beendet.

In jenen Jahren entwickelte sich die für die SBZ und spätere DDR so lebenswichtige Zusammenarbeit mit der UdSSR. Sie erstreckte sich nicht nurauf die beiderseitigen Wirtschaftsbeziehungen, sondern in erster Linie auf die Unterstützung der sowjetischen Militäradministration beim Aufbau von Staat, Wirtschaft und Kultur. Die SAG zum Beispiel waren Schulen der planmäßigen sozialistischen Betriebswirtschaft.

Trotz der eigenen schwierigen Lage unterstützte die UdSSR unsere Bevölkerung in komplizierten Situationen. So traf am 9. Mai 1945 der stellvertretende Vorsitzende des Rates der Volkskommissare der UdSSR, Anastas Mikojan, in Berlin ein, um über dringende Sofortmaßnahmen für die Versorgung der Bevölkerung zu beraten und sie einzuleiten.

Um die Versorgung der Bevölkerung und den Anschluß an die neue Ernte zu sichern, lieferte die Sowjetunion im Mai/Juni 1948 rund 40000 Tonnen Brot- und Futtergetreide. Im Juli 1948 beschloß der Ministerrat der UdSSR, für die Versorgung der Bevölkerung ganz Berlins 100000 Tonnen Weizen und eine bestimmte Menge anderer Nahrungsmittel zur Verfügung zu stellen.

1949 trafen 1000 Traktoren und über 500 Lastkraftwagen bei uns ein. Diese Lieferungen halfen den Neubauern in ihrem Kampf um Unabhängigkeit von den Großbauern und um die Sicherung der Ergebnisse der Bodenreform.

Imperialistische Spaltung

Im Juni 1948 erfolgte trotz der Bestimmungen des Potsdamer Abkommens und vorhergehender Verhandlungen zwischen den Besatzungsmächten über eine gesamtdeutsche Währungsreform eine separate Reform für Westdeutschland. Entgegen einer Direktive der Regierungen der UdSSR, der USA, Großbritanniens und Frankreichs vom 30. 8. 1948 an die vier Oberbefehlshaber der Besatzungstruppen in Deutschland, derzufolge „die Deutsche Mark der Sowjetzone ... als die einzige Berliner Währung einzuführen und die westliche „B“-Mark ... in Berlin aus dem Umlauf zu ziehen“[31] ist, wurde der Gültigkeitsbereich der neuen Westmark auf West-Berlin ausgedehnt. Als Antwort auf die westdeutsche Währungsreform wurde in der SBZ im Juni 1948 eine sozial gerechte Währungsreform durchgeführt.[32]

Im Juli 1948 erließen die drei westlichen Militärgouverneure die Direktive zur Bildung eines westdeutschen Bundesstaates. Vorangegangen waren die sogenannten Londoner Empfehlungen über die separate Deutschlandpolitik der Westmächte (Juni 1948). Gegen sie nahm eine Deklaration der Außenminister Albaniens, Bulgariens, Jugoslawiens, Polens, Rumäniens, der ČSR, Ungarns und der UdSSR Stellung (24. Juni 1948). Dies ist das erste große gemeinsame außenpolitische Dokument der sozialistischen und volksdemokratischen Staaten Europas.[33]

Die imperialistische Spaltungspolitik in Deutschland muß im Zusammen-

[31] Ebenda, S. 693

[32] Ebenda, S. 659ff.

[33] Ebenda, S. 667ff.

hang mit anderen schwerwiegenden internationalen Ereignissen gesehen werden, so mit dem Marshallplan vom Juni 1947 und dem Umsturzversuch in der ČSR im Jahre 1948, mit den Versuchen, auch in anderen volksdemokratischen Ländern Umsturzaktionen in die Wege zu leiten, im Zusammenhang mit Embargomaßnahmen im internationalen Handel und schließlich mit dem Überfall auf die Koreanische Volksdemokratische Republik im Jahre 1950.

Das waren schwere Zeiten der Arbeit und des Kampfes für die Völker in der Sowjetunion und in den Ländern der Volksdemokratie.

Im September 1947 nahm der II. Parteitag der SED eine Entschließung gegen den Marshallplan und für einen Wiederaufbauplan für ganz Deutschland an. Gleichzeitig mobilisierte der Parteitag alle Werktätigen zu verbesserter planmäßiger Arbeit nach der Losung „Mehr produzieren, gerechter verteilen, besser leben!". Die Aktivistenbewegung war entstanden, die sich vor allem mit den Pionierleistungen A. Henneckes verband.

Zweijahrplan und Außenhandel der Sowjetischen Besatzungszone

Für die zweite Hälfte 1948 wurde ein Halbjahrplan und für 1949/50 ein Zweijahrplan ausgearbeitet. Der Zweijahrplan wurde auf der 1. Parteikonferenz der SED im Januar 1949 beraten. *Tabelle 5* enthält Angaben

Tabelle 5

Entwicklung der industriellen Bruttoproduktion in der SBZ 1946–1949 (1936 = 100)

Industriezweig	1946	1947	1948	1949
Industrie insgesamt (ohne Bau)	42,1	53,7	71,4	87,2
Grundstoffindustrie	52,4	70,5	95,7	112,3
davon: Energie	83,2	87,0	136,6	140,2
Bergbau	66,9	92,8	115,6	130,9
Metallurgie	19,0	25,1	31,9	46,3
Chemische Industrie	63,7	93,5	122,9	146,7
Metallverarbeitende Industrie	29,1	49,9	62,1	90,4
davon: Maschinenbau	26,2	47,4	55,3	80,6
Elektrotechnik	38,5	59,7	81,6	128,2
Feinmechanik/Optik	40,9	55,2	98,8	115,8
Leichtindustrie	44,4	46,2	70,3	79,7
davon: Textilindustrie	42,4	42,6	65,2	71,9
Lebensmittelindustrie	39,4	46,5	51,1	61,4

Quelle: Um ein antifaschistisch-demokratisches Deutschland, Dokumente aus den Jahren 1945–1949, Berlin 1968, S. 813

über die Entwicklung unserer Industrieproduktion von 1946 bis 1949. Der Plan wurde übererfüllt. Die Lebenslage der Menschen konnte verbessert werden, und vielfältige Erfahrungen wurden gesammelt, die bei der Vorbereitung des Fünfjahrplans 1951–1955 genutzt werden konnten.

Tabelle 6

Anteil der Ländergruppen am Außenhandel der SBZ 1948

Länder	Einfuhr	Ausfuhr
Insgesamt	100,0	100,0
UdSSR	42,0	33,5
Europäische Volksdemokratien	36,0	41,5
davon: Polen	24,1	26,1
ČSR	9,6	10,3
Jugoslawien	2,0	1,4
Europäische kapitalistische Länder	21,7	24,4
Außereuropäische Länder	0,3	0,6

Quelle: Um ein antifaschistisch-demokratisches Deutschland, Dokumente aus den Jahren 1945–1949 Berlin 1968, S. 818

Tabelle 6 zeigt, welchen entscheidend hohen Anteil die UdSSR und die europäischen Volksrepubliken am Außenhandelsumsatz der SBZ im Jahre 1948 bereits erreicht hatten.[34] Die Struktur unserer Einfuhren und Ausfuhren im Jahre 1948 zeigt *Tabelle 7*. Diese Strukturen lassen erkennen, welche Rolle der Außenhandel, vor allem mit der UdSSR und den Ländern der Volksdemokratie, bei der Beseitigung der Spaltungsdisproportionen zu spielen hatte: hoher Anteil der Agrar-, Rohstoff- und Materialeinfuhren bei entsprechend hohem Anteil des Bergbaus und der verarbeitenden Industrie an den DDR-Ausfuhren.[35]

34 „Die zu Beginn der fünfziger Jahre hergestellten Relationen im Außenhandel der DDR zu den verschiedenen Ländergruppen sind auch für die folgenden zwei Jahrzehnte und für die Abkommen in den siebziger Jahren charakteristisch. Neben der engen Verflechtung des Außenhandels der sozialistischen Staaten trug die Entwicklung der wissenschaftlich-technischen Zusammenarbeit maßgeblich zur Herausbildung des sozialistischen Weltwirtschaftssystems in der ersten Hälfte der fünfziger Jahre bei.“ (W. Falk, H. Müller, K. Reißig, Die historische Bedeutung der II. Parteikonferenz der SED. Die Übergangsperiode vom Kapitalismus zum Sozialismus in der DDR – Bestandteil des revolutionären Weltprozesses, in: Jahrbuch für Wirtschaftsgeschichte, 1972, Teil II, Berlin 1972, S. 17)

35 Bei allen Zahlen ist zu berücksichtigen, daß nennenswerte außenwirtschaftliche Leistungen der SBZ nicht in den angeführten Zahlen über den Außenhandel enthalten sind; sie erfolgten in Form der Reparationsleistungen und der außenwirtschaftlichen Beziehungen der SAG.

Tabelle 7

Anteil der Warengruppen am Außenhandel der SBZ im Jahre 1948

Warengruppen	Einfuhr	Ausfuhr
Insgesamt	100,0	100,0
Land- und Forstwirtschaft	24,9	0,7
Bergbau, Metallurgie	56,9	42,1
Bergbauerzeugnisse	22,0	26,8
Eisen und Stahl	22,1	9,6
Eisen- und Metallwaren	1,9	13,0
Erzeugnisse des Maschinenbaus	0,5	7,3
Elektrotechnische Erzeugnisse	0,2	1,9
Chemische Erzeugnisse	5,3	13,3
Anorganische chemische Grundstoffe	3,5	1,3
Chemisch-technische Erzeugnisse	0,4	10,1
Holz- und Kunstmassenerzeugnisse	2,3	14,2
Verbrauchsgüter	8,7	16,7
Textilien	0,5	8,4
Lebensmittel	6,7	—

Quelle: Um ein antifaschistisch-demokratisches Deutschland, Dokumente aus den Jahren 1945–1949 Berlin 1968, S. 819

Im Zusammenhang mit dem kalten Krieg (auch der Frontstadtpolitik Westberlins), dem Marshallplan und der Vorbereitung der endgültigen Spaltung Deutschlands durch die separate westdeutsche Währungsreform und die Bildung der Bundesrepublik wurde ab Frühjahr 1948 auch der Handel mit der Sowjetischen Besatzungszone von den westlichen Besatzungsgebieten zuerst behindert und dann eingestellt. Erst im Mai 1949 kam zwischen Vertretern der vier Mächte eine Vereinbarung zustande, die dann von der Pariser Außenministerkonferenz bestätigt wurde: Es sollten die seit dem 1. März 1948 eingeführten Beschränkungen des Handels, des Verkehrs und der Nachrichtenverbindungen aufgehoben werden.

Ende der vierziger Jahre hatte sich infolge der antidemokratischen und antisozialistischen Politik der USA und anderer imperialistischer Länder eine sehr komplizierte internationale Situation herausgebildet. Sie veranlaßte die Sowjetunion und die volksdemokratischen Staaten zu weiteren Maßnahmen des Zusammenschlusses. Dem dienten die zweiseitigen Verträge über Freundschaft, Zusammenarbeit und gegenseitigen Beistand, die in der zweiten Hälfte der vierziger Jahre, besonders im Jahre 1948, zwischen ihnen abgeschlossen wurden.[36] Diese Verträge legten weitere Fundamente für zwischenstaatliche Beziehungen neuer Art. Sie entsprachen den neuen sozialen Ordnungen in den beteiligten Ländern.

36 Vgl. die entsprechenden Verträge in: Freundschaft, Zusammenarbeit, Beistand, a. a. O.

3. Die Gründung des RGW und die wirtschaftliche Zusammenarbeit der RGW-Länder in den fünfziger Jahren

3.1. Die Gründung des RGW und die Bildung der Deutschen Demokratischen Republik

Wie im zweiten Kapitel gezeigt wurde, hatten sich in den vierziger Jahren bereits vielfältige, allerdings fast ausschließlich zweiseitige Wirtschaftsbeziehungen zwischen der UdSSR und den Ländern der Volksdemokratie entwickelt. In Erkenntnis und Ausnutzung der Entwicklungsgesetze des sozialistischen Welt- und Weltwirtschaftssystems und in Anbetracht der von den imperialistischen Kräften ausgelösten Zuspitzung der politischen Lage in Europa durch die Entfachung des kalten Krieges 1947/1948 mußten die Sowjetunion und die europäischen Länder der Volksdemokratie zu höheren Formen der Zusammenarbeit und des Zusammenschlusses übergehen. Ausdruck diese Bestrebens waren die bereits erwähnten Verträge über Freundschaft und Zusammenarbeit. Ein weiterer Ausdruck war die Bildung des Rates für Gegenseitige Wirtschaftshilfe. Seine Gründung wurde wirtschaftlich und politisch notwendig; sie war durch die bisherige Praxis der Zusammenarbeit vorbereitet.

Gründung des RGW

Im Januar 1949 beschlossen Vertreter Bulgariens, Ungarns, Polens, Rumäniens, der UdSSR und der ČSR auf einer Wirtschaftsberatung in Moskau, eine internationale Organisation der wirtschaftlichen Zusammenarbeit und gegenseitigen Unterstützung zu gründen.[37] Im April 1949 fand die konstituierende Sitzung des Rates für Gegenseitige Wirtschaftshilfe statt.

Im veröffentlichten Kommuniqué der Beratung heißt es: „Die Konferenz stellte bemerkenswerte Erfolge in den zwischen den erwähnten

[37] Die VR Albanien wurde im Februar 1949 Mitglied, die DDR im September 1950.

Ländern bestehenden Wirtschaftsbeziehungen fest, die besonders in einem vermehrten Warenaustausch zur Geltung gekommen sind. Dank der Schaffung solcher wirtschaftlichen Beziehungen und der Verwirklichung einer gemeinsamen Politik der wirtschaftlichen Zusammenarbeit haben die volksdemokratischen Länder und die UdSSR die Möglichkeit erhalten, den Wiederaufbau und die Entwicklung ihrer nationalen Wirtschaften zu beschleunigen.

Die Konferenz hat weiter festgestellt, daß die Regierungen der Vereinigten Staaten von Amerika und Großbritanniens sowie einiger anderer westeuropäischer Staaten dem Sachverhalt nach einen Handelsboykott gegen die volksdemokratischen Länder und gegen die UdSSR verhängt haben, weil es diese Länder ablehnten, sich dem Diktat des Marshallplans zu unterwerfen, da dieser Plan die Souveränitätsrechte der Länder sowie die Interessen ihrer nationalen Wirtschaft verletzt.

Unter Berücksichtigung dieser Sachlage hat die Konferenz über die Frage der möglichen Organisation einer breiteren wirtschaftlichen Zusammenarbeit zwischen den volksdemokratischen Ländern und der UdSSR beraten." Deshalb wurde der RGW gebildet, dessen „Aufgaben ... im Austausch von wirtschaftlichen Erfahrungen, Gewährung gegenseitiger technischer Hilfe und gegenseitiger Unterstützung beim Austausch von Rohstoffen, Nahrungsmitteln, Maschinen und Ausrüstungsgegenständen usw. bestehen".[38]

Bezeichnend ist, daß bereits in dieser ersten Verlautbarung, als viele innere Organisationsprinzipien noch nicht ausgearbeitet waren und keinerlei praktische Erfahrungen bei der multilateralen wirtschaftlichen Zusammenarbeit bestanden, der RGW zu einer offenen Organisation erklärt wurde, der auch andere Staaten Europas beitreten können, die sich mit den Prinzipien des Rates einverstanden erklären und an einer wirtschaftlichen Zusammenarbeit mit den Mitgliedsländern teilzunehmen wünschen.[39]

Auch eines der grundlegenden Arbeitsprinzipien des RGW, welches zugleich der Sicherung der vollen Gleichberechtigung dient – die Einstimmigkeit der Beschlußfassung durch die jeweils interessierten Länder –, fand bereits im Gründungsdokument seinen Niederschlag.[40]

Damit war eine internationale Wirtschaftsorganisation von völlig neuartigem sozialökonomischen Typus ins Leben gerufen worden. Ihr Ent-

[38] Freundschaft, Zusammenarbeit, Beistand, a. a. O., S. 262f.

[39] Bei der Änderung des RGW-Statuts im Jahre 1962 wurde die Beschränkung der Mitgliedschaft auf europäische Länder aufgehoben.

[40] Freundschaft, Zusammenarbeit, Beistand, a. a. O., S. 263

stehen entsprach den historischen Gesetzmäßigkeiten der Annäherung und des Zusammenschlusses von Staaten, Nationen und Volkswirtschaften, in denen die Werktätigen die Macht ausüben, Großkapital und Großgrundbesitzer enteignet sind und die kommunistischen und Arbeiterparteien die führende Rolle im gesellschaftlichen Leben spielen. Die Zeit war reif geworden, die bisherige Zusammenarbeit zu verändern und wirksamer zu machen. Es trifft sinngemäß zu, was W. I. Lenin bereits in bezug auf die Sowjetordnung in der RSFSR meinte: Ohne ein ganz enges Bündnis der Sowjetrepubliken sei es unmöglich, erstens deren Existenz zu behaupten, da sie von militärisch sehr starken imperialistischen Mächten umgeben sind; zweitens, die vom Imperialismus zerstörten Produktivkräfte wiederherzustellen und die Sicherung des Wohlstandes aller Werktätigen zu gewährleisten, drittens der Tendenz zu einer einheitlichen, den Werktätigen dienenden und nach einem einheitlichen Plan geregelten Weltwirtschaft zum Durchbruch zu verhelfen.[40a]

Mit der Gründung des RGW war ein weiterer entscheidender Schritt auf dem Wege der Herausbildung des sozialistischen Welt- und Weltwirtschaftssystems getan. Es begann ein neuer Abschnitt in der Zusammenarbeit der Länder dieser Gemeinschaft.

Bildung der Deutschen Demokratischen Republik

Zu gleicher Zeit zeichnete sich immer stärker ab, daß die Westmächte und die mit ihnen zusammenarbeitenden Kräfte in den deutschen Westzonen nach allen bereits vollzogenen Maßnahmen des Bruchs des Potsdamer Abkommens und des Verhinderns eines einheitlichen demokratischen Deutschlands ohne Militarismus und ohne Monopole nun den letzten Schritt vorbereiteten: Bildung eines spätkapitalistischen, nationalistischen und antisozialistischen Separatstaates in den Westzonen unter dem Kommando der USA. Antisozialistisch und nationalistisch auch deshalb, weil die Verfassung und alle grundlegenden Gesetze dieses Staates „für die Grenzen des Reiches von 1937“ bzw. für „ganz Deutschland“ gelten.

Durch diesen weiteren Schritt der imperialistischen Spaltung Deutschlands trat der Kampf um Demokratie und Sozialismus auf deutschem Boden in eine neue Phase. Jetzt konnte es nicht mehr um die Herstellung der demokratischen Einheit der deutschen Nation gehen, für die zuvor die Volkskongreßbewegung in allen Besatzungszonen eingetreten war.

40a Vgl. W. I. Lenin, Entwurf der Thesen zur nationalen und kolonialen Frage, a. a. O.

Jetzt ging es um die Wiedervereinigung. Dazu mußte die antifaschistisch-demokratische Ordnung im östlichen Teil Deutschlands von den Prozessen der Restauration des deutschen Imperialismus in den westlichen Besatzungszonen beziehungsweise der BRD klar abgegrenzt werden. Die historische Notwendigkeit der Schaffung eines sozialistischen deutschen Staates setzte sich erstmalig auf dem Gebiet der damaligen Sowjetischen Besatzungszone durch. Die Volkskongreßbewegung bereitete die Bildung der Deutschen Demokratischen Republik im Oktober 1949 vor.

Ihr Entstehen war eine Wende in der Geschichte des deutschen Volkes und legte auch die Grundlage für veränderte internationale Beziehungen, besonders in Europa. In dem damals international so außerordentlich stark beachteten Telegramm Stalins an Präsident Wilhelm Pieck und Ministerpräsident Otto Grotewohl wird die Gründung der DDR als „ein Wendepunkt in der Geschichte Europas" bezeichnet. Weiter heißt es in dem Telegramm:

„Sie brauchen nicht daran zu zweifeln, daß Sie, wenn Sie diesen Weg einschlagen und den Frieden festigen, eine große Sympathie und aktive Unterstützung aller Völker der Welt finden werden . . ."[41]

Mit der Deutschen Demokratischen Republik war ein souveräner antifaschistisch-demokratischer Staat entstanden, der sich schnell zu einem sozialistischen weiterentwickelte. Seine historische Aufgabe bestand darin, zum ersten Mal in der deutschen Geschichte eine soziale, politische und wirtschaftliche Ordnung zu schaffen, die sich auf die politische Macht der Arbeiterklasse stützt und folglich Grundlagen für ein umfassendes, gleichberechtigtes, von der Monopolmacht befreites Mitwirken der Werktätigen im Rahmen der sozialistischen Demokratie gestaltet. Nach außen bestand die historische Aufgabe darin, zum ersten Mal in der deutschen Geschichte eine Politik der Annäherung der Völker, der von Nationalismus und Rassismus befreiten Zusammenarbeit zu betreiben, eine Politik der Festigung des sozialistischen Weltsystems und der Zusammenarbeit mit der UdSSR durchzuführen, den nationalen Befreiungskampf in der Welt zu unterstützen, sich an die Seite aller demokratischen, antiimperialistischen Kräfte zu stellen und in fester sozialistischer Staatengemeinschaft der imperialistischen Aggression und Expansion zu begegnen. Dabei bestand ein spezifisches nationales Ziel der DDR, das inzwischen in den Hauptpunkten erreicht worden ist, darin, dem sozialistischen deutschen Nationalstaat als gleichberechtigtem Mitglied in internationalen Organisationen und als gleichberechtigter Kraft in der internationalen politischen Arena zur völkerrechtlichen Anerkennung auch durch imperialistische Kräfte, auch durch die BRD, zu verhelfen.

[41] J. W. Stalin, Reden, Interviews, Telegramme, Befehle, Briefe und Botschaften Mai 1945 – Oktober 1952, Berlin 1952, S. 102f.

In der Ansprache des Präsidenten und in der Erklärung des Ministerpräsidenten vor der neuen Volkskammer anläßlich der Bildung der Republik wurde die Bilanz der vergangenen Jahre gezogen und der Charakter sowie die Aufgaben des neuen Staates erläutert. Wilhelm Pieck würdigte in seiner Rede die Leistungen der Werktätigen unter Führung der Kommunisten und aller in der Nationalen Front vereinigten demokratischen Kräfte beim Aufbau des neuen Lebens. Schwierig waren und seien die Bedingungen, unter denen der Aufbau zu leisten sei.[42] Trotzdem war es „gelungen, im wesentlichen aus eigner Kraft aus den größten Schwierigkeiten herauszukommen. Wir haben bewußt darauf verzichtet, für das Linsengericht knechtender Dollarkredite die nationale Zukunft Deutschlands und die Freiheit des deutschen Volkes zu verkaufen."[43]

Gleichzeitig würdigte Wilhelm Pieck die Unterstützung der demokratischen Aufbauarbeit durch die Sowjetunion: „Die Sowjetunion hat dem deutschen Volke in all den Jahren nach der Zerschlagung der Hitlermacht eine große, unschätzbare Hilfe geleistet, in materieller Hinsicht durch die Lieferung wertvoller Lebensmittel, Maschinen und Betriebsausrüstungen, durch die Vermittlung der reichen Erfahrungen beim planmäßigen wirtschaftlichen Aufbau, in politischer Hinsicht durch die Ermöglichung demokratischer Reformen auf allen Gebieten des Lebens, in der Schaffung einer demokratischen Ordnung."[44]

„Die Freundschaft mit der Sowjetunion, den Ländern der Volksdemokratie und allen anderen friedliebenden Völkern ist daher die Grundlage der Außenpolitik der Regierung"[45], wie Otto Grotewohl in der Regierungserklärung herausstellte. Den Ausbau der Handelsbeziehungen der DDR zu allen Staaten auf der Grundlage der Gleichberechtigung sieht die Regierung, so führte O. Grotewohl weiter aus, „. . . als eine ihrer wichtigsten Aufgaben an. Besonders wichtig sind für uns die Handelsbeziehungen mit der Sowjetunion und den Volksdemokratien . . ."[46]

Diese klare Strategie von Partei und Regierung führte zwangsläufig dazu, daß unsere Regierung bald darauf den Antrag auf Aufnahme in den RGW stellte. So wurde die DDR 1950 gleichberechtigtes Mitglied des Rates für Gegenseitige Wirtschaftshilfe.

42 W. Pieck, An der Wende der deutschen Geschichte, in: W. Pieck, Reden und Aufsätze, Bd. II, Berlin 1950, S. 295f.

43 Ebenda, S. 297

44 Ebenda, S. 300

45 O Grotewohl, Regierungserklärung des Ministerpräsidenten vom 12. 10. 1949, in: Dokumente zur Außenpolitik der Regierung der Deutschen Demokratischen Republik, Bd. I, Berlin 1954, S. 30.

46 Ebenda

3.2. Zur Charakteristik der Entwicklung in den fünfziger Jahren

Die fünfziger Jahre stellten einen wichtigen Zeitabschnitt im historischen internationalen Übergang vom Kapitalismus zum Sozialismus dar. In heftiger Auseinandersetzung mit dem Imperialismus vollzog der Sozialismus seinen weiteren Vormarsch, wurde die sozialistische Gesellschaftsordnung in weiteren Ländern errichtet und konsolidierte sich der Sozialismus als Weltsystem. Das militärisch-politische Bündnis wurde vervollkommnet (Warschauer Vertrag – s. S. 63), und es wurde die mehrseitige wirtschaftliche Zusammenarbeit aufgebaut. Während die Sowjetunion ihr sozialistisches Gesellschaftssystem weiter entwickelte, schufen die anderen europäischen RGW-Länder in den fünfziger Jahren die Grundlagen des Sozialismus. Das geschah auch in der DDR.

Diese Entwicklung blieb nicht ohne Einfluß auf die nationale Befreiungsbewegung der Völker Asiens, Afrikas und Lateinamerikas; sie begünstigte, daß gerade im Laufe der fünfziger Jahre eine Vielzahl von Ländern die nationale Unabhängigkeit erlangte und bereits die Mehrheit der Weltbevölkerung von den Ketten des alten imperialistischen Kolonialsystems befreit wurde.

Sozialistischer Aufbau

In den europäischen Volksrepubliken vollzog sich eine radikale Wandlung in der sozialökonomischen Struktur der Gesellschaft. Gestützt auf die Erfahrungen der UdSSR, wurde der volksdemokratische Staat zu einer Form der Diktatur des Proletariats, wurde die sozialistische Umgestaltung der Landwirtschaft begonnen und in den meisten Ländern bis Anfang der sechziger Jahre auch praktisch abgeschlossen. Damit wurde der Sieg der sozialistischen Produktionsverhältnisse herbeigeführt. Eng damit verbunden, entwickelte sich die sozialistische Planwirtschaft auf der Grundlage des demokratischen Zentralismus und als entscheidendes Mittel des Wirtschaftswachstums. Die Arbeiterklasse als führende Klasse wuchs quantitativ und qualitativ und entwickelte unter Führung ihrer marxistisch-leninistischen Partei hervorragende Initiativen als Ausdruck einer neuen Einstellung zur Arbeit. Gleichzeitig nahm der Staat mit der Schaffung des staatlichen sozialistischen Außenhandels-, Transport- und Valutamonopols die außenwirtschaftlichen Beziehungen unter feste Kontrolle und fügte sie in das im Aufbau befindliche System der Planwirtschaft ein.

Im Rahmen dieser bedeutenden gesellschaftlichen Umgestaltungsprozesse und in Wechselwirkung mit ihnen nahmen die gesellschaftlichen Produktivkräfte in den fünfziger Jahren einen großen Aufschwung. Diese Wechselbeziehungen von sozialistischen Produktionsverhältnissen und Entwicklung der gesellschaftlichen Produktivkräfte kamen besonders in der Politik der sozialistischen Industrialisierung zum Ausdruck, die in den fünfziger Jahren in den ehemaligen Ländern der Volksdemokratie erfolgreich durchgeführt wurde. Damit vollzogen sich grundlegende Veränderungen in den Produktionsstrukturen. Ehemalige Agrarländer entwickelten sich zu Industrie- beziehungsweise Industrie-Agrarländern, wobei besonders kennzeichnend war, daß in allen RGW-Staaten der Maschinenbau schnell zu einem bestimmenden Zweig der Volkswirtschaft wurde; auch die elektrotechnische und die chemische Industrie wurden ausgebaut. Diese Veränderungen der Produktionsstrukturen spiegelten sich auch in den Außenhandelsstrukturen wider. (Es sei wiederum auf unseren tabellarischen Anhang verwiesen.) Der Umsatz von Maschinen, Ausrüstungen und Geräten nahm zwischen den Mitgliedsländern des RGW schnell zu. Zunächst waren UdSSR, ČSR und DDR die Hauptexporteure, in den sechziger Jahren jedoch wurden auch die anderen europäischen RGW-Staaten zu Ausfuhrländern von Maschinen.

Das ist, wenn wir die gesamte Problematik von Unterentwicklung und deformierten Produktions- und Außenhandelsstrukturen im imperialistischen Bereich der Weltwirtschaft zum Vergleich heranziehen, eine sehr progressive Entwicklung. Sie entspricht dem Charakter der sozialistischen Produktionsverhältnisse, der Übereinstimmung ihres gesellschaftlichen Charakters mit dem gesellschaftlichen Charakter der Produktivkräfte. Die großen Leistungen und auch Opfer der Werktätigen, die von den Parteien organisierte Planwirtschaft in den beteiligten Ländern und die gleichberechtigte Zusammenarbeit mit Unterstützung und gegenseitiger Hilfeleistung haben das möglich gemacht.

Im Rahmen dieser Zusammenarbeit und unter höchstmöglicher Ausnutzung der eigenen Ressourcen – was sich in hohen Akkumulationsraten niederschlug – haben die ehemals weniger entwickelten Länder des RGW in jenen Jahren den entscheidenden Schritt getan, um den vom Kapitalismus geschaffenen Teufelskreis: niedriges Entwicklungsniveau – niedrige Akkumulation – niedriges wirtschaftliches Wachstum endgültig zu durchbrechen. Das war angesichts der Lage in den weniger entwickelten Ländern des kapitalistischen Weltsystems von weltpolitischer und weltwirtschaftlicher Bedeutung – im Sinne einer Beispielwirkung auf die jungen antiimperialistischen Nationalstaaten und die abhängigen, wenig entwickelten Länder.

Diese historische Leistung ist auch dem Beitrag geschuldet, den die Sowjetunion vom ersten Tage an für die Herstellung eines engen Bündnisses aller sozialistischen Länder, für die Entfaltung der Wirtschaftszusammenarbeit der RGW-Länder und damit für die Formierung der sozialistischen Staatengemeinschaft geleistet hat. Die Erfahrungen des ersten sozialistischen Staates und seine materielle und ideelle Unterstützung für die DDR wie für alle anderen sozialistischen Länder waren ein entscheidender Faktor für den Sieg und die Stabilisierung des Sozialismus.

Imperialistische Angriffe

Die sozialistischen Umgestaltungsprozesse der fünfziger Jahre stießen auf den erbitterten Widerstand der antisozialistischen Kräfte und Mächte; sie versuchten mit allen Mitteln, die sozialistische Revolution und die nationale Befreiungsbewegung zurückzudrängen, sie auszulöschen. Sie bedienten sich unverhohlen aggressiver und dabei auch militärischer Mittel.

So führten der französische Imperialismus und dann die USA einen barbarischen, jedoch letztlich erfolglosen Krieg gegen die Völker Indochinas, und von 1950 bis 1954 dauerte die abgewehrte US-Aggression gegen die Koreanische Volksdemokratische Republik. In Europa – das zeigten die Umsturzversuche in der DDR 1953 und in Ungarn 1956 – nutzten die internationalen antisozialistischen Kräfte jede Gelegenheit, um konterrevolutionäre Akte zu versuchen oder auf andere Art den Vormarsch des Sozialismus aufzuhalten. Zusätzlich versuchte die internationale Reaktion, durch antisozialistische Embargopolitik den internationalen Handel zu stören und die jungen sozialistischen Volkswirtschaften zu schädigen. Hinzu kamen ständige Hetze, grobe Verleumdungen und andere Formen des ideologischen Klassenkampfes gegen Volksdemokratie, Sozialismus und Kommunismus.

Zur Festigung der militärischen Basis der imperialistischen Mächte in Europa wurden im Oktober 1954 die Pariser Verträge abgeschlossen (Ratifizierung 1955) und die BRD in den NATO-Militärpakt einbezogen (am 9. Mai 1955). Dadurch wurde der deutsche Imperialismus wieder ein anerkannter und mit allen Mitteln geförderter Partner der anderen Westmächte. Diese weitere Verletzung der Grundkonzeptionen der Antihitlerkoalition und des Potsdamer Abkommens ist bis heute von jeder BRD-Regierung begrüßt und honoriert worden. Die von den USA initiierte und von den herrschenden westdeutschen Kreisen geförderte Einbeziehung der BRD in die NATO und 1957 in die EWG waren weitere Schritte der

Spaltung Deutschlands und der Konfrontation mit der DDR und dem sozialistischen Weltsystem.

Die Bildung der EWG durch die Verträge von Rom (1957) gehörte zu der in Europa gegen die Länder des Sozialismus gerichteten Politik, die durch verschiedene Maßnahmen und Schaffung mehrerer Institutionen Ende der vierziger und in der ersten Hälfte der fünfziger Jahre vorbereitet worden war. Das Hauptziel der EWG war und ist keineswegs, dem Prozeß der Internationalisierung der modernen Produktion Rechnung zu tragen. Dazu wären weder Diskriminierung noch Abgrenzung von anderen Partnern des Welthandels notwendig gewesen. Hauptziel war auch nicht die Stärkung der Konkurrenzpositionen gegenüber den USA, wenn auch dieses Ziel im Laufe der Jahre Gewicht erhielt. Hauptziel war und ist, in Verbindung mit der Integration der EWG in die NATO, einen wirtschaftlich-politischen Block gegenüber dem Sozialismus in Europa zu formieren und auch die Machtpositionen gegenüber der „Dritten Welt" auszubauen. Die Diskriminierungspraxis der EWG bis heute bestätigt diese Zielsetzung.

Sozialistische Initiativen für europäische Sicherheit und Entwicklung des Welthandels

In der gesamten Nachkriegszeit haben die UdSSR und ihre Verbündeten zugleich mit der Politik der Stärkung des Weltsozialismus die Politik der friedlichen Koexistenz, des Kampfes um Frieden und Sicherheit, der Förderung von friedlichen und gleichberechtigten Weltwirtschaftsbeziehungen betrieben. Nach dem Abschluß der Pariser Verträge, aber noch vor ihrer Ratifizierung, schlug die UdSSR eine Konferenz der europäischen Länder über Frieden und Sicherheit in Europa vor. Die kapitalistischen Staaten lehnten jedoch ab. Es fand dann im November/Dezember 1954 eine Konferenz der sozialistischen Staaten Europas statt, die vor den Folgen von NATO-Politik und Pariser Verträgen für die Sicherheit und Zusammenarbeit in Europa warnte.[47]

Schon zwei Jahre zuvor, im April 1952, war nach Moskau eine Internationale Wirtschaftskonferenz einberufen worden,[48] an der sich knapp 500 Personen aus 49 Ländern beteiligten, darunter Gewerkschaftler und Geschäftsleute aus kapitalistischen Staaten. Die Konferenz erörterte die Verschlechterung der internationalen Wirtschaftsbeziehungen, die Stö-

[47] Freundschaft, Zusammenarbeit, Beistand, a. a. O., S. 23

[48] Die Internationale Wirtschaftskonferenz. Moskau, 3. bis 12. April 1952, Reden und Materialien, Berlin 1952

rungen des Ost-Westhandels, die Diskriminierung der wenig entwickelten Gebiete der kapitalistischen Welt und die vielen anderen künstlichen Hindernisse des internationalen Handels. Es wurden zahlreiche Vorschläge zur Verbesserung unterbreitet. „In diesem Zusammenhang beschlossen die Konferenzteilnehmer, sich an die UN-Vollversammlung mit dem Vorschlag zu wenden, in nächster Zeit eine Konferenz der Regierungen über Fragen des internationalen Handels unter Teilnahme von Vertretern der Wirtschaftskreise, der Gewerkschaftsverbände und anderer Massenorganisationen einzuberufen.“[49]

Lange Zeit noch konnten die herrschenden imperialistischen Kreise den Abbau des kalten Krieges und der Diskriminierung der sozialistischen Länder und vieler Entwicklungsländer im internationalen Handel verhindern. Beispielsweise kam erst 1964 auf Initiative von Entwicklungsländern und der sozialistischen Staaten die erste Welthandelskonferenz (UNCTAD) zustande.

Grundlegende Veränderungen

In den fünfziger Jahren vollzogen sich tiefgehende Veränderungen im internationalen Kräfteverhältnis und beim Zusammenschluß der sozialistischen Staaten.

Mit den Verträgen von Paris und Rom (1955 und 1957) schlossen sich die imperialistischen Hauptmächte enger zusammen. Die sozialistischen Staaten trafen Gegenmaßnahmen. Aber nicht nur das. Sie entwickelten entsprechend den Gesetzmäßigkeiten der sozialistischen Gesellschaftsordnung neue Formen der Zusammenarbeit und des festen Zusammenschlusses im sozialistischen Weltsystem, von dem auf dem XX. Parteitag der KPdSU im Jahre 1956 gesagt wurde, daß es sich nun endgültig herausgebildet habe. Der XX. Parteitag entwickelte neue Linien der Festigung des Weltsozialismus, legte neue Aufgaben der Politik der friedlichen Koexistenz dar, schlug ein Verbot der Atom- und Wasserstoffbomben und anderer Massenvernichtungsmittel vor, forderte Vereinbarungen über die Abrüstung und Verträge über kollektive Sicherheit in Europa und in Asien.

Das Jahr 1955 brachte den Warschauer Vertrag und den für die DDR so wichtigen Vertrag mit der UdSSR (s. S. 95 ff.). Die mit dem Jahr 1954 einsetzenden zahlreichen RGW-Tagungen der fünfziger Jahre leisteten wichtige Beiträge zur ökonomischen Stabilisierung und Entwicklung des sozialistischen Weltsystems.

[49] Ebenda, S. 245

Die Sozialistische Einheitspartei Deutschlands und die Regierung der Deutschen Demokratischen Republik gingen den Weg der Sicherung gegenüber der imperialistischen Entwicklung in der BRD, den Weg der dauerhaften Mitgliedschaft der DDR in der sozialistischen Völkergemeinschaft. Diesen Weg begründete Walter Ulbricht in seinem Referat auf der dritten Parteikonferenz der SED im März 1956:

„Die Verwandlung des Sozialismus in ein Weltsystem ist das Grundlegende der gegenwärtigen Lage. In bezug auf die Deutsche Demokratische Republik heißt das: Durch ihre Erfolge beim Aufbau des Sozialismus ist die Deutsche Demokratische Republik fest in den Bestand des sozialistischen Lagers eingegangen. Die Entwicklung der Deutschen Demokratischen Republik ist jetzt nicht mehr zu trennen von der Entwicklung des ganzen sozialistischen Lagers. Darin liegt die wichtigste Garantie für die weiteren Erfolge der Deutschen Demokratischen Republik.“[50]

So bewirkte also die Politik des sozialistischen Aufbaus, der Festigung des sozialistischen Weltsystems und der Abwehr der *roll-back*-Politik der imperialistischen Mächte den weiteren Zusammenschluß der sozialistischen Staaten. Am 14. Mai 1955 wurde in Warschau zwischen der VR Albanien, der VR Bulgarien, der Ungarischen VR, der DDR, der VR Polen, der Rumänischen VR, der Union der Sozialistischen Sowjetrepubliken und der Tschechoslowakischen Republik der „Vertrag über Freundschaft, Zusammenarbeit und gegenseitigen Beistand (Warschauer Vertrag)“ abgeschlossen.[51] Es wurde ein Vereintes Kommando der Streitkräfte der beteiligten Länder gebildet.[52] Das war die Antwort auf die imperialistischen Umtriebe und die dem Potsdamer Abkommen widersprechende Integration der BRD in die NATO. Mit dem Abschluß des Warschauer Vertrages entstand das erste kollektive sozialistische Militärbündnis in der Geschichte der internationalen Beziehungen.

Zugleich wurde eine ständige und enge Koordinierung der Außenpolitik der Beteiligten in die Wege geleitet. Sie ist die Grundlage für ein gemeinsames Vorgehen in der internationalen Politik. Das wird besonders in den Artikeln 1 bis 3 zum Ausdruck gebracht. Artikel 6 legt fest, daß für die Durchführung von Beratungen, die im Zusammenhang mit der Verwirklichung des Vertrages stehen, ein Politischer Beratender Ausschuß gebildet wird.

50 3. Parteikonferenz der SED vom 24. bis 30. März, 1956; W. Ulbricht, Der zweite Fünfjahrplan und der Aufbau des Sozialismus in der Deutschen Demokratischen Republik, Berlin 1956, S. 4 (im Original kursiv)

51 Freundschaft, Zusammenarbeit, Beistand, a. a. O., S. 197ff. – Anfang der sechziger Jahre trat Albanien aus der Warschauer Vertragsorganisation aus.

52 Ebenda, S. 204f.

Mit der Gründung des RGW und dem Abschluß des Warschauer Vertrages traten völlig neuartige Organisationen und Beziehungen in das internationale Leben ein. Es sind die ersten multilateralen sozialistischen Einrichtungen, getragen von der politischen Macht der Arbeiterklasse und geleitet von der marxistisch-leninistischen Idee der sozialen Gerechtigkeit, des Friedens, der Völkerfreundschaft, des Kampfes gegen Imperialismus, Rassismus und Nationalismus.

Beide Organisationen, sowohl die Warschauer Vertragsorganisation als auch der Rat für Gegenseitige Wirtschaftshilfe, sind von lebenswichtiger Bedeutung für die DDR. In der Entschließung des VIII. Parteitages wird unterstrichen:

„Der Parteitag stellt mit Genugtuung fest, daß sich die Beziehungen zwischen der Sozialistischen Einheitspartei Deutschlands und der KPdSU und den anderen Bruderparteien der sozialistischen Gemeinschaft immer umfassender und systematischer entfalten. Die Sozialistische Einheitspartei Deutschlands und die Regierung der Deutschen Demokratischen Republik, die einen aktiven Beitrag zur Stärkung der Organisation des Warschauer Vertrages geleistet haben, werden auch künftig gemeinsam mit den anderen Mitgliedstaaten ihre Anstrengungen darauf richten, die Außen- und die Militärpolitik verstärkt zu koordinieren und die Verteidigungskraft unseres Bündnisses zu erhöhen.“[53]

Internationale Beratungen der Parteien

In der zweiten Hälfte der fünfziger Jahre formte sich durch den Warschauer Vertrag und die Intensivierung der Zusammenarbeit im RGW das Profil der sozialistischen Staatengemeinschaft. Die erste RGW-Tagung fand im April 1949 in Moskau statt, die zweite im August 1949 in Sofia und die dritte im November 1950 in Moskau. Bis zur vierten Tagung (März 1954, wiederum in Moskau) trat eine längere Pause ein, die unter anderem darauf zurückzuführen ist, daß die Abwehr der Aggression gegen die Koreanische Volksdemokratische Republik starke Kräfte in Anspruch nahm. Nach dem Ende des Koreakrieges und im Ringen um die Überwindung von Entstellungen durch Personenkult und Dogmatismus wurde auch die mehrseitige Zusammenarbeit in der zweiten Hälfte der fünfziger Jahre entwickelt. (Vergleiche unter anderem die in Abschnitt 3.3. erwähnten RGW-Tagungen.) Von weitreichender Bedeutung waren die Beschlüsse des XX. Parteitages der KPdSU (Februar 1956) und auch die Erklärung

[53] Dokumente des VIII. Parteitages der SED, a. a. O., S. 13

der Sowjetregierung vom Oktober 1956 über die Beziehungen zu den anderen sozialistischen Staaten. Es gelte, so heißt es in der Erklärung, aus den im Prozeß des Werdens der neuen Ordnung und der tiefgreifenden revolutionären Umgestaltungen auftretenden Schwierigkeiten, ungelösten Aufgaben und Fehlern die richtigen Schlüsse zu ziehen und gemeinsam zu beraten, wie die Beziehungen der Gleichberechtigung, der Zusammenarbeit und gegenseitigen Hilfe der Länder der sozialistischen Gemeinschaft aufzubauen sind. Wenn es unter Umständen, wie 1956 in Ungarn, berechtigte Kritik der Werktätigen gäbe, so ist zu verhindern, daß sich Kräfte der schwarzen Reaktion und der Konterrevolution anschließen, die versuchen, die Unzufriedenheit eines Teils der Werktätigen auszunutzen, um die Grundlagen der volksdemokratischen Ordnung zu untergraben. Die Sowjetunion wird mit allen anderen sozialistischen Ländern die Freundschaft und Zusammenarbeit weiter festigen und die Leninschen Prinzipien sozialistischer internationaler Zusammenarbeit konsequent verwirklichen.[54]

In der zweiten Hälfte der fünfziger Jahre fanden die ersten Konferenzen von Vertretern der kommunistischen und Arbeiterparteien sozialistischer Länder statt. Diese Beratungen wurden eine der wichtigsten Formen, in der Kollektivität und führende Rolle der Parteien in den zwischenstaatlichen Beziehungen sozialistischer Länder zum Ausdruck kommen.

Im November 1957 trafen in Moskau Vertreter der kommunistischen und Arbeiterparteien von zwölf sozialistischen Ländern zusammen und erörterten, laut veröffentlichter Erklärung, auf der Beratung „aktuelle Probleme der gegenwärtigen internationalen Lage und des Kampfes für Frieden und Sozialismus sowie Fragen ihrer Beziehungen zueinander . . .“[55] Anwesend waren Vertreter der Partei der Arbeit Albaniens, der KP Bulgariens, der KP Chinas, der SED, der Koreanischen Arbeiterpartei, der Mongolischen Revolutionären Volkspartei, der Polnischen Vereinigten Arbeiterpartei, der Rumänischen Arbeiterpartei, der KPdSU, der KP der Tschechoslowakei, der Ungarischen Sozialistischen Arbeiterpartei und der Partei der Arbeit Vietnams.

Die Erklärung enthält theoretische und politische Analysen der Prozesse des Übergangs der Welt vom Kapitalismus zum Sozialismus, der Entwicklung des Imperialismus, der Festigung des sozialistischen Weltsystems und des antiimperialistischen Kampfes in der Welt. „Die Frage Krieg oder friedliche Koexistenz ist zum Grundproblem der Weltpolitik geworden.“[56] Besondere Aufmerksamkeit wird der Festigung der Be-

[54] Neues Deutschland vom 31. 10. 1956

[55] Einheit, 12/1957, S. 1473

[56] Ebenda, S. 1476

ziehungen zwischen den Parteien wie auch der wirtschaftlichen, politischen und kulturellen Zusammenarbeit der sozialistischen Staaten gewidmet.

„Die sozialistischen Länder gestalten ihre Beziehungen zueinander nach den Prinzipien der vollen Gleichberechtigung, der Respektierung der territorialen Integrität, der staatlichen Unabhängigkeit und Souveränität, der Nichteinmischung in die inneren Angelegenheiten des anderen. Das sind wichtige Prinzipien. Doch damit ist das Wesen der Beziehungen zwischen den sozialistischen Ländern noch nicht erschöpft. Unabdingbarer Bestandteil ihrer Beziehungen ist die brüderliche gegenseitige Hilfe. In dieser gegenseitigen Hilfe kommt das Prinzip des sozialistischen Internationalismus wirksam zur Geltung.“[57]

Wir müssen in diesem Zusammenhang hervorheben, daß das Prinzip der Unterstützung und Hilfeleistung einschließt, daß nicht nur und nicht immer der Gesichtspunkt der ökonomischen Effektivität in der wirtschaftlichen Zusammenarbeit sozialistischer Länder gelten kann. Dafür gibt es genügend geschichtliche Beispiele. Wir denken an die Unterstützung der Koreanischen Volksdemokratischen Republik während der US-Aggression oder an die Hilfe für die Völker Indochinas, an die Hilfe für Kuba und die Mongolische VR, an die Unterstützung arabischer Völker. Wir denken auch an die Unterstützungen sozialistischer Länder durch Spezialisten und bei der Ausbildung von Kadern, an Maßnahmen zur Angleichung des Entwicklungsniveaus und zur Förderung der sozialistischen Industrialisierung oder der sozialistischen Umgestaltung der Landwirtschaft, an Unterstützungskredite bei Zahlungsbilanzschwierigkeiten, an Hilfe bei Mißernten und Naturkatastrophen, an die Zusammenarbeit und Unterstützung bei den Ereignissen 1953, 1956 und 1968, bei der Sicherung der Staatsgrenze der DDR im Jahre 1961 und an anderes mehr. Nur die Einhaltung des Prinzips der sozialistischen Unterstützung und Hilfe sichert die Stärkung der sozialistischen Staatengemeinschaft, grenzt die sozialistische Zusammenarbeit von der kapitalistisch-imperialistischen internationalen Kooperation ab und fördert das Bündnis von Weltsozialismus und nationaler Befreiungsbewegung.

Im Mai 1958 fand in Moskau eine Beratung der Ersten Sekretäre der kommunistischen und Arbeiterparteien der RGW-Länder statt.[58] Diese Form der Beratung und der Verwirklichung der führenden Rolle der Partei in den zwischenstaatlichen Beziehungen wurde beibehalten und ausgebaut; sie hat sich als außerordentlich nützlich erwiesen und die Zusammenarbeit im RGW an bestimmten Wendepunkten entscheidend vorwärtsgeführt.

[57] Ebenda, S. 1477

[58] Presse der Sowjetunion, 1. 6. 1958

Die Teilnehmer der Beratung vom Mai 1958 hielten es für dringend notwendig, die Rolle des Rates und seiner Einrichtungen bei der Organisation der wirtschaftlichen Zusammenarbeit auszubauen. Besondere Aufmerksamkeit widmeten sie der Versorgung mit Rohstoffen und Energie, der Einsparung von materiellen Mitteln, der Steigerung der Produktivität der gesellschaftlichen Arbeit und der rationellen Ausnutzung der Ressourcen der sozialistischen Länder durch verbesserte zwischenstaatliche Spezialisierung und Kooperation. Nach den bedeutenden Erfolgen der Politik der sozialistischen Industrialisierung wurde nunmehr stärkeres Gewicht auf die Erhöhung der volkswirtschaftlichen Effektivität gelegt – eine Konzeption, die für die weitere Zusammenarbeit bestimmend wurde.

Die Beratung billigte außerdem die neuen Prinzipien für die Bildung der Vertragspreise im Außenhandel zwischen den Mitgliedsländern des Rates. (Wir kommen auf Einzelnes noch zu sprechen.)

3.3. Der Ausbau der wirtschaftlichen Zusammenarbeit zwischen den RGW-Staaten

Zusammen mit der politischen Koordinierung trug auch die wirtschaftliche Zusammenarbeit der RGW-Länder dazu bei, den sozialistischen Staatenbund und den Weltsozialismus im Zeitraum 1950–1960 weiter zu stabilisieren, bilden doch Ökonomie und Politik auch in der internationalen Sphäre der sozialistischen Gesellschaft eine Einheit.

Außenhandel, Kredithilfen und relativ einfache, jedoch wirkungsvolle Formen der wissenschaftlich-technischen Unterstützung standen zunächst im Vordergrund. Es überwog die zweiseitige gegenüber der mehrseitigen Zusammenarbeit. Auf der ersten, zweiten und dritten Ratstagung (1949 bis 1950) wurden die ersten orientierenden Beschlüsse gefaßt.

Auch die DDR hat in diesem Zeitraum durch Lieferung von Maschinen und Ausrüstungen sowie durch Übergabe von wissenschaftlich-technischen Dokumentationen ihren nennenswerten Beitrag geleistet, um die Zusammenarbeit im RGW zu fördern und die Industrialisierung der technisch-ökonomisch noch weniger entwickelten sozialistischen Länder zu unterstützen.

Aufbau des staatlichen sozialistischen Außenhandelsmonopols

Den Außenhandel auf sozialistischer Grundlage entwickeln – das war gleichbedeutend damit, die Außenhandelstätigkeit der sozialistischen Länder konsequent auf die Erfordernisse ihrer Wirtschafts- und Außenpolitik auszurichten. Dies war nur möglich mit Hilfe des staatlichen sozialistischen Außenhandelsmonopols, der Verstaatlichung und Planung des Außenhandels.

Dieses Monopol dient der Sicherung des sozialistischen Charakters des Außenhandels und der Volkswirtschaft, dem planmäßigen effektiven Wachstum der sozialistischen Volkswirtschaften, der Zusammenarbeit zwischen den sozialistischen Staaten, dem Schutz gegenüber Einwirkungen des Imperialismus, aber auch der Unterstützung progressiver junger Nationalstaaten und den internationalen Wirtschaftsbeziehungen mit entwickelten kapitalistischen Ländern auf der Grundlage der Gleichberechtigung. Nach innen hat also das Außenhandelsmonopol die Funktion der Festigung des sozialistischen Eigentums und der zentralen Planung aller den Außenhandel betreffenden inneren ökonomischen Hauptprozesse bei Eigenverantwortung der unteren Wirtschaftsorgane im Rahmen des Plans. Nach außen hat das Außenhandelsmonopol die Funktion des Schutzes gegenüber dem imperialistischen Weltmarkt, die Funktion der planmäßigen Leitung und Förderung der wirtschaftlichen Zusammenarbeit mit sozialistischen Partnerländern im Rahmen des Ausbaus des sozialistischen Weltwirtschaftssystems, die Funktion der Kooperation mit nichtsozialistischen Staaten und der Gestaltung gleichberechtigter Wirtschaftsbeziehungen mit ihnen.

Das Außenhandelsmonopol wird ergänzt durch das Valuta- und das Transportmonopol.

Es bildet sich im Laufe der Jahre ein sozialistisches Außenwirtschaftsmonopol heraus. In der sozialistischen ökonomischen Integration erhält es neue Aufgaben, werden seine Strukturen mannigfaltiger. Das zeigt sich unter anderem in der Aufgliederung der verschiedenen Leitungsaufgaben, operativen Funktionen und organisatorischen Zuständigkeiten auf verschiedene staatliche Organe. Diese Aufgliederung erfolgt im Rahmen des zentralen Monopols, für das in der DDR der Ministerrat verantwortlich ist:

„Der Ministerrat gewährleistet die Einhaltung des staatlichen Monopols auf dem Gebiet der Außenwirtschaft einschließlich des Außenhandels und der Valutawirtschaft.“[59]

Im Prozeß der Auseinandersetzungen mit Konzeptionen der Trennung von Staat und Ökonomie im Außenhandel, mit Thesen von der Dezentralisierung des Außenhandels und der uneingeschränkten Entscheidungsfreiheit der Betriebe über Form, Inhalt und Richtung der Außenhandels-

[59] Gesetz über den Ministerrat der Deutschen Demokratischen Republik vom 16. Oktober 1972, in: Gesetzblatt der DDR 1972, Teil I, Nr. 16, S. 253–256

tätigkeit wurde die Leninsche Theorie vom staatlichen Außenhandelsmonopol von den kommunistischen und Arbeiterparteien verteidigt und auf die Bedingungen der einzelnen RGW-Länder angewendet. In den fünfziger Jahren kam es darauf an, die zentrale Planung des Außenhandels zu sichern und auf dieser Grundlage erste spezifische Formen der Eigenverantwortlichkeit der Außenhandelsbetriebe zu entwickeln. Die Aufgabe, den Außenhandel der Ratsländer bewußt in den Dienst der sozialistischen Industrialisierung zu stellen, war nur auf der Grundlage des gesellschaftlichen (staatlichen) Eigentums im Außenhandel, nur im Rahmen der zentralen Leitung und Planung und bei vorrangigem Ausbau der Wirtschaftsbeziehungen mit sozialistischen Partnerländern zu lösen.

Entwicklung des Außenhandels

Die dritte Tagung des RGW (November 1950) empfahl den Mitgliedsländern, in Übereinstimmung mit den in den einzelnen Mitgliedstaaten aufgestellten mittelfristigen Wirtschaftsplänen, auch mittelfristige Handelsabkommen abzuschließen. Gegenüber den kurzfristigen Vereinbarungen 1949 und 1950 war das ein neues Element in ihren Wirtschaftsbeziehungen; es trug zur weiteren Stabilisierung und Planmäßigkeit der neuen internationalen Wirtschaftsbeziehungen bei.

Der schnelle Ausbau des Handels zwischen den RGW-Staaten war für alle Mitgliedsländer wichtig, und zwar

1. wegen der Gleichberechtigung und der Planmäßigkeit der Handelsbeziehungen der RGW-Länder untereinander (bereits in den ersten Jahren umfaßte der Intra-RGW-Handel mehr als 50 Prozent des Gesamtvolumens des Außenhandels der RGW-Länder);

2. wegen der damit verbundenen schnellen und grundlegenden Veränderungen der Warenstruktur des Handels zwischen den RGW-Ländern, die zum Ausdruck brachten, daß die Außenhandelstätigkeit in den Dienst der sozialistischen Industrialisierung gestellt wurde.

Die europäischen Volksdemokratien waren bis auf wenige Ausnahmen vor dem zweiten Weltkrieg industriell schwach entwickelt. Der Handel mit modernen industriellen Fertigerzeugnissen spielte in diesen Ländern nur eine sehr geringe Rolle. Der Anteil von Maschinen und Ausrüstungen am Gesamtexport betrug in Polen, Bulgarien und Rumänien vor dem Krieg nicht einmal 2 Prozent. Wie dem Tabellen-Anhang entnommen werden kann, nahm der Anteil der Maschinen und Ausrüstungen an den Ausfuhren aller RGW-Staaten von 1950 bis 1960 schnell zu, so zum Beispiel in Bulgarien von 0 auf 13,5 Prozent, in Rumänien von 4 auf 16,5 und in Polen von 8 auf 28 Prozent. Bereits 1955 hatte der Handel mit Maschinen und Ausrüstungen über 30 Prozent des Umsatzes zwischen den Mitgliedstaaten des RGW erreicht.

Dabei ist in Rechnung zu stellen, daß sich die höheren Prozentzahlen 1960 auf ein bedeutend größeres Wertvolumen beziehen als die Anteilzahlen des Jahres 1950. Wie *Tabelle 8* entnommen werden kann, nahmen die Exporte der erwähnten Länder Bulgarien, Rumänien und Polen sowie der RGW-Staaten insgesamt im angegebenen Zeitraum wie folgt zu (Mio Rubel, laufende Preise):

Tabelle 8

Exporte Bulgariens, Rumäniens, Polens sowie der RGW-Staaten insgesamt 1950, 1955, 1960

	1950	1955	1960
Bulgarien	106	213	515
Rumänien	191	380	645
Polen	571	828	1193
Alle RGW-Staaten	3878	7323	11936

Quelle: Statističeskij ežegodnik stran-členov Soveta Ėkonomičeskoj Vzaimopomošči, Moskva 1971, S. 341

Mit diesen Strukturveränderungen der Ausfuhren und ihrem Wachstum haben sozialistische Produktionsverhältnisse, sozialistischer Internationalismus und sozialistische Politik zu einer in dieser Art bisher einmaligen Entwicklung im Rahmen des Welthandels geführt.

RGW-Vertragspreise und Lieferbedingungen

Nicht geringe Bedeutung für die Entwicklung sozialistischer internationaler Austauschverhältnisse hatten und haben die Preisvereinbarungen der RGW-Länder. Der neue sozialökonomische Inhalt der Preise im Handel zwischen den sozialistischen Ländern entwickelte sich allmählich und zeichnet sich durch eine Reihe Vorzüge aus. Auf dem sozialistischen Weltmarkt gibt es kein Preisdiktat. Entsprechend den sozialistischen Prinzipien der wirtschaftlichen Zusammenarbeit werden die Preise im gegenseitigen Einvernehmen festgelegt. Sie unterliegen nicht ständigen Konjunkturschwankungen wie die Preise auf dem kapitalistischen Weltmarkt, sondern sind stabil und gelten für einen längeren Zeitraum. Die Preise sollen den Außenhandel, die wirtschaftliche Zusammenarbeit und die Entwicklung der beteiligten Volkswirtschaften fördern, sie sollen gegenseitig vorteilhaft sein.

In den ersten Jahren nach dem zweiten Weltkrieg wurden von den volksdemokratischen Ländern und der UdSSR im allgemeinen die durchschnittlichen kapitalistischen Weltmarktpreise direkt übernommen. Im Zusammenhang mit der imperialistischen Aggression gegen das volksdemokratische Korea stiegen die Weltmarktpreise für Rohstoffe und auch die Seefrachttarife plötzlich stark an. Da nunmehr eine weitere direkte Übernahme der kapitalistischen Weltmarktpreise zu starken Störungen in den Wirtschaftsbeziehungen der sozialistischen Länder geführt hätte, vereinbarten diese für ihren Außenhandel untereinander die unveränderte Anwendung der Preise von 1950. Diese Stoppreise behielten ihre Gültigkeit bis 1957, wurden aber in den Jahren 1954–1957 in zweiseitigen Preisverhandlungen teilweise korrigiert, wobei sich die RGW-Vertragspreise zum Teil wieder den Weltmarktpreisen annäherten.

Entsprechend einer Empfehlung der Beratung führender Vertreter der kommunistischen und Arbeiterparteien der RGW-Staaten vom Mai 1958 nahm die neunte Ratstagung im Juni desselben Jahres eine bis heute gültige Grundsatzregelung über die Bildung der Vertragspreise im Handel zwischen den Partnerländern an. Die Hauptpunkte dieser Vereinbarung sind:

1. Die Preise sollen gegenseitig vorteilhaft sein, zur planmäßigen Entwicklung der beteiligten Volkswirtschaften beitragen, den Warenumsatz und ebenso die gesamte wirtschaftliche Zusammenarbeit fördern.
2. Für die einzelnen Außenhandelslieferverträge werden die Vertragspreise *zweiseitig* vereinbart, und zwar auf der *Grundlage* der durchschnittlichen Weltmarktpreise (= Preise des Hauptwarenmarktes der jeweiligen Ware) eines jeweils *multilateral* vereinbarten längeren Zeitraums.
3. Diese Preise der Hauptwarenmärkte des Basiszeitraums sollen von konjunkturellen und spekulativen Faktoren *bereinigt* werden.
4. Grundsätzlich sollen im Außenhandel zwischen RGW-Partnern die Preise für gleiche Waren gleich sein.
5. Die (positive oder negative) Kostendifferenz zwischen den Transporten vom angenommenen, vereinbarten Hauptmarkt zum Käufer und vom tatsächlichen RGW-Lieferanten zum Käufer ist je zur Hälfte zu teilen.
6. Ökonomisch begründete Preisveränderungen während der Gültigkeitsdauer des vereinbarten Basiszeitraumes sind zulässig.
7. Für neue Erzeugnisse werden Relationspreise gebildet.
8. In besonderen Ausnahmefällen können zwischen den Außenhandelsministerien zu vereinbarende Stimulanzpreise gewährt werden.

9. Findet zunächst keine Einigung statt, werden in den Vertrag vorläufige Preise aufgenommen, um Bezug und Absatz nicht zu verzögern.

Als Basiszeitraum wurde 1958 das Jahr 1957 vereinbart. Diese Vereinbarung sollte für die damals laufenden mittelfristigen Handelsabkommen 1958–1960 gültig sein, wurde jedoch später bis 1965 verlängert. Für den Zeitraum der Plankoordinierungen und Handelsabkommen 1966–1970 wurde für die zweiseitigen Verhandlungen, falls man die alten Preise zu verändern wünschte, der Basiszeitraum 1960–1964 zugrunde gelegt (für 1971–1975 der Zeitraum 1965–1969).

Die IX. Ratstagung faßte noch einen weiteren Preisbeschluß: Die Länder sollten mit dem Studium und der Ausarbeitung möglicher Wege für den Übergang zu einer eigenen Preisbasis im gegenseitigen Handel beginnen. (Die Arbeiten wurden in den sechziger Jahren in einer Arbeitsgruppe der Ständigen Kommission des RGW für ökonomische Fragen durchgeführt, später aber ohne ein alle Seiten befriedigendes Ergebnis gemäß Vereinbarung eingestellt.)

Im Dezember 1957 billigte die Ständige Kommission für Außenhandel des RGW die Allgemeinen Lieferbedingungen (ALB/RGW 1958) für den gegenseitigen Handel.[60] Sie wurden 1968 durch neue ersetzt (ALB/RGW 1968). Die ALB/RGW 1958 lösten die bis dahin zweiseitig vereinbarten Lieferbedingungen ab und stellten wegen ihrer einheitlichen, das Prinzip der Gleichberechtigung wahrenden Regelung einen wesentlichen Fortschritt dar. Hervorzuheben ist das rationelle Sofortbezahlungsverfahren (gegen Vorlage der erforderlichen Dokumente Inkasso mit Nachakzept durch die Bank des Verkäuferlandes an den Verkäufer). Als Lieferbasis gilt Lieferung frei Grenze des Verkäuferlandes. Andere Regelungen betreffen Lieferfristen, Gütekontrolle, Schiedsgerichte, Schadenersatz und anderes mehr.

Wissenschaftlich-technische Zusammenarbeit

Die sozialistischen Länder haben sich von Anbeginn ihrer Existenz um den Ausbau der wissenschaftlich-technischen Zusammenarbeit bemüht. Diese Form der Wirtschaftsbeziehungen war in den ersten Jahren des Bestehens des RGW auf die Beseitigung von Kriegsfolgen, die Überwindung von Disproportionen (wie z. B. in der DDR infolge der Spaltung

60 Außenhandel. Eine Sammlung der wichtigsten internationalen Vereinbarungen und Handelsbedingungen, herausgegeben vom Ministerium für Außenwirtschaft, Berlin 1968, S. 167ff.

Deutschlands) und die beschleunigte Industrialisierung der weniger entwickelten sozialistischen Länder gerichtet. In der UdSSR, der DDR und der ČSR waren mit einer entwickelten Industrie, einem entsprechenden Forschungs- und Entwicklungspotential sowie erfahrenen Kadern Voraussetzungen für eigenen wissenschaftlich-technischen Fortschritt und für die Unterstützung technisch-wirtschaftlich wenig entwickelter Partnerländer gegeben. Um das industrielle Wachstum zu beschleunigen und das Niveau der Industrialisierung in allen sozialistischen Ländern zu heben, orientierten deshalb die Mitgliedsländer des RGW neben der Entwicklung des Außenhandels auf eine wirksame und schnell zu realisierende wissenschaftlich-technische Hilfe und insgesamt wissenschaftlich-technische Zusammenarbeit.

Die Übertragung von Information, von Wissen, von Forschungsergebnissen in Gestalt von Dokumenten, Erfahrungsaustausch, Kaderausbildung, Entsendung von Spezialisten für Bau und Betrieb von Produktionsanlagen, Forschungszentren, für Wohnungsbau und andere Vorhaben, natürlich auch in Form der Lieferung von Geräten, Maschinen, Anlagen, chemischen Werkstoffen und in der Form internationaler Forschungskollektive beziehungsweise -institute und anderem mehr ist eine der effektivsten Methoden sozialistischer internationaler Wirtschaftsbeziehungen. Sie entspricht den heutigen Bedingungen schneller wissenschaftlich-technischer Entwicklungen und der Integration der Wissenschaft in den modernen Produktions- und Reproduktionsprozeß.

In der heutigen kapitalistischen Weltwirtschaft gibt es diese Übertragung von Wissen (Technologien, know how usw.) vor allem zwischen den großen Mächten und hier wieder besonders im Rahmen der internationalen Konzerne. Die dabei erreichte Forschungs- und Produktionskonzentration ist, in Verbindung mit der Ausnutzung unterschiedlicher nationaler Steuer-, Zoll-, Währungs- und anderer Gesetze, eine bedeutende Quelle für Monopolgewinne. Der Transfer von Wissen aus entwickelten in wenig entwickelte Gebiete der kapitalistischen Welt erfolgt nur partiell und nur im Interesse des großen Kapitals. Eine der Ursachen der Unterentwicklung liegt in der fehlenden oder doch völlig unzureichenden wissenschaftlich-technischen Unterstützung wenig entwickelter Länder für friedliche Zwecke, für den Aufbau einer modernen Wirtschaft. In den riesigen wenig entwickelten und menschenreichen Gebieten der „Dritten Welt“ sind die Produktivkräfte und Wirtschaftsstrukturen deformiert. Die Profit- und Konkurrenzgesetze lassen anderes nicht zu. So ist die Teilung der kapitalistischen Weltwirtschaft in entwickelte und unterentwickelte Gebiete ein Wesenszug dieses Teiles der heutigen Welt.

Es ist einer der großen Vorzüge der sozialistischen Wirtschaftsweise, daß sie alle Potenzen enthält, um die wissenschaftlich-technische Zusammenarbeit im Interesse aller Partner so zu entwickeln, daß die gesellschaftliche Arbeitsproduktivität in allen Ländern erhöht, moderne Großproduktion und Großforschung ermöglicht und die allmähliche Angleichung des wissenschaftlich-technischen Entwicklungsniveaus gefördert werden.

Im Laufe der Jahrzehnte hat sich die wissenschaftlich-technische Zusammenarbeit der RGW-Staaten wesentlich vervollkommnet. Das gilt für die Objekte, das gilt für die Formen. Als allgemeiner Entwicklungstrend läßt sich unter anderem festhalten, daß zunächst *der Austausch fertiger nationaler Forschungsergebnisse* (nicht immer sehr moderner) im Vordergrund stand, während heute die *gemeinsame internationale Produktion von Forschungsergebnissen* das Hauptkettenglied ist.

Sofioter Beschlüsse

Auf der II. RGW-Tagung (August 1949) in Sofia faßten die RGW-Länder einen Beschluß über die wissenschaftlich-technische Zusammenarbeit und den Austausch von technischen Erfahrungen und empfahlen den Abschluß zweiseitiger Regierungsabkommen. Es wurden der Begriff der wissenschaftlich-technischen Zusammenarbeit und die Bedingungen ihrer Durchführung festgelegt.

Die Sofioter Beschlüsse enthalten unter anderem konkrete Maßnahmen auf dem Gebiet des Kaderaustausches, ihrer Zusammenarbeit und Qualifizierung, um die Errungenschaften der Wissenschaft und Technik zu studieren und Erfahrungen auszutauschen, technische Hilfe zu leisten, insbesondere bei der Durchführung von Projektierungen, geologischen Aufschluß- und Erkundungsarbeiten, Laboratoriums- und experimentellen Arbeiten, einzelne technische Probleme auszuarbeiten sowie gemeinsame wissenschaftliche und technische Konferenzen durchzuführen. Weiterhin sehen die Beschlüsse den Austausch technischer Projektierungsdokumentationen und Typenprojekte, Zeichnungen und Berechnungen sowie die Übermittlung von Gutachten und technischen Dokumentationen, den Austausch von Informationen und Lizenzen über Erfindungen und Vervollkommnungen vor. Außerdem wurde die Übermittlung von Lehrplänen, Lehrbüchern und wissenschaftlichen Hilfsmitteln und Literatur empfohlen.

Es wurde beschlossen, den Erfahrungs- und Dokumentationsaustausch entschädigungslos, unter Entrichtung nur der mit der Anfertigung der Dokumentation verbundenen Kosten durchzuführen, die Übergabe ausschließlich für Zwecke der Produktion innerhalb der Grenzen des Empfängerlandes vorzunehmen und nicht ohne Einverständnis an Drittländer zu verkaufen oder zu übergeben.

Zwischen den RGW-Ländern wurden entsprechende zweiseitige staatliche Abkommen über die wissenschaftlich-technische Zusammenarbeit auf Empfehlung der II. Ratstagung abgeschlossen. Zwischen DDR und UdSSR wurde am 27. September 1951 ein solches Abkommen über wissenschaftlich-technische Zusammenarbeit unterzeichnet. (Über die wissenschaftlich-technischen Beziehungen UdSSR–DDR vgl. auch Abschnitt 3.4.) Die Partnerschaft mit der UdSSR spielte für alle sozialistischen Länder die erstrangige Rolle. Die Forschungsergebnisse in den volksdemokratischen und jungen sozialistischen Staaten sind nicht zuletzt auf die wissenschaftlich-technische Unterstützung durch die Sowjetunion zurückzuführen.

Das bestätigen die Angaben in den *Tabellen 9 und 10* über die Entwicklung der wissenschaftlich-technischen Zusammenarbeit der Sowjetunion mit den anderen europäischen RGW-Ländern in der Periode von 1947 bis 1963. Es sei in diesem Zusammenhang auch noch einmal auf *Tabelle A 30* im Anhang verwiesen.

Wirtschaftswissenschaftler der UdSSR berechneten den Wert der technischen Dokumentationen, die die Sowjetunion den Ländern der Volksdemokratie von 1948 bis 1960 übergab, auf 10,5 Mrd. neue Valuta-Rubel (zu Weltmarktpreisen).

Tabelle 9

Kostenlos zwischen der UdSSR und den RGW-Partnerländern übergebene wissenschaftlich-technische Dokumentationen 1947–1963
(Stückzahlen und Themen)

Land	von der UdSSR übergeben	an die UdSSR übergeben	Verhältnis von übergebenen und erhaltenen Dokumentation
DDR	2 070	2 003	1:1
Tschechoslowakei	3 680	3 687*	1:1
Ungarn	2 803	2 106	1,3:1
Polen	5 138	2 343	2,2:1
Rumänien	2 384	954	2,5:1
Bulgarien	3 642	241	15:1
Insgesamt	19 717	11 334	1,7:1

* nur Themen

Quelle: P. M. Alampiev, N. A. Čerkasov, Problemy meždunarodnogo sozialističeskogo razdelenija truda, Leningrad 1967, S. 112

Tabelle 10

Spezialistenaustausch zwischen der UdSSR und den anderen RGW-Partnerländern 1947–1963

(Anzahl der Spezialisten)

Land	Delegierung von Spezialisten aus anderen RGW-Ländern in die UdSSR	Delegierung sowjetischer Spezialisten in andere RGW-Länder	Verhältnis der in die UdSSR delegierten Spezialisten aus anderen RGW-Ländern und der in diese delegierten sowjetischen Spezialisten
DDR	500*	3 500	1:1
Tschechoslowakei	7 660	5 491	1,4:1
Ungarn	3 075	1 497	2,1:1
Polen	5 964	1 911	3,1:1
Rumänien	2 043	881	2,3:1
Bulgarien	1 856	159	12:1
Insgesamt	21 098	13 439	1,6:1

* Anzahl gerundet

Quelle: P. M. Alampiev, N. A. Čerkasov, Problemy meždunarodnogo sozialističeskogo razdelenija truda, Leningrad 1967, S. 112

Von 1948 bis 1962 übergab die UdSSR den anderen RGW-Ländern ca. 17 000 wissenschaftliche und technische Dokumentationen; sie selbst erhielt 8000.

Aus den Tabellen geht hervor, daß die DDR in den Jahren 1947–1963 etwa ebenso viele technische Dokumentationen und Projektierungsunterlagen von der Sowjetunion erhalten, wie sie ihr übergeben hat. Die DDR und die ČSSR, die beide über eine entwickelte metallverarbeitende und chemische Industrie verfügen, konnten auf diesen Gebieten den anderen sozialistischen Ländern wesentliche Hilfe beim sozialistischen Aufbau leisten. Andererseits hat vor allem die UdSSR dazu beigetragen, in der DDR notwendige Kapazitäten, zum Beispiel der Grundstoffindustrie, zu errichten (Bergbau, Eisen- und Buntmetallurgie, Energiewirtschaft, später Petrolchemie).

Dieser Erfahrungsaustausch und diese wissenschaftlich-technische Unterstützung haben damals für die wirtschaftliche Entwicklung des sozialistischen Weltsystems eine große Bedeutung gehabt. Später mußten neue Formen gefunden werden, so unter anderem die Kombination der wissenschaftlich-technischen Zusammenarbeit mit abgestimmten Investitions- und Strukturentscheidungen, mit Produktionsspezialisierungen und -kooperationen. Das ist eine Aufgabe, die im Integrationsprozeß ebenso zu lösen ist wie die (in verschiedenen Formen mögliche) koordinierte und gemeinsame Forschung samt der schnellen Produktionswirksamkeit geeigneter Forschungsergebnisse (Vgl. S. 125ff.).

Dubna

Bereits Mitte der fünfziger Jahre begannen alle damaligen sozialistischen Staaten (mit Ausnahme Jugoslawiens) eine gemeinsame Forschung in einem gemeinsamen Institut. Nachdem im April 1955 ein Abkommen über die Zusammenarbeit auf dem Gebiet der Kernphysik abgeschlossen worden war, unterzeichneten die beteiligten Länder im März 1956 das Abkommen über die Errichtung des „Vereinigten Instituts für Kernforschung“[61], das auf der Grundlage eines vereinbarten Statuts arbeitet.[62] Die Aufgabe des Instituts besteht laut Abkommen darin, theoretische und experimentelle Forschungen auf dem Gebiet der Kernphysik gemeinsam durchzuführen. Das Institut ist eine juristische Institution und hat bekanntlich seinen Sitz in Dubna, Gebiet Kalinin, RSFSR. Die Finanzierung erfolgt nach vereinbarten unterschiedlichen Anteilen – bei der Gründung zum Beispiel von der UdSSR 47,25 Prozent und von der DDR 6,75 Prozent. Im Abkommen und im Statut ist ausdrücklich festgelegt, daß die Höhe des Anteils keinen Einfluß auf das gleiche Recht aller Partner hat, sich an der wissenschaftlichen Arbeit und an der Verwaltung des Instituts zu beteiligen.

Plankoordinierung

Die zunehmende Industrialisierung in den neuen sozialistischen Ländern, die Entwicklung des Systems der Fünfjahrplanung der Volkswirtschaften und die Herausbildung eines zuverlässigen Marktes im Handel zwischen den sozialistischen Staaten machten auch in den internationalen Wirtschaftsbeziehungen eine höhere Stufe der Planmäßigkeit möglich und notwendig. „Mit dem Übergang zur Perspektivplanung in den europäischen sozialistischen Ländern“, so schreibt M. W. Senin, „entwickelten sich das praktische Bedürfnis und die Möglichkeit zur Koordinierung der volkswirtschaftlichen Entwicklungspläne der RGW-Länder.“[63] Die ersten Erfahrungen der sozialistischen Länder bei der planmäßigen Entwicklung ihrer Außenhandelsbeziehungen bildeten eine wesentliche Voraussetzung, um die Planmäßigkeit in den gegenseitigen Beziehungen über den Außenhandel

61 Freundschaft, Zusammenarbeit, Beistand, a. a. O., S. 319ff.
62 Ebenda, S. 327ff.
63 M. W. Senin, Sozialistische Integration, Berlin 1972, S. 215

hinaus auszudehnen. Das führte dazu, daß 1954 erstmalig im RGW die Koordinierung der Volkswirtschaftspläne erörtert wurde. Die Mitte der fünfziger Jahre dicht aufeinanderfolgenden Ratstagungen (März 1954, Juni 1954 und Dezember 1955) unterstrichen die Erkenntnis der kommunistischen und Arbeiterparteien der sozialistischen Länder, daß die Erhöhung der Leistungsfähigkeit der Volkswirtschaften der RGW-Länder nur durch den planmäßigen Übergang zur effektiven Nutzung aller Ressourcen, zur Koordinierung der Volkswirtschaftspläne und Entwicklung der Produktionsspezialisierung möglich ist.

Die Vertiefung der Planmäßigkeit der Wirtschaftsbeziehungen war und ist ein Grundzug der sozialistischen Produktionsverhältnisse, der nationalen und der internationalen. In allen Bereichen der sozialistischen Produktionsverhältnisse wirkt das Gesetz der Planmäßigkeit im Prinzip in gleicher Weise. Unterschiedlich jedoch sind die Bedingungen seines Wirkens, die Formen seiner Ausnutzung und folglich sein Wirken insgesamt auf volkswirtschaftlicher und auf internationaler Ebene. Die objektive historische Tendenz zur Konsolidierung entwickelter sozialistischer Nationen, die Existenz souveräner sozialistischer Staaten, das staatliche und genossenschaftliche sozialistische Eigentum wie schließlich die staatliche Leitung und Planung der Wirtschaft lassen in einer langen ersten Entwicklungsphase keinen einheitlichen Plan des sozialistischen Weltwirtschaftssystems oder einer Gruppe sozialistischer Länder zu. Im Laufe des sozialistischen internationalen Integrationsprozesses wird schrittweise zu neuen Formen übergegangen, zu gemeinsamen Prognosen, Forschungsprogrammen, wissenschaftlich-technischen Konzeptionen, gemeinsamen Planungen, Abstimmungen der Wirtschafts-, Investitions-, Strukturpolitik und anderem mehr.

In den fünfziger und sechziger Jahren nahm die Planmäßigkeit der sozialistischen internationalen Wirtschaftsbeziehungen die Form der Koordinierung der Fünfjahrpläne (nicht der volkswirtschaftlichen Jahrespläne) an. Auf der VII. Tagung des RGW im Mai 1956 in Berlin wurden erstmalig die Hauptkennziffern der wichtigsten Volkswirtschaftszweige für die Jahre 1956–1960 erörtert und miteinander abgestimmt, und zwar des Maschinenbaus, der Eisen- und Buntmetallurgie, der Brennstoffindustrie, der chemischen Industrie, der Leichtindustrie und der Landwirtschaft. Die Verabschiedung von Empfehlungen für die Spezialisierung der Produktion, besonders des Maschinenbaus und der feinmechanisch/optischen Industrie, war damit verbunden.

Ständige Kommissionen

Die VII. Tagung beschloß auch die Bildung der ersten Ständigen Kommissionen des RGW. Noch im Jahre 1956 wurden folgende gebildet: im April die Ständige Kommission für Außenhandel mit Sitz in Moskau; im Mai für Elektroenergie in Moskau; im September für Maschinenbau in Prag, für Buntmetallurgie in Budapest und Landwirtschaft in Sofia; im Oktober für die chemische Industrie mit Sitz in Berlin, für Schwarzmetallurgie in Moskau und für Öl- und Gasindustrie in Bukarest. Die Ständige Kommission für Kohleindustrie folgte im Januar 1957 (mit Sitz in Warschau). Um die mehrseitige wirtschaftliche und wissenschaftlich-technische Zusammenarbeit zu fördern, wurden im Ergebnis der IX. RGW-Tagung (Bukarest 1958) weitere Fachkommissionen des RGW für einzelne Wirtschafts- und Industriezweige wie auch für wirtschaftliche Querschnittsprobleme gebildet, und zwar die Ständige Kommission für ökonomische Fragen (Juni 1958) mit Sitz in Moskau, für Bauwesen (September 1958) mit Sitz in Berlin und für Fragen des Transports (Oktober 1958) mit Sitz in Warschau.

Mit diesen Ständigen Kommissionen und ihren Arbeitsgruppen entwickelten sich mehrseitige Gremien für die Analyse der Entwicklung von Produktion, Forschung und Bedarf, für ihre Bilanzierung und für die Ausarbeitung von Empfehlungen zum Ausbau der sozialistischen internationalen Arbeitsteilung auf einzelnen Gebieten.

In der Folgezeit entstanden ständige Beziehungen zur Organisation für die Zusammenarbeit der Eisenbahnen (OSSMD), die im Juni 1956 in Sofia gegründet wurde und ihren Sitz in Warschau hat. Die Ständige Kommission für Transport und das Komitee der OSSMD koordinieren ihre Arbeitspläne und tauschen Informationen und Materialien zur Verbesserung des Eisenbahn- und Güterkraftverkehrs aus.

Erfahrungen in der Zusammenarbeit auf dem Gebiet der Planung

Bei der Abstimmung ihrer Pläne und einiger Produktionsprogramme waren die Mitgliedsländer des RGW bemüht, die Produktion bestimmter Maschinen jeweils in solchen Ländern zu entwickeln beziehungsweise fortzuführen, die über die rationellsten Bedingungen (Produktionskapazitäten, Arbeitskräfte, Material, Transportbedingungen und so weiter) verfügen. Ein ebenso wichtiger Gesichtspunkt war die Förderung des Angleichungsprozesses. Natürlich ist es schwer, die ökonomischen Prozesse bei Berücksichtigung beider Leitlinien stets einwandfrei zu bilanzieren und zu fördern.

Auf der XI. Tagung des RGW in Tirana (Mai 1959) wurde zum Beispiel eine Abstimmung der Produktionsprogramme der RGW-Länder für wichtige Erzeugnisse des Schwermaschinen- und Anlagenbaus bis 1965 vorgenommen. Danach wurde die DDR auf die Produktion von Feinprofilstraßen, Ziehstraßen und Ausrüstungen für Tagebaue spezialisiert (Eimerkettenbagger und anderes). Die Produktion von Großprofilstraßen sollte in der UdSSR und der ČSSR konzentriert werden, von Bohranlagen für die Erdölwirtschaft in Rumänien und in der UdSSR.

Die RGW-Länder konzentrierten sich bereits in jenen Jahren vorrangig auf die Deckung ihres Bedarfs an Rohstoffen, Material und Energie. Erste Abkommen über die Zusammenarbeit interessierter RGW-Länder beim Aufschluß von Rohstoffvorkommen wurden abgeschlossen. So gewährte zum Beispiel die DDR der VR Polen im April 1957 einen Kredit zur Erschließung der Braunkohlevorkommen von Turow in Höhe von 400 Mio Rubel, um dafür langfristig Lieferungen von Kohle zu erhalten. Ein Beispiel für mehrseitige Zusammenarbeit war der Bau des Schilfverarbeitungskombinats in Braila/Rumänien. Auch hier wirkte die DDR mit einem Warenkredit in Höhe von 110 Mio Rubel mit.

Trotz mancher Unvollkommenheiten und Störungen von außen führten die genannten Formen der Zusammenarbeit zu weiterer sozialistischer internationaler Arbeitsteilung.

Die Zusammenarbeit der sozialistischen Länder auf dem Gebiet der Planung, die für alle Beteiligten Neuland war, erfolgte unter komplizierten internationalen Bedingungen. So führten die Angriffe der Konterrevolution gegen die Ungarische VR im Herbst 1956, aber auch die imperialistische Aggression gegen Ägypten zu Störungen in den ökonomischen Beziehungen zwischen den sozialistischen Ländern. Die Folge waren Korrekturen oder Unterbrechungen der Fünfjahrpläne in einigen sozialistischen Ländern; die Verwirklichung der Koordinierungsempfehlungen der VII. Ratstagung des RGW wurde gestört und verzögert.

Die Planabstimmungen waren in jenen Jahren im wesentlichen zweiseitig und erfolgten durch gegenseitige Informationen über die Schwerpunktaufgaben der Volkswirtschaftspläne, durch zusammenfassende ökonomische Berechnungen, Analysen und Varianten. Sie gestatteten den Mitgliedsländern, neben dem inneren Reproduktionsprozeß auch die Entwicklung ihres Außenhandels besser zu planen. Die Abstimmungen erfolgten aber erst zu einem Zeitpunkt, als in den einzelnen Ländern die Pläne bereits aufgestellt, bestätigt und in Kraft gesetzt waren. Der Prozeß der Ausarbeitung der Fünfjahrpläne in den Partnerländern wurde folglich nicht direkt beeinflußt. Die Abstimmung war keine komplexe Koordinierung; sie war noch vorrangig gegenseitige Information nach erfolgter

Planaufstellung. Fragen des Nutzeffektes spielten keine oder nur eine untergeordnete Rolle; die vollständige Überwindung der Kriegsfolgen, der Schutz des Weltsozialismus, die Sicherung der sozialistischen Produktionsverhältnisse in den neuen sozialistischen Ländern und die schnelle Industrialisierung standen im Vordergrund.

Es ist verständlich, daß in einer Zeit, in der die Herausbildung komplexer volkswirtschaftlicher Strukturen in den meisten sozialistischen Ländern erst im Gange war und noch wenig gesicherte Erkenntnisse über die internationale Proportionierung volkswirtschaftlicher Strukturen bestanden, eine annähernd komplexe internationale Koordinierung von Forschung, Investitionen und Produktion noch nicht möglich war. Die Koordinierung lief im wesentlichen darauf hinaus, Fünfjahresvereinbarungen über wichtige Lieferungen von Rohstoffen und Energieträgern ebenso wie von Erzeugnissen der Metallurgie, der Grundstoffchemie, des Anlagen-, Maschinen- und Gerätebaus zu treffen; sie konzentrierte sich auf Schwerpunkte der Industrialisierung, dabei des Schwermaschinenbaus.

Das waren die ersten Schritte auf dem notwendigen Weg, die gemeinsame Tätigkeit auf dem Gebiet der Planung zur Hauptmethode, zur übergreifenden Form der wirtschaftlichen Zusammenarbeit sozialistischer Staaten zu machen.

Erste Produktionsspezialisierungen

Mitte der fünfziger Jahre waren Voraussetzungen für den Übergang zu ersten internationalen Produktionsspezialisierungen herangereift. Sie bestanden im erreichten (wenn auch noch sehr unterschiedlichen) ökonomischen Entwicklungsniveau der sozialistischen Länder und in den Erfahrungen, die die Mitgliedsländer bei der Zusammenarbeit im Außenhandel gesammelt hatten. Die weniger entwickelten sozialistischen Länder hatten sich von Agrar- zu Agrarindustriestaaten entwickelt und Erfolge beim Aufbau komplexer Industriestrukturen erzielt. Neue Betriebe und Industriezweige waren hier entstanden. Gegen Ende der ersten Phase der Industrialisierung (1954/55) führte diese Entwicklung zu unnötigen, ineffektiven Parallelproduktionen. Die internationale sozialistische Zusammenarbeit in der Produktionssphäre war vom Standpunkt der Erfordernisse des sozialistischen Aufbaus, des wissenschaftlich-technischen Fortschritts und der volkswirtschaftlichen Effektivität notwendig geworden. Die RGW-Länder stellten sich damit eine völlig neue und komplizierte Aufgabe, die durch die unterschiedliche Produktivität in den einzelnen sozialistischen Ländern, durch Disproportionen (Engpässe) und fehlende Erfahrungen noch erschwert wurde.

Die Formen und Intensitätsgrade sozialistischer internationaler Zusammenarbeit direkt in der Produktion (einschließlich der vorgelagerten und einbezogenen Forschungsarbeiten) sind vielfältig. Wir werden darauf noch zurückkommen.

Mitte der fünfziger Jahre wurden von den RGW-Mitgliedsländern erste Schritte auf dem Gebiet der Empfehlungen für multilaterale Produktionsspezialisierungen getan. Anfangs ging es dabei vorwiegend um die Spezialisierung der Produktion von Finalerzeugnissen (LKW, Traktoren, Waggons, Schiffe, Tagebauausrüstungen, Landmaschinen usw.). Die sozialistischen Länder begannen mit der Typisierung – gruppierten zum Beispiel die Lastkraftwagen nach Tonnen Nutzlast – und spezialisierten danach die Produktion. Auf der Berliner (VII.) RGW-Tagung (1956) wurden auf diese und ähnliche Weise Empfehlungen zur Spezialisierung für etwa 600 Maschinenbauerzeugnisse gegeben. Trotz vieler objektiver und subjektiver Hindernisse war man bemüht, den Prozeß der Vertiefung der sozialistischen internationalen Arbeitsteilung zu beschleunigen. Neben vielen anderen Maßnahmen wurden von 1959 bis 1965 für nahezu 1750 Typengruppen und Gruppen von Maschinenbauerzeugnissen aus 48 Zweigen dieses Industriebereiches Spezialisierungsempfehlungen verabschiedet.

Diese Empfehlungen haben im Schwermaschinen- und Werkzeugmaschinenbau, bei Chemieanlagen, bei Baumaschinen und Baumaterialausrüstungen, bei Leicht- und Nahrungsmittelindustrieausrüstungen, bei Transportmaschinen, Traktoren und Landmaschinen sowie im Schiffbau zu einer Reihe von Konzentrationen der Produktion der beteiligten Länder geführt. Ergebnisse sind auch auf dem Gebiet der Produktion von Wälzlagern erzielt worden. Durch international abgestimmte Forschungs-, Projektierungs- und Konstruktionsarbeiten, durch Spezialisierung und Überwindung vonParallelproduktionen wurde eine vergrößerte und effektivere Produktion erreicht; die Losgröße je Type erhöhte sich.

Ein spezifisches Interesse der DDR an Fortschritten auf dem Gebiet der Produktionsspezialisierung im RGW erklärte sich von Anfang an aus der objektiven Notwendigkeit,

a) das viel zu breite eigene Sortiment, besonders im Maschinenbau, einzuschränken,

b) die Spaltungsdisproportionen zu beseitigen,

c) Veränderungen der Industriezweig- und Erzeugnisstruktur zugunsten von Produktionen mit hohem Verarbeitungsgrad zu erreichen.

Effektivere Formen der Spezialisierung

Während bis etwa Mitte der fünfziger Jahre die ökonomische Zusammenarbeit der RGW-Länder vor allem dazu beitrug, ihre industrielle Basis überhaupt zu erweitern und manche neuen, wichtigen Zweige herauszubilden, führten die danach getroffenen Empfehlungen beziehungsweise Vereinbarungen zu Spezialisierung und Kooperation in Verbindung mit dem langfristigen Warenaustausch zu ersten Erfolgen bei der effektiveren Gestaltung und Profilierung der Produktions- und Außenhandelsstrukturen entsprechend den spezifisch nationalen Bedingungen und damit zu ersten Schritten in der arbeitsteiligen Verknüpfung ihrer Volkswirtschaften. Insgesamt war jedoch die Wirksamkeit vieler Spezialisierungsempfehlungen noch zu gering. Die Arbeit trug teilweise administrativen Charakter. Es fehlte an Erfahrungen bei der Auswahl von Erzeugnissen für die Spezialisierung und in der Bewertung der ökonomischen Ergebnisse der Arbeitsteilung. Keine oder unzureichende Berechnungen über den volkswirtschaftlichen Nutzen von Spezialisierung und Kooperation verhinderten oder verzögerten oft den Abschluß von Spezialisierungsverträgen. Auch Unterschiede in den technischen Standards der sozialistischen Länder bereiteten Schwierigkeiten. Ungenügende Klarheit über Bedingungen und Nutzen der Spezialisierung führte dazu, daß die Partnerländer oft nicht bereit waren, verbindliche Liefer- und Bezugsgrößen für einen längeren Zeitraum festzulegen oder die Verpflichtung einzugehen, ihren Bedarf ausschließlich beim Hersteller des spezialisierten Erzeugnisses zu decken. Hinzu kamen in den einzelnen sozialistischen Ländern noch ungeklärte konzeptionelle Fragen der Entwicklung einzelner Industriezweige, mangelnde Kenntnisse der Bedarfsentwicklung und andere Probleme.

Der weitere Weg bestand darin, die Auswirkungen der Spezialisierung durch konkrete ökonomische Berechnungen nachzuweisen, die Spezialisierungsempfehlungen (zwei- und mehrseitig) eng mit der Plankoordinierung und den Außenhandelsabkommen sowie Jahresprotokollen zu verbinden, die Spezialisierung und Kooperation in der Produktion systematisch mit der wissenschaftlich-technischen Zusammenarbeit zu verknüpfen, die Initiative der Betriebe zu stimulieren, Produktion und Außenhandel auf allen Ebenen zu koordinieren und die arbeitsteiligen Beziehungen durch Abkommen und Verträge zu stabilisieren.

Auf den Beratungen von führenden Vertretern der kommunistischen und Arbeiterparteien der RGW-Staaten wurde im Laufe der Jahre der Spezialisierung und Kooperation von Forschung und Produktion zunehmend Aufmerksamkeit geschenkt. Das ergibt sich aus dem Übergang von einem mehr extensiven zu einem mehr intensiven Wachstum. Dieser

Übergang verlangt eine bessere Ausnutzung der Vorzüge der internationalen Arbeitsteilung. Zunehmend wurden die Erhöhung der volkswirtschaftlichen Effektivität und die Intensivierung der sozialistischen internationalen Arbeitsteilung und Zusammenarbeit zum Schwerpunkt der praktischen Arbeit. Entsprechend der Einheit von Ziel und Mitteln der sozialistischen Produktion wurden die Produktion von Ausrüstungen für die Leicht-, Textil- und Nahrungsmittelindustrie wie diese Zweige selbst in die Arbeitsteilung und Zusammenarbeit zwischen den RGW-Ländern einbezogen. Das gilt auch für die chemische Industrie.

Die schon erwähnte Parteienberatung vom Mai 1958 widmete der in Gang gekommenen Produktionsspezialisierung besondere Aufmerksamkeit; in der veröffentlichten Mitteilung heißt es:

„Die Konferenz ist der Ansicht, daß in der gegenwärtigen Zeit, in der sich die Wirtschaftsbeziehungen zwischen den sozialistischen Ländern bedeutend gefestigt und umfassenden Charakter angenommen haben, die weitere Entwicklung und Vervollkommnung der wirtschaftlichen Zusammenarbeit zwischen ihnen und die gründlichere Spezialisierung und Kooperation der Produktion miteinander verbundener Zweige der Volkswirtschaften der Länder des sozialistischen Lagers besonders große Bedeutung erlangen.

Die richtige Organisation der Kooperierung und Spezialisierung der Produktion innerhalb des sozialistischen Lagers ermöglicht die Einsparung von materiellen Mitteln und die Steigerung der Produktivität der gesellschaftlichen Arbeit sowie rationellste Ausnutzung der natürlichen Hilfsquellen und wirtschaftlichen Voraussetzungen der sozialistischen Länder für die Beschleunigung des Tempos der Erweiterung der sozialistischen Reproduktion.“[64]

Erdölleitung und Energieverbund

Die der Parteienberatung folgenden Ratstagungen empfahlen viele praktische Maßnahmen, um die Konferenzbeschlüsse vom Mai 1958 in die Tat umzusetzen. Auf der IX. Ratstagung (Juni 1958) in Bukarest stand die weitere Intensivierung der Zusammenarbeit bei der allseitigen Entwicklung der Rohstoffzweige und der Energiewirtschaft im Mittelpunkt, ferner die weitere Spezialisierung der Produktion vor allem von Ausrüstungen für die chemische Industrie, die Metallurgie, Brennstoffindustrie und Energiewirtschaft.

64 Presse der Sowjetunion, 1. 6. 1958

Im Zusammenhang mit der Entwicklung der chemischen Industrie und dem Ausbau der Petrolchemie in den RGW-Ländern wurde auf der X. Tagung des RGW (Dezember 1958) der Bau der 4500 km langen Erdölleitung „Freundschaft“ von der UdSSR nach Ungarn, Polen, der ČSSR und der DDR erörtert und beschlossen. In der DDR wurde sie Ende 1963 in Betrieb genommen.

Ein Vorschlag zur Vereinigung der Energiesysteme der Mitgliedsländer des RGW wurde auf der XI. Tagung (Mai 1959) beraten. Für das internationale Energieverbundnetz der RGW-Länder wurden von 1959 bis 1964 rund 1200 Kilometer Systemverbindungsleitungen gebaut, um die nationalen Energiesysteme der DDR, Polens, der ČSSR, Ungarns, Rumäniens, Bulgariens sowie die Energiesysteme der Westukraine und Bjelorußlands miteinander zu verbinden.

Die Realisierung beider Vorhaben, die repräsentativ sind für die Bedeutung und Effektivität von Gemeinschaftsobjekten, war für die DDR und die anderen beteiligten sozialistischen Länder von größter Bedeutung.

Auch die XII. Tagung des RGW, die im Dezember 1959 in Sofia stattfand, faßte neue Beschlüsse über die Spezialisierung der Produktion der Mitgliedsländer in den nächsten Jahren. Insbesondere wurden Empfehlungen zur weiteren Spezialisierung von wichtigen Arten chemischer Ausrüstungen, von Ausrüstungen für die Zucker-, fleischverarbeitende und Papierindustrie erörtert und angenommen. Ferner wurden Maßnahmen beraten, die eine zusätzliche Steigerung des Aufkommens an Brennstoffen und metallurgischen Erzeugnissen ermöglichen und zu einer Vervollkommnung der Technologien in der Schwarzmetallurgie führen sollten. Mit Hilfe der interessierten Mitgliedsländer des RGW sollte die Gewinnung von Eisen-Nickel-Erzen in Albanien und von Eisenerz in Bulgarien forciert werden.

Mit den ersten Ergebnissen der sozialistischen internationalen Spezialisierung und Kooperation der Produktion wie zugleich der schnellen Entfaltung der Produktivkräfte in jedem einzelnen Land wurden damals und später Diskussionen über den Einfluß der Spezialisierung auf die volkswirtschaftlichen Strukturen in den sozialistischen Ländern geführt. Die Mehrzahl der Wirtschaftswissenschaftler der sozialistischen Länder war sich damals darüber einig, daß jedes sozialistische Land über eine eigene Metallurgie, Energiewirtschaft, Brennstoffindustrie, Baustoffwirtschaft, chemische Industrie und natürlich einen eigenen Maschinenbau und weitere Zweige der verarbeitenden Industrie (Leichtindustrie) verfügen müsse. Weiter müßten eine intensive Großlandwirtschaft und ein entwickeltes Verkehrswesen aufgebaut werden. Auf eine einfache Formel gebracht heißt das, daß in jedem sozialistischen Land „alle wesentlichen

Industriezweiggruppen entwickelt werden, aber nicht bei allen die dazugehörigen Zweige. In der Regel sollte jedes Land für den technischen Fortschritt wichtige Industriezweige, aber nicht alle dazugehörigen Sektoren entwickeln."[65]

Versuch einer Bilanz

Wenn wir versuchen, die einzelnen Beschlüsse und Schritte zur weiteren Entwicklung der sozialistischen internationalen Wirtschaftszusammenarbeit in der zweiten Hälfte der fünfziger Jahre zu bilanzieren, so läßt sich wohl eindeutig sagen, daß die Fortschritte die Mängel überwogen, zumal es Mängel auf dem Wege des Fortschritts, bei der Meisterung neuer Prozesse und Organisationsformen, bei der Aneignung neuer Erkenntnisse, Verfahren und Methoden waren. In einem solchen Entwicklungsprozeß werden die Widersprüche im Objektiven subjektiv reflektiert, und es wird durch die Dialektik der Objekt-Subjekt-Beziehungen eine zusätzliche Dynamik in die Entwicklung hineingetragen – eine in den Haupttendenzen positive, eine vorwärtstreibende, wie sich aus den Parteien- und RGW-Beratungen und aus der praktischen Entwicklung ablesen läßt.

Das Gesagte gilt ebenso für den Fortschritt in den einzelnen sozialistischen Ländern. In den Grundzügen gibt es zwischen der Entwicklung und Problematik der internationalen sozialistischen Zusammenarbeit und der Entwicklung und Problematik in den einzelnen Ländern keine divergierenden Tendenzen. Fortschritte bei der Beherrschung der volkswirtschaftlichen Prozesse führen auch zu Fortschritten in den internationalen Beziehungen. Mängel bei der Beherrschung der Planmäßigkeit, Proportionalität oder Effektivität in den einzelnen Ländern schlagen sich in den internationalen Beziehungen ebenfalls auf diese oder jene Art, in diesem oder jenem Maße, sofort oder über einen etwas längeren Zeitraum nieder.

Die folgenden positiven Entwicklungen in den fünfziger Jahren, besonders ihrer zweiten Hälfte, könnten unserer Meinung nach vor allem festgehalten werden:

1. Sicherung des sozialistischen Aufbaus in den einzelnen Ländern und des sozialistischen Weltsystems durch Zusammenarbeit und politischen wie auch wirtschaftlichen Zusammenschluß, durch Unterstützung und Hilfeleistung.

[65] W. Kunz, Zu einigen Problemen der internationalen Arbeitsteilung im sozialistischen Weltsystem, in: Probleme der Politischen Ökonomie, Jahrbuch des Instituts für Wirtschaftswissenschaften, Bd. III, Berlin 1960, S. 196

2. Erfolgreiche Durchführung der sozialistischen Industrialisierung, nicht zuletzt mittels internationaler sozialistischer Zusammenarbeit und Unterstützung, Aufbau komplexer Volkswirtschaftsstrukturen; Fortschritte auf dem Wege der Angleichung des wissenschaftlich-technischen Entwicklungsniveaus.

3. Beginn der Zusammenarbeit auf dem Gebiet der Planung in Gestalt der Koordinierung der Fünfjahrpläne.

4. Mittelfristige Handelsabkommen, um zumindest in den Hauptlinien Bezug und Absatz wichtiger Erzeugnisse für längere Zeit zu sichern.

5. Herausbildung einiger wichtiger langfristiger Linien der sozialistischen internationalen Arbeitsteilung, zum Beispiel im Schiffbau, Waggonbau, in der Wälzlagerproduktion, in der Anlagen- und Werkzeugmaschinenproduktion. (Für den DDR-Export zum Beispiel sind diese Linien bis heute von Bedeutung, so im Schiff- und Waggonbau, bei Werkzeug- und Textilmaschinen.)

6. Einbeziehung weiterer Bereiche in die sozialistische internationale Arbeitsteilung, also über Metallurgie und Schwermaschinenbau hinaus.

7. Beginnende Konzentration auf die Effektivität der arbeitsteiligen Prozesse, auf deren Intensivierung.

8. Frühe Einbeziehung der wissenschaftlich-technischen Zusammenarbeit in die Prozesse der sozialistischen internationalen Wirtschaftszusammenarbeit und Arbeitsteilung. Diese Zusammenarbeit, dabei auch die kostenlose Übergabe von Dokumentationen, unterstützten die wirtschaftliche Entwicklung in bisher wenig entwickelten RGW-Ländern und halfen auch beim Aufbau der Schwerindustrie in der DDR, bei der Beseitigung von Spaltungsdisproportionen.

9. Unterstützungskredite förderten den Aufbau und halfen bei Schwierigkeiten, zum Beispiel auch beim Einkauf auf kapitalistischen Märkten.

10. Die Allgemeinen Lieferbedingungen des RGW und dabei das Sofortbezahlungsverfahren bildeten Grundlagen für einen möglichst reibungslosen Handel zwischen den Partnern gemäß dem Prinzip der Gleichberechtigung.

11. Die Ausarbeitung einer Grundsatzregelung für die Preisbildung im Außenhandel zwischen den RGW-Staaten schuf eine einheitliche Grundorientierung für die gleichberechtigten zweiseitigen Verhandlungen über Außenhandelslieferverträge.

Diese und andere Prozesse beziehungsweise Regelungen förderten den wirtschaftlichen Aufbau der sozialistischen Länder und trugen dazu bei, das sozialistische Weltsystem wirtschaftlich zu stärken. Das schließt nicht aus, sondern ein, daß eine Reihe der Maßnahmen im Verlauf der weiteren Entwicklung vervollkommnet oder durch bessere ersetzt wurde.

3.4. Zur wirtschaftlichen Entwicklung in der DDR und ihrer Zusammenarbeit mit der Sowjetunion und den anderen RGW-Staaten

Die Mitarbeit der DDR im Rat für Gegenseitige Wirtschaftshilfe und ihre ökonomischen Verbindungen zu den Mitgliedsländern dieser Organisation waren während der ersten Jahre des Bestehens unserer Republik wesentlich durch die Aufgaben geprägt, die sich daraus ableiteten, die Grundlagen des Sozialismus unter den gegebenen nationalen und internationalen Bedingungen zu errichten.

Aufbau des Sozialismus

Die DDR stand vor allem vor zwei grundlegenden Problemen, deren Lösung, wie Lenin in seiner Arbeit „Die große Initiative" geschrieben hatte, in erster Linie die Gewähr für den Sieg des Sozialismus geben:[66]

– Erstens den Widerstand der gestürzten Bourgeoisie niederzuhalten und die eroberte Macht der Arbeiterklasse und der mit ihr verbündeten Klassen und Schichten zu festigen und

– zweitens die höhere gesellschaftliche Produktionsweise des Sozialismus zu errichten und die kapitalistische und kleinbürgerliche Produktion durch die sozialistische Großproduktion zu ersetzen.

Diese Aufgaben bildeten auch den Hauptinhalt des ersten Fünfjahrplans unserer Republik für die Jahre 1951–1955. Der Plan umfaßte die entscheidenden wirtschaftlichen Aufgaben der Übergangsperiode vom Kapitalismus zum Sozialismus. So sah er eine vorrangige Entwicklung und damit Erweiterung des volkseigenen Sektors in der Industrie vor. Die Bruttoproduktion der volkseigenen Betriebe sollte um 125 Prozent, die der privaten Industriebetriebe um gut 65 Prozent zunehmen. 1955 sollte der volkseigene Sektor in der Industrie rund 80 Prozent der industriellen Bruttoproduktion liefern. Dieses Ziel wurde erreicht. Das erste Statistische Jahrbuch der DDR, das 1956 erschien, weist einen Anteil von 82,4 Prozent aus.[67]

Die Generallinie des sozialistischen Aufbaus wurde durch die Beschlüsse der II. Parteikonferenz der SED (9.–12. Juli 1952) fortgeführt. Mit den

66 W. I. Lenin, Die große Initiative, Werke, Bd. 29, S. 412f.

67 Tabelle A 11 enthält etwas abweichende Zahlen; sie beruhen auf Neuberechnungen, während die Berechnung im Statistischen Jahrbuch 1956 der Berechnungsmethode des Fünfjahrplans entspricht.

von der Konferenz festgelegten politischen und wirtschaftlichen Aufgaben wurde die Arbeit an der Schaffung der Grundlagen des Sozialismus auf eine neue, höhere Stufe gestellt. Mit dem Beschluß der II. Parteikonferenz über die Bildung landwirtschaftlicher Produktionsgenossenschaften wurde die sozialistische Umwälzung auf dem Lande eingeleitet. Das Neue bestand vor allem darin, daß nunmehr bewußt und planmäßig die sozialistische Umgestaltung allseitig in Angriff genommen wurde.

Während 1950 noch keine LPG existierten, lieferten sie 1955 rund 12,5 Prozent der Agrarproduktion und 1960 knapp 65 Prozent. Die VEG lieferten 1950 und 1955 rund 12,5 und 1960 etwa 16,5 Prozent.

Erster Fünfjahrplan

Um die Veränderung der Produktionsverhältnisse möglich zu machen, mußten erhebliche Anstrengungen in der Produktion unternommen und die Zusammenarbeit mit den sozialistischen Bruderländern ausgebaut werden. Demgemäß enthielt der erste Fünfjahrplan, der rechtzeitig und realistisch ausgearbeitet worden war und der in allen Hauptpositionen eingehalten und erfüllt wurde, die folgenden hauptsächlichen Produktions- und Außenhandelsaufgaben:

1. Steigerung der Produktion und der Arbeitsproduktivität unter neuen, unter sozialistischen Arbeitsbedingungen und gesellschaftlichen Beziehungen, wenn auch ganz überwiegend noch mit alten oder kleinen Anlagen sowie mit oft aus zerstörten Werken herausgeholten Teilmaschinen.

2. Auf diesem Wege sollte bis 1955 der Lebensstandard das Vorkriegsniveau wieder erreichen.

3. Die in der Volkswirtschaft vorhandenen ernsten Disproportionen waren schrittweise zu beseitigen beziehungsweise zu vermindern. Es handelte sich dabei um sehr vielschichtige Disproportionen:

– Disproportionen aus Kriegszerstörungen und Kriegsfolgen; hieraus ergab sich unter anderem die Aufgabe, die schwerindustrielle Basis zu schaffen beziehungsweise auszubauen;

– Disproportionen aus der Spaltung Deutschlands und der damit verbundenen Zerreißung des ehemals einheitlichen Wirtschaftsgefüges; damit ergab sich die Notwendigkeit, aus eigener Kraft und in sozialistischer internationaler Zusammenarbeit, vor allem mit Hilfe der UdSSR, die Rohstoff-, Material- und Energiebasis der DDR-Wirtschaft zu schaffen und zu sichern;

– die Orientierung des Außenhandels auf die Sicherung der bereits erwähnten Aufgaben und auf den Ausbau der wirtschaftlichen Zusammenarbeit mit der UdSSR und den anderen sozialistischen Ländern.

Über die Entwicklung des Nationaleinkommens, der Produktion und des Außenhandels der DDR in der Zeit des ersten Fünfjahrplans und auch in der zweiten Hälfte der fünfziger Jahre geben die Tabellen im Anhang Auskunft.

In der Wirtschaft der DDR bestanden also erhebliche Disproportionen zwischen den einzelnen Industriezweigen, aber auch innerhalb derselben. Die Kriegszerstörungen waren auf dem Territorium der DDR wesentlich umfangreicher als im westlichen Teil Deutschlands (Vernichtung der schon geringen Produktionskapazitäten der Schwerindustrie). Ausgehend von der übernommenen Struktur und den Anforderungen des sozialistischen Aufbaus, bestanden die wesentlichsten Disproportionen in der völlig unzureichenden eigenen metallurgischen Basis, zumal auch die traditionellen internationalen Bezugsmärkte vieler notwendiger industrieller Rohstoffe

Tabelle 11

Anteil des heutigen Gebietes der DDR am Gesamtumsatz der deutschen Industrie 1936 (Gebietsstand 1945; ohne Berlin und Saargebiet)

Industriezweig	Anteil in Prozent
Bergbau	23,1
Erzbergbau insgesamt	20,3
Eisenerzbergbau	5,1
Stein- und Kalisalze	57,0
Steinkohle	3,9
Braunkohle	63,1
Eisenschaffende Industrie	7,2
Eisen- und Stahlwarenindustrie	17,8
Maschinenbau	31,9
Werkzeugmaschinen	38,0
Textilmaschinen	54,1
Landmaschinen	22,1
Stahl- und Eisenbau	12,0
Fahrzeugindustrie	25,7
Elektroindustrie	23,8
Feinmechanik/Optik	37,5
Steine/Erden	26,4
Holzverarbeitende Industrie	28,7
Chemische Industrie	35,8
Chemisch-technische Industrie	25,4
Lederindustrie	22,3
Textilindustrie	39,1
Bekleidungsindustrie	30,7
Nahrungs- und Genußmittelindustrie	29,0
Industrie insgesamt	27,9

Quelle: Politische Ökonomie des Sozialismus und ihre Anwendung in der DDR, Berlin 1969, S. 133

und Halbfabrikate im kapitalistischen Ausland lagen. Das Verhältnis zwischen der Grundstoff- und der metallverarbeitenden Industrie war damals in der DDR 1 : 4,1, in der BRD dagegen 1 : 2,1. Es fehlte uns vor allem an Steinkohle, Eisenerzen und Kapazitäten der eisenschaffenden Industrie. *Tabelle 11* macht die Problematik deutlich. Unter diesen Bedingungen war die Errichtung einer eigenen leistungsstarken schwerindustriellen Basis, vornehmlich einer metallurgischen Industrie und eines Schwermaschinenbaus, der Schlüssel für die schnelle Entfaltung der Produktivkräfte und die Weiterentwicklung der sozialistischen Produktionsverhältnisse. So orientierte 1952 auch der Beschluß der II. Parteikonferenz:

„Die Parteikonferenz lenkt die Aufmerksamkeit der Parteimitglieder im Staatsapparat und in der Industrie auf die Notwendigkeit der Rekonstruktion der Hüttenindustrie, des Bergbaus, des Schwermaschinenbaus und der Energiewirtschaft und der raschesten Beseitigung der Engpässe in der Entwicklung der Energiewirtschaft, des Schwermaschinenbaus, des Hüttenwesens und der Rohstoffbasis, ohne deren Überwindung die erfolgreiche Erfüllung des Fünfjahrplans nicht möglich ist."[68]

Partei und Regierung der DDR verzichteten bewußt darauf, sich nach der Spaltung Deutschlands bei der Errichtung der entscheidenden Grundlagen des sozialistischen Aufbaus eng an die Schwerindustrie Westdeutschlands und anderer imperialistischer Staaten zu binden. Sie verzichteten ferner darauf, wie es angesichts der damals gegebenen Lebenslage so mancher gewünscht hätte, sich zuerst stärker auf die Entwicklung der Leicht- und Lebensmittelindustrie zu konzentrieren. Mit ihrem Kurs zerschlugen Partei und Regierung die Spekulationen der imperialistischen Kreise, die gehofft hatten, das sozialistische Aufbauwerk stören oder verhindern zu können.

Sozialistische Zusammenarbeit und Unterstützung

Andererseits konnte diese grundlegende Aufgabe niemals nur mit eigenen Kräften und Mitteln gelöst werden. Obwohl die Sowjetunion und die volksdemokratischen Länder zu jener Zeit vor ähnlichen Schwierigkeiten standen – für die RGW-Gemeinschaft insgesamt war die schwerindustrielle Basis unzureichend –, bildeten die Lieferungen an industriellen Rohstoffen, Brennstoffen und Materialien eine entscheidende Voraussetzung, um überhaupt den Kurs der SED auf Errichtung einer eigenen leistungs-

[68] Beschluß der II. Parteikonferenz der SED, in: Zur ökonomischen Politik der Sozialistischen Einheitspartei Deutschlands und der Regierung der Deutschen Demokratischen Republik, Berlin 1955, S. 137f.

starken metallurgischen und schwerindustriellen Basis in die Tat umsetzen zu können.

Besonders das Eisenhüttenkombinat Ost, auf Beschluß des III. Parteitages der SED (Juli 1950) erbaut, wurde zum Symbol für die deutschsowjetische Freundschaft und die große Kraft der sich entwickelnden Gemeinschaft der RGW-Länder. Die UdSSR stellte der DDR neben Materiallieferungen alle notwendigen technischen Unterlagen zur Verfügung und entsandte Spezialisten und Facharbeiter. Ohne diese Hilfe wäre es nicht möglich gewesen, die Hochöfen und andere Einrichtungen des Kombinats in so kurzer Zeit zu konstruieren und aufzubauen.

Zu den ersten Großbauten des Sozialismus in der DDR, die mit Hilfe der sozialistischen Bruderländer errichtet wurden, gehören auch die Eisenwerke bei Calbe und die Großkokerei Lauchhammer. Ohne die Lieferungen aus der UdSSR wäre es ferner nicht möglich gewesen, auch andere, zum großen Teil kriegszerstörte Großbetriebe der metallurgischen Industrie, wie die Stahl- und Walzwerke in Brandenburg, Unterwellenborn, Riesa und andere, wieder aufzubauen, zu erweitern beziehungsweise zu rekonstruieren.

Als im Februar 1950 die Bundesregierung auf Anweisung der Hohen Kommissare der Westmächte die in Abkommen vereinbarten Stahllieferungen an die DDR sperrte, leisteten die UdSSR, Polen und die ČSR sofortige solidarische Hilfe, indem sie zusätzlich Stahl, Roheisen, Steinkohle und Koks lieferten.

Für die Entwicklung des Landmaschinenbaus übergab die UdSSR Konstruktionsunterlagen für den Mähdrescher, und auch die Herausbildung eines eigenen Schiffbaus in der DDR und andere neue Produktionen wurden durch die wissenschaftlich-technische Hilfe besonders aus der UdSSR gefördert. Eine große Rolle spielte der Erfahrungsaustausch. So war die während der ersten Fünfjahrplanperiode in der ganzen Republik entfachte Wettbewerbs- und Neuererbewegung eng mit dem Streben der Betriebskollektive verknüpft, durch Übernahme sowjetischer Erfahrungen und Neuerermethoden die hohen Planziele des Fünfjahrplanes zu erfüllen.

Die wissenschaftlich-technische Zusammenarbeit mit der UdSSR brachte der DDR auch großen Nutzen bei der Energieerzeugung. Mit sowjetischer Hilfe wurden im Energiemaschinenbau der DDR und bei Schnellmontagen von Kraftwerksausrüstungen große Mittel eingespart. Die Zusammenarbeit schloß auch den Bereich der Kernenergie ein. Die DDR beteiligte sich an der Gründung des Vereinigten Kernforschungsinstituts in Dubna (1956). Im gleichen Jahre wurde ein Abkommen UdSSR–DDR über technische Hilfe beim Bau des ersten Atomkraftwerkes der DDR abgeschlossen.

Die Hauptaufgaben des ersten Fünfjahrplanes erschöpften sich nicht in ökonomischen Zielstellungen. Sie gingen davon aus, auf der Grundlage des Wachstums der Produktion zugleich einen bedeutenden Aufschwung des kulturellen Niveaus und der Volksbildung der gesamten Bevölkerung zu erreichen. Die SED orientierte im Beschluß über den ersten Fünfjahrplan wiederholt darauf, die Arbeiter- und Bauernkinder besonders zu fördern und eine neue, fortschrittliche Intelligenz heranzubilden. In jenen Jahren begannen die ersten Gruppen von DDR-Studenten ihr Studium in der UdSSR.

Entwicklung des Außenhandels

Für die Durchsetzung der Generallinie der SED zur Schaffung der materiellen Grundlagen des Sozialismus war also von Anfang an kennzeichnend, daß sich die eigenen großen Anstrengungen der Werktätigen der Republik eng mit der gegenseitigen Unterstützung und Zusammenarbeit der RGW-Länder verbanden. Die DDR fügte sich in das sich entwickelnde System der sozialistischen internationalen Wirtschaftszusammenarbeit ein. Sie war ihrerseits bemüht, einen maximal möglichen Beitrag zur Entwicklung der befreundeten sozialistischen Länder und damit zur Stärkung des sozialistischen Weltsystems zu leisten. Als relativ entwickeltes Land und als Land mit einer traditionellen Verarbeitungsindustrie, besonders einem entwickelten Maschinenbau, einer wertvollen chemischen Industrie und einer relativ umfangreichen Erzeugung von technischen Konsumgütern, lieferte sie Erzeugnisse aus diesen Zweigen, übergab sie wissenschaftlich-technische Dokumentationen und unterstützte damit die Industrialisierung und den wissenschaftlich-technischen Fortschritt der Mitgliedsländer des RGW.

Die vom III. Parteitag im Jahre 1950 gestellte Aufgabe der SED, in kürzester Frist einen leistungsfähigen Schwermaschinenbau zu schaffen, ergab sich nicht nur aus der notwendigen Überwindung von Spaltungsdisproportionen und aus der Erkenntnis, daß die Schwerindustrie die Produktionsmittel für die entwickelte traditionelle Verarbeitungsindustrie bereitstellen mußte, sondern auch aus der Tatsache, daß ihre Erzeugnisse außerdem eine sehr wichtige Funktion im Außenhandel der DDR, vor allem mit der UdSSR und den volksdemokratischen Ländern, ausübten. Diese Exporte unterstützten die Herausbildung einer leistungsfähigen Industrie in den Bruderländern und sicherten zugleich die notwendigen DDR-Importe aus diesen Ländern.

Der hohe Exportanteil der metallverarbeitenden Industrie am Gesamtexport der DDR (wie auch der ČSR), besonders während der ersten Hälfte der fünfziger Jahre, sowie umgekehrt der hohe Importanteil dieser Erzeugnisgruppe am Gesamtimport der anderen RGW-Länder spiegeln die

Rolle der DDR im sich entwickelnden System der internationalen Wirtschaftszusammenarbeit der RGW-Länder wider (Vgl. *Tabelle 12*).

Tabelle 12
Anteil der Maschinen und Ausrüstungen am Gesamtexport beziehungsweise Gesamtimport der RGW-Länder
1950 und 1955 (in Prozent)

	Export		Import	
	1950	1955	1950	1955
Bulgarien	0	2,6	37,2	51,4
Ungarn	23,0	29,8	22,0	12,3
Polen	7,7	13,1	32,4	30,9
Rumänien	4,2	6,1	37,1	37,2
UdSSR	11,8	17,5	21,5	30,2
ČSSR	26,4	43,5	11,2	13,3
DDR	31,9	60,4	8,2	4,7

Quelle: Statističeskij ežegodnik stran-členov Soveta Vzaimopomišči, Moskva 1971, S. 344–347; für DDR bezogen auf Erzeugnisse der metallverarbeitenden Industrie, Statistisches Jahrbuch der DDR 1955, Berlin 1956, S. 243

Vom September 1951 bis Januar 1952 schloß die DDR mit der UdSSR und anderen sozialistischen Staaten Handelsabkommen für die Dauer der Fünfjahrplanperiode 1951–1955 ab. Der Anteil der DDR am Außenhandelsumsatz der RGW-Länder betrug 1955 15,8 Prozent und erhöhte sich bis 1960 auf 16,5 Prozent. Die DDR nahm damit nach der UdSSR den zweiten Platz im Außenhandelsumsatz der RGW-Länder ein. Schon damals und erst recht heute, im sozialistischen Integrationsprozeß, ist der Bedarf unserer Partner, besonders der UdSSR, ein wesentlicher strukturbestimmender Faktor der Volkswirtschaft der DDR. 1960 stammten etwa 35 Prozent aller von der UdSSR eingeführten Maschinen aus der DDR. Andererseits bildeten die steigenden Warenlieferungen aus der UdSSR die stabile Grundlage für eine planmäßige und kontinuierliche Versorgung der DDR-Industrie mit Rohstoffen und der Bevölkerung mit Nahrungsmitteln. 1961 bestanden die DDR-Importe aus der Sowjetunion zu 71,9 Prozent aus Rohstoffen, Materialien und Brennstoffen und zu 21,8 Prozent aus Lebensmitteln. 5,5 Prozent der Importe waren Maschinen und Ausrüstungen; auf technische Konsumgüter entfielen 0,8 Prozent. Diese geringen Anteile wurden im Laufe der sechziger Jahre nennenswert verändert. Der Außenhandelsumsatz der DDR mit der UdSSR erhöhte sich von 17 Mrd. Valutamark 1951–1955 auf 33 Mrd. Valutamark im Zeitraum 1956–1960.

In ähnlich raschem Tempo wie der Außenhandel mit der UdSSR hat sich auch der Warenaustausch der DDR mit den anderen RGW-Ländern entwickelt. Er stieg von 9 Mrd. Valutamark 1951–1955 auf 19 Mrd. Valutamark 1956–1960.

Die großen Veränderungen in den Produktions- und Exportstrukturen solcher Länder wie Bulgarien, Polen, Rumänien und Ungarn boten der DDR immer bessere Möglichkeiten für den Warenaustausch. Diese gewachsene Leistungsfähigkeit der sozialistischen Partnerländer zeigte sich unter anderem darin, daß der Import von Erzeugnissen der metallverarbeitenden Industrie der DDR schneller gestiegen ist als die entsprechenden DDR-Exporte. Setzt man den DDR-Export von Maschinen und Ausrüstungen in die RGW-Länder gleich 100, so betrug der DDR-Import der gleichen Warengruppe aus diesen Ländern 1955 – 3,1, 1959 – 16,4 und 1961 bereits 22,3.

Bedeutende Fortschritte machte auch der Außenhandel der DDR mit den sozialistischen Ländern außerhalb des RGW. Der Außenhandel mit der KVDR spiegelte in den fünfziger Jahren die sozialistische Hilfe wider, die die DDR dem koreanischen Volk beim Wiederaufbau seiner durch die USA-Aggressoren zerstörten Wirtschaft gewährte. Ähnliches gilt für die Handelsbeziehungen mit der DRV, die sich nach dem Sieg über die französischen Interventen (1954) entwickelten.

Der Warenaustausch mit der SFRJ hat sich nach Wiederaufnahme der Handelsbeziehungen 1954 rasch erweitert und ereichte 1959 fast 220 Mio Rubel. Die Unterzeichnung eines Abkommens für die Jahre 1960 bis 1962 schuf die Voraussetzung für eine weitere positive Entwicklung des Handels zwischen der DDR und Jugoslawien.

Der Handel der DDR mit der VR China entwickelte sich in den fünfziger Jahren in raschem Tempo (von 453 Mio Rbl. 1953 auf 871 Mio Rbl. 1959). Der größte Teil der DDR-Lieferungen bestand aus Investitionsgütern, die zum planmäßigen Aufbau der sozialistischen Industrie Chinas beitrugen. Im Austausch bezog die DDR vor allem Rohstoffe, Nahrungs- und Genußmittel, Textilien und Kulturwaren. Im Januar 1960 wurde erstmals ein mittelfristiges Handelsabkommen für die Jahre 1960 bis 1962 abgeschlossen, das einen jährlichen Zuwachs des Warenvolumens von 10 Prozent vorsah. Diese positive Entwicklung wurde jedoch unterbrochen, als die chinesischen Führer die Positionen des sozialistischen Internationalismus verließen und begannen, die wirtschaftlichen Beziehungen zu den meisten sozialistischen Ländern zu reduzieren.

Neue Beziehungen UdSSR–DDR

Im ersten Halbjahr 1953 entstand in der DDR eine schwierige wirtschaftliche und politische Situation. Der bewußte Teil der Arbeiterklasse und der übrigen Werktätigen konzentrierte sich unter Führung der SED darauf, die wesentlichsten Kriegsfolgen zu überwinden, in kürzester Zeit eine leistungsfähige Schwerindustrie zu schaffen und den Sozialismus in Stadt und Land aufzubauen. Auf diesem richtigen Weg gab es 1952/1953 eine nicht reale Forcierung des Tempos. Dies führte in Verbindung mit einer Reihe administrativer Überspitzungen (z. B. überhöhtes Abgabesoll für große Bauernwirtschaften, administrative Heraufsetzung der Arbeitsnormen) zu Unzufriedenheit. Die westdeutschen und ausländischen antisozialistischen Kräfte nutzten diese Situation aus; sie verstärkten ihre Wühlarbeit gegen die DDR mit dem Ziel, die revolutionären Errungenschaften zu vernichten. Deshalb inszenierten sie den Putsch vom 17. Juni 1953.

Auf der 15. und 16. ZK-Tagung zog die SED im Juli und September 1953 die erforderlichen Schlußfolgerungen. Das 15. Plenum billigte die bereits am 9. Juni vom Politbüro des ZK der SED und am 11. Juni vom Ministerrat beschlossenen Maßnahmen, mit denen das Bündnis aller Werktätigen wieder gefestigt und die Wirtschaft proportional im Interesse einer besseren Versorgung der Bevölkerung entwickelt werden sollten. Dazu gehörten die Reduzierung der Investitionsprogramme in der Schwerindustrie und die verstärkte Massenbedarfsgüterproduktion. Der Volkswirtschaftsplan 1953 wurde geändert; trotzdem wurden, wie schon bemerkt, die Ziele des Fünfjahrplans 1951–1955 erreicht. Die Beschlüsse und Maßnahmen der SED und der Regierung wurden damals als Politik des „Neuen Kurses" bezeichnet.

Bei der Überwindung der Schwierigkeiten wurde die DDR von der Sowjetunion und anderen sozialistischen Ländern tatkräftig unterstützt. Im August 1953 fanden die bis dahin bedeutendsten Verhandlungen einer Regierungsdelegation der DDR mit der Regierung der UdSSR in Moskau statt. Dabei wurden folgende weitreichende Vereinbarungen getroffen:[69]

– Beendigung der Reparationsleistungen der DDR ab 1. Januar 1954 (nachdem diese bereits im Mai 1950 von der UdSSR auf 2537 Mio Dollar gesenkt worden waren, was von der damals noch zu zahlenden Summe einen Erlaß um 50 Prozent bedeutete);

– unentgeltliche Überführung der SAG-Betriebe in das Eigentum der DDR;[70]

[69] Vgl. Sowjetisch-deutsches Kommuniqué über die Verhandlungen und Protokoll über den Erlaß der deutschen Reparationszahlungen und über andere Maßnahmen zur Erleichterung der finanziellen und wirtschaftlichen Verpflichtungen der DDR, die mit den Folgen des Krieges verbunden sind, in: Dokumente zur Außenpolitik der Regierung der Deutschen Demokratischen Republik, Bd. I, a. a. O., S. 283ff.

[70] Es handelt sich hier um die letzten 33 SAG-Betriebe, darunter die Leuna-Werke, die Chemischen Werke Buna, die Magdeburger Maschinenbaubetriebe

– Senkung der Zahlungsverpflichtungen der DDR, die mit dem Aufenthalt sowjetischer Truppen auf dem Territorium der DDR verbunden waren, so daß die Summe jährlich 5 Prozent des Staatshaushalts der DDR nicht überschreitet.

Des weiteren wurden Übereinstimmungen erzielt, im Jahre 1953, zusätzlich zu dem geltenden Handelsabkommen, aus der UdSSR Waren im Werte von etwa 590 Mio Rubel nach der DDR zu liefern, darunter Lebensmittel, Steinkohle, Walzerzeugnisse, Kupfer, Blei, Aluminium, Baumwolle und andere Waren. Darüber hinaus gewährte die UdSSR einen Kredit in Höhe von 485 Mio Rubel mit einem Jahreszinssatz von 2 Prozent, einschließlich 135 Mio Rubel in konvertierbarer Valuta. Der Kredit war im Laufe von 2 Jahren, ab 1955, zu tilgen.

Das war die bis dahin umfangreichste materielle Hilfeleistung, die die UdSSR der DDR seit ihrer Gründung gewährte. Das schuf ihr bedeutende zusätzliche Produktionskapazitäten in den Zweigen der Schwerindustrie, gab ihr zusätzliche Mittel für die Entwicklung wichtiger volkswirtschaftlicher Vorhaben und ermöglichte ihr, auch für die Entwicklung der Konsumgüterindustrie Mittel freizubekommen. Bedeutend war ferner, daß die übergebenen SAG-Betriebe Erfahrungen im sozialistischen Wirtschaften besaßen und daß sie zu den am besten organisierten und rationalisierten Betrieben gehörten. So konnten sie eine beispielgebende Rolle spielen.

Die neuen Bedingungen und Formen der Beziehungen UdSSR–DDR fanden im September 1955 im „Vertrag über die Beziehungen zwischen der Deutschen Demokratischen Republik und der Union der Sozialistischen Sowjetrepubliken“ ihren Niederschlag.[71] Dieser Vertrag bestätigte völkerrechtlich die volle Herstellung der Souveränität der Deutschen Demokratischen Republik und verwandelte offiziell den Status der Sowjettruppen in Deutschland aus Besatzungstruppen in zeitweilig in der DDR mit Zustimmung der Regierung der Republik stationierte Truppen.

Artikel 1 bestätigt, daß die beiderseitigen Beziehungen auf völliger Gleichberechtigung beruhen. In Artikel 3 wird festgestellt, daß sich beide Länder einig sind, die „bestehenden wirtschaftlichen, wissenschaftlich-technischen und kulturellen Verbindungen weiter zu entwickeln und zu festigen, sich gegenseitig jede mögliche wirtschaftliche Hilfe zu erweisen und die erforderliche wirtschaftliche und wissenschaftlich-technische Zusammenarbeit zu verwirklichen.“

„Ernst Thälmann“, „Karl Liebknecht“, „Georgi Dimitroff“, die Filmfabrik Agfa Wolfen, die Elektro-Apparate-Werke in Berlin-Treptow, die einen Gesamtwert von 2700 Mill. DM besaßen. Damit waren insgesamt 122 ehemalige SAG-Betriebe übergeben worden.

[71] Freundschaft, Zusammenarbeit, Beistand, a. a. O., S. 107ff.

In Artikel 5 des Vertrages erklären die beiden vertragschließenden Seiten ihre „Übereinstimmung darüber, daß es ihr Hauptziel ist, auf dem Wege entsprechender Verhandlungen eine friedliche Regelung für ganz Deutschland herbeizuführen". Als die BRD mittels der Pariser Verträge (1955) immer eindeutiger und schärfer in die NATO einbezogen wurde und damit sowohl die Einheit als auch die Selbstbestimmung des deutschen Volkes preisgab, entwickelten sich neue Bedingungen. Im Juni 1964 wurde ein neuer Vertrag über Freundschaft, gegenseitigen Beistand und Zusammenarbeit zwischen UdSSR und DDR abgeschlossen.[72]

Zweiter Fünfjahrplan und Siebenjahrplan

Der IV. Parteitag der SED (März/April 1954) orientierte die Partei und die Arbeiterklasse auf die weitere Stärkung der DDR durch die rasche Weiterentwicklung der Produktivkräfte und die Festigung der sozialistischen Produktionsverhältnisse. Der Parteitag betonte erneut die Notwendigkeit des schnellen Aufbaus der Grundstoff- und Schwerindustrie. Als wichtigste Aufgabe der Industrie wurde festgelegt, vor allem den Braunkohlenbergbau, die Energieerzeugung und einige Zweige der chemischen Industrie beschleunigt zu entwickeln. In den VEB konzentrierten sich die Partei- und Gewerkschaftsorganisationen besonders darauf, den Wettbewerb zu fördern und unter der Losung „So wie wir heute arbeiten, werden wir morgen leben" die Arbeitsproduktivität zu erhöhen, die Selbstkosten zu senken und die Qualität der Erzeugnisse zu verbessern. Die 3. Parteikonferenz der SED (März 1956) zog die Bilanz des ersten Fünfjahrplanes. Die Industrie der DDR hatte 1955 einen Stand von 210 Prozent gegenüber 1936 erreicht, die Bruttoproduktion der Grundstoffindustrie etwa das Doppelte. Durch diese erfolgreiche Entwicklung konnte eine Reihe schwerwiegender wirtschaftlicher Disproportionen eingeschränkt werden, obwohl in der Schwerindustrie nicht alle Investitionsvorhaben des Fünfjahrplanes verwirklicht wurden.

Ausgehend von den Erfolgen beim Aufbau der Grundlagen des Sozialismus, beschloß die 3. Parteikonferenz die Direktive für den 2. Fünfjahrplan. Danach sollte die industrielle Bruttoproduktion bis 1960 gegenüber 1955 um mindestens 55 Prozent gesteigert werden. Dieses Ziel wurde erreicht; *Tabelle 13* bringt einige Entwicklungsreihen.

Das im Inland verwendete Nationaleinkommen wuchs von 1955 bis 1960 etwas schneller als das produzierte, unter anderem deshalb, weil die

[72] Ebenda, S. 124ff.

Einfuhr noch schneller anstieg als die Ausfuhr. (Bei den Außenhandelszahlen ist, wie schon in Kapitel 2 bemerkt, zu berücksichtigen, daß durch die Beendigung der Reparationsleistungen und die Umwandlung von SAG in VEB frühere außenwirtschaftliche Leistungen in Außenhandelsleistungen umgewandelt wurden.) Der hohe Zuwachs der Investitionen bringt die besonderen Akkumulationsanstrengungen jener Jahre zum Ausdruck.

Tabelle 13

Volkswirtschaftliche Kennziffern der DDR 1950–1960
(effektive Preise, 1950 = 100)

	1955	1960
Gesellschaftliches Bruttoprodukt	179	265
Produziertes Nationaleinkommen	172	242
Verwendetes Nationaleinkommen	172	250
Investitionen	225	437
Industrielle Bruttoproduktion	190	293
Warenexporte	318	544
darunter in RGW-Länder	304	548
Warenimporte	250	467
darunter aus RGW-Ländern	208	409
Berufstätige	107	108

Quelle: Berechnet nach dem Statistischen Jahrbuch der DDR 1966, S. 21ff. – Außenhandelszahlen: ebenda, 1973, S. 284

Im Jahre 1960 kamen rund 85 Prozent des gesellschaftlichen Bruttoprodukts aus dem sozialistischen Bereich der Volkswirtschaft (1950 = 62 und 1955 = 73 Prozent); in der Industrie waren es ebenfalls 85 Prozent (1950 = 71 und 1955 = 79 Prozent), in der Landwirtschaft 80 Prozent (1950 = 12,5 und 1955 = 25 Prozent) und im Binnenhandel 87 Prozent (1950 = 62 und 1955 = 84 Prozent).

Im Unterschied zur ersten Fünfjahrplanperiode wurden die Hauptkennziffern des zweiten Fünfjahrplanes erstmalig mit den langfristigen Wirtschaftsplänen der Sowjetunion und der anderen sozialistischen Länder abgestimmt. Für einige Hauptpositionen wurden gemeinsame Bilanzen ausgearbeitet und vereinbart.

Die Ereignisse in Ungarn 1956 und auch der Überfall auf Ägypten im gleichen Jahre führten zum Teil zu erheblichen ökonomischen Umdispositionen in den RGW-Ländern. Für die Zeit 1956–1960 wurden keine Fünfjahreshandelsabkommen abgeschlossen, 1956 und 1957 wurde nur mit Jahresprotokollen gearbeitet und dann folgten Dreijahresabkommen für 1958–1960. An die Stelle der Fünfjahrpläne, die mit den ursprünglichen Kennziffern und getroffenen Koordinierungen nicht weitergeführt werden konnten, traten in einigen Ländern, darunter in der UdSSR und in der DDR, Siebenjahrpläne 1959–1965.

Um die teilweise noch bestehende Abhängigkeit der Volkswirtschaft der DDR von der Wirtschaft des westdeutschen Monopolkapitals und die daraus resultierende Störtätigkeit und Diversionstätigkeit des westdeutschen Imperialismus beseitigen zu können, legte der V. Parteitag der SED (Juli 1958) das Gewicht auf ein stärkeres Wachstumstempo jener Zweige, für die im eigenen Lande eine ausreichende Rohstoffbasis vorhanden war oder die durch Importe aus sozialistischen Ländern versorgt werden konnten. Der Parteitag orientierte auf die schnellere Entwicklung der chemischen Industrie, besonders der Petrolchemie (Chemieprogramm), der zweiten Verarbeitungsstufe der Metallurgie und der Produktion hochwertiger Maschinen und Industrieausrüstungen.

Besonders die UdSSR hatte der Verwirklichung dieser Konzeption der wirtschaftlichen Entwicklung der DDR ihre Unterstützung zugesagt. Viele Rohstoffe, Materialien, Halbfabrikate und Zulieferungen wurden kurzfristig von der UdSSR und anderen sozialistischen Ländern bereitgestellt. Im Januar 1957 gewährte die UdSSR der DDR zu günstigen Bedingungen einen Kredit in frei verfügbarer Währung in Höhe von 340 Mio Rubel, im September des gleichen Jahres einen weiteren Valutakredit in Höhe von 300 Mio Rubel und einen Warenkredit in Höhe von 400 Mio Rubel. Zur Unterstützung des Chemieprogramms der DDR gewährte die UdSSR der DDR im Februar 1958 einen Warenkredit in Höhe von 110 Mio Rubel.

In den Beschlüssen des V. Parteitages setzte sich die SED dafür ein, daß die internationale Zusammenarbeit und gegenseitige Hilfe der RGW-Länder weiter gefördert werden. Gleichzeitig orientierte sie darauf, diese Bedingungen der wirtschaftlichen Zusammenarbeit bei der Aufstellung der Pläne zu berücksichtigen und die notwendigen detaillierten Festlegungen zu vereinbaren. So nahm gegen Ende der fünfziger Jahre die wirtschaftliche Zusammenarbeit zwischen den RGW-Staaten auf der einen Seite komplexeren und auf der anderen Seite zugleich konkreteren Charakter an. „Die Vereinbarungen über die weitere Spezialisierung und Kooperation sowie die langfristig vereinbarten umfangreichen gegenseitigen Lieferungen mit den sozialistischen Ländern, insbesondere mit der Sowjetunion, sind eine entscheidende Grundlage für die Verwirklichung der hohen Aufgaben des Siebenjahrplans.“[73]

[73] Gesetz über den Siebenjahrplan, in: Gesetzblatt der DDR, Teil I, 56/1959, S. 723

4. Die Mitgliedsländer des RGW in den sechziger Jahren

4.1. Grundzüge der Entwicklung und Festigung der sozialistischen Staatengemeinschaft

Die Beratungen der kommunistischen und Arbeiterparteien in den Jahren 1957 und 1960 haben nicht nur Bilanz der Ergebnisse der sozialistischen Entwicklung gezogen, sondern auch die praktischen Erfahrungen theoretisch verallgemeinert und somit Leitlinien für die Entwicklung in den sechziger Jahren und darüber hinaus geschaffen. Vor allem war das die weitere Ausarbeitung der allgemeinen Gesetzmäßigkeiten des sozialistischen Aufbaus als objektive Grundlage für den engeren Zusammenschluß in der sozialistischen Staatengemeinschaft. Dazu gehören:

- Führung der Werktätigen durch die Arbeiterklasse und ihre Partei;
- Festigung der sozialistischen Staatsmacht;
- Bündnis der Arbeiterklasse mit der Bauernschaft und allen werktätigen Schichten;
- Beseitigung des kapitalistischen Eigentums und Herstellung gesellschaftlichen Eigentums an den wichtigsten Produktionsmitteln;
- sozialistische Umgestaltung der Landwirtschaft;
- planmäßige Entwicklung der Volkswirtschaft;
- Entwicklung der sozialistischen Ideologie und Kultur, Schaffung eines sozialistischen Bildungssystems;
- Festigung des sozialistischen Weltsystems, weitere Zusammenarbeit und Annäherung der sozialistischen Nationen, Staaten und Volkswirtschaften;
- Ausbau des Bündnisses mit der revolutionären internationalen Arbeiterbewegung und allen antiimperialistischen Bewegungen;
- Politik der friedlichen Koexistenz und Schutz gegen den Imperialismus.

Diese allgemeinen Gesetzmäßigkeiten bestimmten den sozialökonomischen Inhalt des Prozesses der Vergesellschaftung und Internationalisierung des Wirtschaftslebens, wie er sich in den sechziger Jahren immer mehr in den RGW-Ländern durchsetzte.

Grundlegende Orientierungen für die sechziger Jahre gaben der XXII. und XXIII. Parteitag der KPdSU (Oktober 1961 und April 1966). Auf dem XXII. Parteitag wurde das dritte Parteiprogramm in der Geschichte der Bolschewiki angenommen. Es enthält eine auf ungefähr 20 Jahre angelegte langfristige Konzeption der Entwicklung der Produktion, der Lebensgestaltung und der gesamten sozialistischen Sowjetgesellschaft.[74] Es werden die Aufgaben bei der weiteren Entwicklung des sozialistischen Weltsystems auf politischem, wirtschaftlichem und kulturellem Gebiet umrissen.

„Mit der Entstehung der Union der Sozialistischen Sowjetrepubliken und dann des sozialistischen Weltsystems", heißt es im Programm, „hat der historische Prozeß der allseitigen Annäherung der Völker begonnen."[75]

Endgültiger Sieg sozialistischer Produktionsverhältnisse

Der Aufbau der entwickelten sozialistischen Gesellschaft, der damals außerhalb der UdSSR in den europäischen RGW-Ländern begann, war vor allem verbunden mit der weiteren Stärkung der führenden Rolle der Arbeiterklasse und ihrer marxistisch-leninistischen Parteien, der Vervollkommnung der Leitung und Planung unter den Bedingungen des Übergangs zur effektiveren Nutzung der Wachstumsfaktoren und der Ergebnisse des wissenschaftlich-technischen Fortschritts.

Diese neuen Aufgaben ergaben sich aus dem Entwicklungsstand der Produktionsverhältnisse und der Produktivkräfte. In allen Ländern dominierte der sozialistische Sektor (mit Ausnahme der Landwirtschaft in der VR Polen). Sein Anteil sowohl am Nationaleinkommen als auch an der Industrieproduktion und am Einzelhandelsumsatz lag differenziert zwischen 80 und 100 Prozent. Mit dem umfassenden Sieg der sozialistischen Produktionsverhältnisse waren die sozialen und ökonomischen Möglichkeiten einer Restauration der kapitalistischen Gesellschaftsordnung auch in den europäischen sozialistischen Ländern endgültig beseitigt. In den vierziger und fünfziger Jahren wurden die Grundlagen der sozialistischen Gesellschaft in diesen Ländern geschaffen und die Gemeinschaft vorwiegend als politisch-militärisches Bündnis gefestigt. In den sechziger Jahren rückte die allseitige ökonomische und wissenschaftlich-technische

[74] Programm und Statut der Kommunistischen Partei der Sowjetunion, angenommen auf dem XXII. Parteitag der KPdSU, Oktober 1961, Berlin 1961, S. 59ff.

[75] Ebenda, S. 21

Stärkung der RGW-Länder, einschließlich der Vervollkommnung ihrer Zusammenarbeit auf diesem Gebiet, in den Vordergrund. Die Industrialisierung in den fünfziger Jahren hat entscheidende materiell-technische Voraussetzungen für diese Neuorientierung geschaffen. In den Mittelpunkt rückten jetzt eine langfristige und immer mehr international koordinierte volkswirtschaftliche Strukturpolitik und die umfassende Nutzung der Ergebnisse des wissenschaftlich-technischen Fortschritts in der Produktion.

Diejenigen RGW-Länder, die in der Zeit des Kapitalismus industriell wenig entwickelt waren, wiesen in den fünfziger Jahren die höchsten wirtschaftlichen, vor allem industriellen, Wachstumsraten auf. Der dadurch bedingte Abbau wesentlicher Unterschiede im ökonomischen Entwicklungsniveau schuf für die sechziger Jahre die Voraussetzungen, um allmählich in einer großen Zahl von Industriezweigen eine wirtschaftlich effektive innerzweigliche Spezialisierung und Kooperation mit industriell entwickelten RGW-Partnerländern zu vereinbaren.

Stärkung des Rates für Gegenseitige Wirtschaftshilfe

Richtungweisend für die weitere wirtschaftliche Zusammenarbeit waren die speziell diesen Fragen gewidmeten Beratungen der kommunistischen und Arbeiterparteien der RGW-Länder im Juni 1962 und Juli 1963. Nach kameradschaftlicher Diskussion über Erfolge und Probleme der sozialistischen internationalen Arbeitsteilung wurde eindeutig festgelegt, daß die Koordinierung der Volkswirtschaftspläne auf der Grundlage der Freiwilligkeit und des gegenseitigen Vorteils zur Hauptmethode der Zusammenarbeit zu entwickeln ist. Von diesen Beschlüssen führt – bereichert um die praktischen Ergebnisse der sechziger Jahre – ein direkter Weg zum Komplexprogramm, zu der dort fixierten Hauptmethode der sozialistischen ökonomischen Integration.

Mit der Ausarbeitung des schriftlichen Statuts des RGW (1960 veröffentlicht) und den Änderungen, die auf der XVI. und XVII. Ratstagung 1962 und 1963 beschlossen wurden, mit dem weiteren Ausbau einzelner RGW-Institutionen (Beschluß der XVI. Ratstagung über die Festigung und Stärkung der Tätigkeit der Organe des Rats), schließlich mit der Annahme der „Grundprinzipien der internationalen sozialistischen Arbeitsteilung“ im Jahre 1962 erfolgten wichtige kollektive Grundsatzregelungen der RGW-Arbeit.

Ausgelöst durch diese Beschlüsse, entstanden verschiedene gemeinsame Einrichtungen und wurden vielfältige Maßnahmen einer wirksameren zwischenstaatlichen Zusammenarbeit in Wissenschaft und Produktion eingeleitet. Die Planmäßigkeit der wirtschaftlichen Beziehungen festigte sich (ausführlicher dazu siehe Abschnitt 4.3.).

Auf Grund all dieser Fortschritte und Entwicklungsprozesse können die sechziger Jahre als Zeit der Vorbereitung der sozialistischen ökonomischen Integration und des Heranreifens von Integrationsbedingungen und -elementen gekennzeichnet werden. Diese Vorbereitung und dieses Heranreifen waren notwendige Folge des weiteren Ausbaus der entwickelten sozialistischen Gesellschaft in der Sowjetunion und des begonnenen Aufbaus eines entwickelten Sozialismus in den anderen europäischen Mitgliedsländern des RGW.

Die sozialistische ökonomische Integration selbst verlangt langfristig stabile Beziehungen und enge Zusammenarbeit auf dem Gebiet der Planung, eine komplexe Gestaltung der wissenschaftlich-technischen, der Produktions-, Distributions-, Zirkulations- und Konsumtionsbeziehungen; sie verlangt intensive internationale Verflechtung der Produktionsprozesse, eine schnellere und weitergehende Umgestaltung des gesamten Systems der Leitung, Planung und Stimulierung der Zusammenarbeit, die Ausrichtung der volkswirtschaftlichen Wachstums-, Struktur- und gesamten Wirtschaftspolitik auf die Entwicklungserfordernisse der sozialistischen Staatengemeinschaft. Konzeptionen von der Entwicklung einzelner Volkswirtschaften, die dann durch Außenwirtschaftsbeziehungen lediglich verbunden werden, entsprechen immer weniger den Entwicklungserfordernissen.

Derartige umfassende Aufgaben stellen das Komplexprogramm der Integration, dessen Ausarbeitung auf der XXIII. RGW-Tagung 1969 beschlossen wurde, sowie der XXIV. Parteitag der KPdSU im März 1971 und in der DDR der VIII. Parteitag der SED.

Verschärfte Klassenauseinandersetzungen

Ein weiterer Wesenszug der Entwicklung dieses Zeitabschnitts war der Kampf gegen die antikommunistische und antidemokratische Politik der imperialistischen Kräfte sowie die Auseinandersetzung mit der Spaltungspolitik der chinesischen Führung und maoistischer Strömungen.

Dieser Kampf um die Einheit der antiimperialistischen Kräfte wurde und wird an drei Fronten geführt: Es geht um die Einheit der Parteien, Staaten und Völker des sozialistischen Weltsystems, um die Einheit der internationalen Arbeiterbewegung und um die Einheit der gesamten antiimperialistischen und Friedensbewegung.

In der Erklärung der kommunistischen und Arbeiterparteien aus dem

Jahre 1960 heißt es hierzu: „Die entschlossene Verteidigung der Einheit der kommunistischen Weltbewegung auf der Grundlage der Prinzipien des Marxismus-Leninismus und des proletarischen Internationalismus und die Unterbindung jedweder Handlungen, die diese Einheit untergraben können, sind eine unerläßliche Voraussetzung des Sieges im Kampf für die nationale Unabhängigkeit, für Demokratie und Frieden, für die erfolgreiche Lösung der Aufgaben der sozialistischen Revolution, des Aufbaus des Sozialismus und Kommunismus."[76]

Mit diesen Zielsetzungen wird nicht nur die revolutionäre, kommunistische Mission der internationalen marxistischen Bewegung unterstrichen, sondern zugleich und gerade dadurch ihre humanistische Verpflichtung, „bereits in der gegenwärtigen Epoche die Menschheit vom Alpdruck eines neuen Weltkrieges zu erlösen."[77]

In den sechziger Jahren führte der Imperialismus, wie auch heute, seine antikommunistische und antidemokratische Politik in drei Angriffsrichtungen:

– gegen die Sowjetunion als Hauptkraft des Sozialismus und des Friedens,
– auf die Spaltung der sozialistischen Staatengemeinschaft, besonders auf die Trennung einzelner sozialistischer Länder von der Sowjetunion,
– gegen das Bündnis des Sozialismus mit der nationalen Befreiungsbewegung, gegen das Entstehen neuer antiimperialistischer und sozialistischer Staaten.

In den sechziger Jahren richtete der US-Imperialismus seine aggressive imperialistische Politik besonders gegen das sozialistische Kuba, in dem 1959 die antiimperialistische Revolution gesiegt hatte. Er führte einen barbarischen Krieg gegen die Völker Indochinas, besonders gegen das vietnamesische Volk.

In Europa, wo die Entwicklung maßgeblich durch die Sowjetunion und die sozialistischen Länder bestimmt wird, versuchten die imperialistischen Kräfte, ihre Ziele mit anderen Mitteln durchzusetzen. Besonders auf Initiative des westdeutschen Imperialismus sollte die DDR ökonomisch erpreßt und unterwandert werden. Neben der bekannten Methode des Bruchs von Handelsabkommen bediente sich der Imperialismus einer umfassenden ökonomischen Subversion einschließlich der organisierten Abwerbung von Arbeitskräften. Die koordinierten Maßnahmen der sozialistischen Länder zur Sicherung der Staatsgrenze der DDR im Jahre 1961 machten diese Versuche zunichte.

[76] Mitteilung über eine Beratung von Vertretern der kommunistischen und Arbeiterparteien in Moskau, in: Einheit, 12/1960, S. 1824

[77] Ebenda, S. 1811

Gegen Ende dieser Periode wurde mit Hilfe revisionistischer Kräfte in der ČSSR versucht, auf dem Wege der schleichenden Konterrevolution die sozialistische Gemeinschaft zu spalten, die ČSSR aus dem RGW und dem Warschauer Vertrag herauszulösen.

Um einen Vormarsch antisozialistischer Kräfte zu verhindern, mußte die sozialistische internationale Zusammenarbeit – nicht zuletzt die Planmäßigkeit und Stabilität der Wirtschaftsbeziehungen – diesem erbitterten Klassenkampf Rechnung tragen. Militärische Hilfe für die gegen den Imperialismus kämpfenden Völker, Soforthilfe der RGW-Länder untereinander in schwierigen Situationen, Überwindung der Folgen der Nichteinhaltung langfristig vereinbarter Abkommen auf Grund der vom Revisionismus hervorgerufenen innenpolitischen Krise in der ČSSR, Kampf gegen das aktive Auftreten des Revisionismus in der Ideologie – all diese Einflußfaktoren sind zu berücksichtigen, wenn man Erfolg und Grenzen der Entwicklung in den sechziger Jahren richtig einschätzen will.

Neben dem Kampf mit dem Imperialismus stand vor der sozialistischen Staatengemeinschaft die Aufgabe, die abenteuerliche Spaltungspolitik der chinesischen Führung zurückzuweisen.[78]

An der XIV. RGW-Tagung im April 1961 nahmen zum letzten Mal ein Beobachter der VR China und die offizielle Vertretung des Mitgliedslandes Albanien teil. Die VR Albanien zahlt seitdem keine Beiträge mehr und schickt keine Informationen. Ihre Mitgliedschaft wird vom RGW als ruhend betrachtet.

Der Außenhandelsumsatz der RGW-Länder mit China war 1971 weit niedriger als 1960. Wie aus folgender Tabelle hervorgeht, entwickelte er sich im einzelnen:[79]

Tabelle 14

Außenhandelsumsatz der RGW-Länder mit China 1955–1971
(in Mio Rbl.)

	1955	1960	1965	1970	1971
Bulgarien	8	15	2	2	9
Ungarn	59	66	22	18	27
DDR	69	178	46	70	74
Polen	63	87	40	46	53
Rumänien	16	51	44	120	170
UdSSR	1253	1499	376	42	139
ČSSR	107	182	29	50	53
Insgesamt	1575	2078	559	348	525

[78] Vgl. Kapitel 1, S. 32 ff.

[79] Sodružestvo socialističeskoje, Moskva 1973, S. 160

Eine wichtige Aufgabe der Marxisten-Leninisten und der Politik der sozialistischen Staatengemeinschaft in den sechziger Jahren bestand darin, die Spaltungsversuche der chinesischen Führung zu verhindern beziehungsweise zurückzudrängen.

Erneuerung der Freundschaftsverträge

Die neuen Aufgaben auf ökonomischem Gebiet und die zunehmende Schärfe in der Klassenauseinandersetzung machten es erforderlich, die Zusammenarbeit der RGW-Länder auf allen Gebieten zu stärken. Ausdruck dafür war, daß ab Mitte der sechziger Jahre die aus der ersten Nachkriegszeit stammenden Verträge über Freundschaft, Zusammenarbeit und gegenseitigen Beistand durch ein neues System von Freundschaftsverträgen zwischen den RGW-Ländern abgelöst wurden.[80]

Mit diesen Verträgen wurde der Rahmen für eine festere politische, ideologische, militärische und wirtschaftliche Zusammenarbeit abgesteckt. Das war von besonderer Bedeutung für die DDR, weil dieses Vertragssystem, besonders der Vertrag mit der Sowjetunion, die Wünsche reaktionärer Kräfte auf Isolierung unseres Staates von der sozialistischen Gemeinschaft zunichte machte. Ein wesentlich neues Element dieser Verträge besteht darin, daß mit ihnen erstmalig die neuen Prinzipien und Methoden in der wirtschaftlichen Zusammenarbeit, wie sie in den Dokumenten der kommunistischen und Arbeiterparteien formuliert sind, völkerrechtlich verbindlich vereinbart wurden. Diese Prinzipien sind: Gestaltung der Beziehungen auf der Grundlage des sozialistischen Internationalismus, brüderliche gegenseitige Hilfe, Koordinierung der Volkswirtschaftspläne sowie Spezialisierung und Kooperation der Produktion, Annäherung der Volkswirtschaften und Abstimmung ihrer Entwicklung zur Erhöhung der Produktivität in der sozialistischen Staatengemeinschaft.

4.2. Zur ökonomischen Entwicklung der sozialistischen Staatengemeinschaft. Weiterentwicklung der Grundlagen und Prinzipien der RGW-Zusammenarbeit

Letzten Endes beruht die historische Kraft des sozialistischen Weltsystems auf dem schnellen und effektiven Ausbau der ökonomischen Basis. Dieser Ausbau erfolgte sowohl durch Stärkung der einzelnen sozialisti-

[80] Vgl. Verträge in: Freundschaft, Zusammenarbeit, Beistand, a. a. O., S. 121ff.

schen Volkswirtschaften als auch durch Ausbau der internationalen Wirtschaftsbeziehungen im Rat für Gegenseitige Wirtschaftshilfe.

Diese beiden eng verbundenen Richtungen der Vervollkommnung des sozialistischen Weltwirtschaftssystems als der ökonomischen Basis des sozialistischen Weltsystems gehen einher mit der qualitativen Umstrukturierung und Weiterentwicklung der sozialistischen Produktionsverhältnisse. Beide Richtungen führen zu sozialistischen Lösungen der wissenschaftlich-technischen, wirtschaftlichen, sozialen und kulturellen Probleme der wissenschaftlich-technischen Revolution. Ökonomisch effektive und sozial gerechte Lösungen der Aufgaben und Probleme des wissenschaftlich-technischen Fortschritts sind nur in internationaler Kooperation der von Ausbeutung, Unterdrückung und Unterentwicklung befreiten Völker, also in einem sozialistischen System der Weltwirtschaft, möglich.

Hohes Wachstum in Wirtschaft und Außenhandel

In den sechziger Jahren konnten die RGW-Länder, wenn wir die von der UNO veröffentlichten Angaben zugrunde legen, ihren Anteil an der Weltindustrieproduktion nennenswert erhöhen. Ihre Anteile betrugen (Welt = 100):

	1960	1970
Bevölkerung	10,5	9,5
Industrieproduktion	28,5	33,0

Auch in diesem Zeitraum wurde also die für den ökonomischen Wettbewerb erforderliche Grundbedingung erfüllt. Beim Nationaleinkommen lagen die durchschnittlichen jährlichen Zuwachsraten in den RGW-Ländern zwischen 6 und 7 Prozent, in entwickelten kapitalistischen Ländern bei 5 Prozent. In der Industrie betrugen die entsprechenden Zuwachsraten mehr als 8 beziehungsweise 5 bis 6 Prozent.

Gegen Ende der sechziger Jahre hatten die Mitgliedsländer des RGW bei der Produktion wichtiger industrieller und landwirtschaftlicher Erzeugnisse (unter anderem bei Elektroenergie, Stahl, Erdöl, Zement, Weizen, Kartoffeln) Größenordnungen erreicht, die schon beträchtlich über den entsprechenden Volumina der EWG-Länder lagen.[81] Auch der Außenhandel konnte in diesem Zeitraum ausgebaut werden. Im Jahre 1960 betrug der Außenhandelsumsatz der RGW-Länder untereinander 14,4 Mrd. Rubel, 1965 22,7 und 1970 bereits 33,3 Mrd. transferable Rubel.[82]

81 Vgl. Anhang, Tabelle A 29
82 Vgl. Anhang, Tabelle A 23

Von besonderer Bedeutung für die Dynamik des Außenhandels war dabei der Außenhandel der einzelnen Länder mit der UdSSR. Auf die Sowjetunion entfallen ca. 40 Prozent des gesamten Außenhandels des RGW-Bereichs.[83] Die in den Handelsabkommen der UdSSR mit den anderen RGW-Ländern vereinbarten Außenhandelsumsätze wurden wie folgt realisiert:[84]

Tabelle 15

Vereinbarte Außenhandelsumsätze der UdSSR mit anderen RGW-Ländern von 1961 bis 1970

Land	1961–1965 (Mrd. Rubel)	1966–1970 (Mrd. Rubel)	1966–1970 / 1961–1965 in Prozent
Alle RGW-Länder	37,3	51,6	138,3
davon: Bulgarien	4,3	7,8	181,4
Ungarn	3,9	6,0	153,9
DDR	11,3	14,0	123,9
Polen	5,7	9,3	163,2
Rumänien	3,5	4,0	114,3
ČSSR	7,7	9,4	122,1

Während sich die territoriale Gliederung des Außenhandels der RGW-Länder nicht wesentlich veränderte, setzten sich die progressiven Veränderungen in der Struktur des Außenhandels der RGW-Länder und insbesondere im Intra-RGW-Handel fort. Solche Länder wie Bulgarien, Polen, Rumänien, aber auch die UdSSR haben den Anteil von Maschinen und Ausrüstungen am Export weiter erhöht. Für traditionelle Maschinenexporteure, wie zum Beispiel die DDR und die ČSSR, war hingegen eine beträchtliche Steigerung des Imports an Maschinen und Ausrüstungen typisch.[85]

Die Export- und Importstrukturen der RGW-Länder bringen zum Ausdruck, daß neben der Erweiterung des Austausches an Erzeugnissen der historisch gewachsenen Produktion sowie des Austausches von Maschinen und Ausrüstungen gegen Rohstoffe auf Grund der einseitigen Standortverteilung der Rohstoffe die Arbeitsteilung und Verflechtung der sich entwickelnden neuen Industriezweige (besonders in ehemals industriell

83 Sodružestvo socialističeskoje, a. a. O., S. 142f.

84 W. Keller/E. Kigyóssy-Schmidt, Hauptkennziffern der wirtschaftlichen Entwicklung der europäischen RGW-Länder 1960–1975, Berlin 1973, S. 55

85 Vgl. Anhang, Tabellen A 24 und A 25

weniger entwickelten Ländern) die Dynamik des Außenhandels und seine Effektivität immer mehr beeinflussen.

Ungeachtet des im Vergleich zum Kapitalismus höheren Wachstums war in den sozialistischen Ländern Ende der fünfziger und zu Beginn der sechziger Jahre die Tendenz einer gewissen (zeitweiligen) Verlangsamung des Entwicklungstempos in den meisten Ländern zu erkennen. Die jahresdurchschnittliche Zuwachsrate des Nationaleinkommens für alle sozialistischen Länder betrug zwischen 1951 und 1955 10 Prozent, zwischen 1956 und 1960 – 8,8 Prozent und zwischen 1961 und 1965 – 4,2 Prozent.

Wachsende Bedeutung der Effektivität

Neben der Sicherung stabiler und hoher Wachstumsraten rückten in den sechziger Jahren vor allem Fragen der Erhöhung der Effektivität und Qualität in den Vordergrund. Die beträchtliche Annäherung der Industriestrukturen (Maschinenbau, Chemieindustrie und Energie erreichten damals in fast allen Ländern 30–40 Prozent der Industrieproduktion) mußte durch Erhöhung der Effektivität in allen Zweigen untermauert werden. Es war ein hoher Grad der Beschäftigung der Bevölkerung erreicht, der Anteil der Beschäftigten in der Landwirtschaft sank beträchtlich, der Freisetzungsfaktor für Arbeitskräfte in der Industrie ging zurück, der Anteil der Beschäftigten an der nichtmateriellen Sphäre wuchs. Es vollzog sich mit Notwendigkeit ein Übergang zum intensiven Wirtschaftswachstum.

In den Jahren 1960–1970 wuchsen die Grundfonds schneller als die in der Volkswirtschaft beschäftigten Arbeitskräfte. Das führte zu einer beträchtlichen Erhöhung der Fondsausstattung der Arbeit. Obwohl in dieser Zeit die Zahl der Facharbeiter mit Hoch- und Fachschulbildung sowie die Qualifikation der Werktätigen bedeutend gewachsen waren, ist von 1960–1965 ein Sinken der Fondsquote zu beobachten. M. A. Usievič hat diese Problematik untersucht[86] und einige Zahlenreihen veröffentlicht (vgl. Tabelle 16).

Die Verschlechterung der Aufwand-Ergebnis-Relationen in der ersten Hälfte der sechziger Jahre und gewisse Verbesserungen in der zweiten Hälfte (mit Unterschieden im einzelnen) sind sichtbar.

Sicher gibt es eine ganze Reihe von Ursachen für diese Erscheinungen.

[86] M. A. Usievič, Die Akkumulation in den europäischen sozialistischen Ländern bei intensiver Reproduktion, in: Das Gesetz der sozialistischen Akkumulation (Autorenkollektiv), Berlin 1974

Tabelle 16

Index des volkswirtschaftlichen Gesamtaufwandes und der volkswirtschaftlichen Effektivität in den europäischen RGW-Ländern 1956/60–1966/70
(1950 = 100)

Land	Wachstumsindex des volkswirtschaftlichen Gesamtaufwandes[87]			Wachstumsindex der volkswirtschaftlichen Gesamteffektivität		
	1956/60	1961/65	1966/70	1956/60	1961/65	1966/70
Bulgarien	110	122	127	145	113	120
Ungarn	112	112,3	115	120	112	121
DDR	105,5	111,8	110	133	105	117
Polen	111	116	120	124	116	112
Rumänien	111,5	117,8	126	123	131	115
UdSSR	127	125,8	121	122	108	120
ČSSR	109,4	116,2	114	128	95	120

Der geringe Anteil der Investitionen für die Modernisierung von Produktionsprozessen dürfte eine beträchtliche Rolle gespielt haben. Die ungenügende Nutzung der Möglichkeiten internationaler Arbeitsteilung gehört zweifellos zur Gruppe der wichtigsten Ursachen. Eine stark innerstaatlich orientierte Strukturpolitik, zum Teil auch noch in den sechziger Jahren betrieben, führte nicht zur notwendigen Effektivität der Investitionen und Konzentration der Produktion, nicht zu genügend effektiven, international langfristig stabil spezialisierten und integrierten Volkswirtschaftsstrukturen. Auch der wissenschaftlich-technische Fortschritt konnte auf diese Art nicht ausreichend beschleunigt werden.

Von 1961 bis 1970 nahm der Außenhandelsumsatz der RGW-Länder im einzelnen sehr unterschiedlich, insgesamt aber nur wenig schneller zu als die Industrieproduktion[88] – ein Zeichen für ungenügende internationale Arbeitsteilung (vgl. Tabelle 17, S. 112).

Im Bericht des ZK der KPdSU an den XXIV. Parteitag hieß es zu diesen Entwicklungen, daß die KPdSU ebenso wie die Bruderparteien der anderen RGW-Länder der Meinung sei, „daß die Möglichkeiten der sozialistischen Arbeitsteilung noch nicht voll genutzt werden ... Die Spezialisierung und Kooperation der Produktion müssen vertieft werden,

87 Gesamtaufwand = gewichteter Index von Zunahme der Beschäftigten in der materiellen Produktion und der Produktionsgrundfonds. Gesamteffektivität = Division der Indizes Zunahme des Nationaleinkommens und Zunahme des Gesamtaufwandes.

88 W. Keller/E. Kigyóssy-Schmidt, Hauptkennziffern der wirtschaftlichen Entwicklung ..., a. a. O., S. 16, 65, 68.

die Volkswirtschaftspläne müssen enger koordiniert werden, mit einem Wort, wir müssen auf dem Wege der ökonomischen Integration der sozialistischen Staaten weiter vorankommen."[89]

Tabelle 17

Jahresdurchschnittliche Wachstumsraten der Industrieproduktion und des Außenhandels der europäischen RGW-Länder 1961/65 und 1966/70

Land	1961/65 Industrie-produktion	Außenhandels-umsatz	1966/70 Industrie-produktion	Außenhandels-umsatz
Bulgarien	11,7	14,3	10,9	10,3
Ungarn	7,6	10,4	6,1	9,9
DDR	5,7	5,9	6,6	9,9
Polen	8,4	10,1	8,4	9,4
Rumänien	13,8	9,9	11,9	11,8
UdSSR	8,6	7,7	8,5	8,6
ČSSR	5,2	7,4	6,7	7,0
alle RGW-Länder	8,3	8,4	8,4	8,5

Notwendigkeit von Wirtschaftsreformen

Eine andere Aufgabe, um die Effektivität des sozialistischen Wirtschaftens zu erhöhen, bestand in den sechziger Jahren darin, die volkswirtschaftlichen Leitungs-, Planungs- und Stimulierungssysteme effektiver zu gestalten. In allen europäischen RGW-Ländern ergriffen Parteien und Regierungen in den sechziger Jahren Maßnahmen, um die sozialistische Planwirtschaft wirkungsvoller zu machen; es wurde mit Wirtschaftsreformen begonnen.

In der Sowjetunion wurde die Wirtschaftsreform nach dem Oktoberplenum 1964 im Jahre 1965 eingeleitet. Lebhafte Diskussionen waren vorausgegangen und begleiteten sie. Eine besondere Rolle spielte in ihr der Artikel von E. G. Liberman über „Plan, Gewinn und Prämie" in der Pravda vom 9. 9. 1962.

Zur internationalen Bedeutung dieser Reform wurde auf dem Septemberplenum des ZK der KPdSU (1965) festgestellt, daß sie dazu beitragen soll, die Stellung des Sozialismus im Wirtschaftswettbewerb der beiden Gesellschaftssysteme zu festigen und bessere Voraussetzungen für eine Vertiefung der sozialistischen internationalen Arbeitsteilung, für eine enge allseitige Koordinierung der Volkswirtschaftspläne zu schaffen.

[89] Rechenschaftsbericht des Zentralkomitees der KPdSU an den XXIV. Parteitag, Moskau–Berlin 1971, S. 14

Während in der UdSSR die Wirtschaftsreform in Schritten und Etappen durchgeführt wurde und wird, erfolgte in Ungarn ab 1. 1. 1968 die Einführung eines ganzen Komplexes von Maßnahmen in Gestalt des Neuen Mechanismus.

Bei aller Spezifik im zeitlichen Ablauf sowie ungeachtet national bedingter Besonderheiten der inhaltlichen Ausgestaltung der Planungs- und Leitungssysteme zeichnen sich folgende langfristige Grundlinien dieser Wirtschaftsreformen ab:

1. Vervollkommnung des gesamten Organisationssystems der Planung und Leitung bei konsequenter Durchsetzung des Prinzips des demokratischen Zentralismus. Dazu sind solche Aufgaben zu zählen wie die Schaffung eindeutiger Leitungslinien durch Beseitigung überflüssiger Kettenglieder im System der Leitung und Kontrolle, präzisere Arbeitsteilung zwischen Partei- und Staatsapparat, Verbindung von Zweig- und Territorialprinzip in der Leitung, optimale Verbindung der zentralen staatlichen Planung mit der Eigeninitiative der Warenproduzenten, Suche nach optimalen Formen und Größenordnungen der Betriebe und Kombinate, neue Formen der Einbeziehung der Werktätigen und ihrer Massenorganisationen in die Leitung und Planung.

2. Vervollkommnung des gesamten Planungsinstrumentariums zur Hebung des wissenschaftlichen Niveaus der Planung. Diesem Ziel dienen die Prognosetätigkeit, die Entwicklung einer langfristigen Planung in wichtigen Bereichen und auf allen Ebenen, die Ausarbeitung theoretischer Planungskonzeptionen zur Sicherung einer hohen Kontinuität in der Planung, die Anwendung mathematischer Methoden und der EDV in der Planung, die Erhöhung der Rolle qualitativer Plankennziffern, Reduzierung der von der Zentrale vorgegebenen Kennziffern in bezug auf Sortiment und Ergebnis der Wirtschaftstätigkeit der Betriebe, Suche nach rationellen Formen und Methoden, die eine wechselseitige Einwirkung von Plan und Markt sichern.

3. Weiterer Ausbau der wirtschaftlichen Rechnungsführung und Verstärkung des gesamten Systems der Stimulierung. Es wurde angestrebt, die Wertkategorien (Gewinn, Preis, Kredit, Zins und andere) stärker in den Dienst der Planung (höhere Effektivität der Produktion) zu stellen. In diesem Zusammenhang erfolgt die Ausdehnung der wirtschaftlichen Rechnungsführung auf weitere Bereiche der Volkswirtschaft sowie auf die Beziehungen innerhalb der Betriebe, die Neu- bzw. Umbewertung der Grundfonds und Einführung von Normativen, die Suche nach neuen Entlohnungsformen und die Erhöhung der Rolle der Prämienfonds, Vervollkommnung der Beziehung zwischen Staatshaushalt und Betriebsergebnis, Einfluß der Außenwirtschaft auf das Betriebsergebnis und anderes mehr.

4. Es wurde erforderlich, das wirtschaftliche Denken und die Systeme der wissenschaftlichen Ausbildung der Kader entsprechend diesen Aufgaben zu verändern (neue Ausbildungsprogramme, Ausbildung einer größeren Zahl von Wirtschaftskadern und so weiter).[90]

Diese Veränderungen erwiesen sich als äußerst kompliziert. Die Parteien mußten dabei einen Kampf an zwei Fronten führen: Es waren Gefahren eines dogmatischen Widerstandes gegen die Reformen zu überwinden sowie rechtsrevisionistische Deutungen des Wesens der Reformen zurückzuweisen (Versuche, die führende Rolle der Parteien zu schwächen, Herabsetzung der Rolle des Außenhandelsmonopols, Überbetonung der Stellung des Marktes und ähnliches).

In diesem Ringen um die Konzeptionen für die Weiterentwicklung der Planung und Leitung mußten sowohl die maoistischen Thesen von der „Restauration des Kapitalismus“ als auch bürgerliche Ideologien und Rezepte zerschlagen werden. Die Erfahrungen zeigen, daß die Wirtschaftsreformen ein wichtiges Kettenglied in der Entwicklung der sozialistischen Staatengemeinschaft darstellen, bei dem es besonders notwendig war und ist, einen politisch und ökonomisch einheitlichen Kurs zu vereinbaren und ihn konsequent zu verfolgen. Diese auch durch negative Erfahrungen gereifte Erkenntnis fand im Komplexprogramm ihren Niederschlag. Die dort vereinbarten Konsultationen zu Grundfragen der Wirtschaftspolitik sowie der Erfahrungsaustausch zu Fragen der Leitung und Planung der Volkswirtschaften sollen die gemeinsame Arbeit fördern.

Die Weiterentwicklung der Leitungs-, Planungs- und Stimulierungssysteme in den RGW-Ländern ist keineswegs abgeschlossen. Weitere neue Aufgaben stellten die Verbesserung des Lebensstandards der Werktätigen, die Erhöhung von Effektivität und Intensität des Wirtschaftens, die Bewältigung wichtiger Prozesse der wissenschaftlich-technischen Revolution sowie die sozialistische ökonomische Integration dar.

Bedeutende Beschlüsse der kommunistischen und Arbeiterparteien

Für die Weiterentwicklung der Grundlagen und Prinzipien der Zusammenarbeit der RGW-Länder war die Moskauer Beratung der kommunistischen und Arbeiterparteien dieser Länder im Jahre 1962 von besonderer Bedeutung.

90 Vgl. M. W. Senin, Der Kampf der KPdSU um die Festigung des sozialistischen Weltsystems, Moskau 1971, S. 65ff.

Diese Beratung war, ebenso wie eine entsprechende Tagung im darauffolgenden Jahre, ausschließlich der weiteren Ausgestaltung der sozialistischen internationalen Arbeitsteilung gewidmet. Die getroffenen Vereinbarungen fanden in den Empfehlungen und Beschlüssen der XVI. und XVII. Ratstagung (Juni 1962 und Juli 1963 in Moskau) ihren Niederschlag. Hier zeigte sich abermals, wie bei der Entwicklung des sozialistischen Weltsystems die Rolle der Arbeiterklasse wächst, sich die führende Rolle ihrer marxistisch-leninistischen Parteien immer stärker durchsetzt.

Auf der Beratung im Jahre 1962 wurden die erreichten Fortschritte in der sozialistischen internationalen Arbeitsteilung geprüft und die Grundrichtungen der weiteren Zusammenarbeit festgelegt. Die Parteien kamen überein, daß die Plankoordinierung (auch über fünf Jahre hinaus) die Hauptmethode der Tätigkeit des Rates war und bleibt.[91] Sie unterstrichen die Notwendigkeit, die Spezialisierung und Kooperation der Produktion, besonders der Erzeugung von Maschinen und Ausrüstungen, an denen es noch mangelt, ebenso die Entwicklung von Anlagen für alle die neuen Zweige des Maschinenbaus, die eine entscheidende Rolle im technischen Fortschritt spielen, zu vertiefen und die Rohstoff-, Brennstoff- und Energiebasis gemeinsam auszubauen.

Als zentrale Aufgabe der Plankoordinierung wurde die Koordinierung der Investitionen hervorgehoben. Diese Aufgabe war objektiv herangereift, denn bisher wurden überwiegend nur die Pläne für den Außenhandel koordiniert, womit ungeachtet ihrer großen indirekten Einflußnahme auf die Produktionsstrukturen sowie ungeachtet ihrer effektivitätsfördernden Rolle (stabile Bezugs- und Absatzbeziehungen) eine direkte Koordinierung der Produktion nicht erreicht werden konnte.

Die wachsende Rolle der Wissenschaft als Produktivitätsfaktor drängte darauf, über die bisher praktizierten Formen der wissenschaftlich-technischen Zusammenarbeit hinaus eine stärkere Koordinierung der wissenschaftlichen und technischen Arbeiten durchzusetzen.

Gleichzeitig mit dieser qualitativen und quantitativen Ausdehnung der Koordinierungsarbeiten rückten auch inhaltlich neue Aufgaben in den Mittelpunkt der Koordinierung, die aus den inneren Entwicklungsbedingungen der Länder erwuchsen. Das betraf vor allem die Intensivierung der Zusammenarbeit in der chemischen Industrie und der Elektrotechnik durch internationale Spezialisierung und Kooperation, da diese

91 Kommuniqué der Moskauer Beratung der Vertreter der kommunistischen und Arbeiterparteien der Teilnehmerländer des Rates für Gegenseitige Wirtschaftshilfe (RGW), in: Freundschaft, Zusammenarbeit, Beistand, a. a. O., S. 266

Zweige Anfang der sechziger Jahre Schlüsselzweige des wissenschaftlich-technischen Fortschritts in der gesamten Volkswirtschaft geworden waren, sowie die weitere Entwicklung der Landwirtschaft und deren materiell-technische Basis.

Die in den fünfziger Jahren durchweg hohen Akkumulationsraten der RGW-Länder (sie lagen mit Ausnahme der DDR zwischen 20 und 30 Prozent) und der konzentrierte Einsatz der Investitionen in der Schwerindustrie hatten neue, progressive Strukturen geschaffen, gleichzeitig aber neue Widersprüche ausgelöst, die einer Lösung bedurften: Eine starke metallurgische und energetische Basis sowie die Entwicklung des Maschinenbaus ermöglichten erst jetzt die forcierte Entwicklung der chemischen Industrie als wichtiges Element zur Erhöhung der volkswirtschaftlichen Effektivität. Mit dem Aufbau der Erdölleitung „Freundschaft" wurde die Rohstoffbasis der chemischen Industrie erweitert, wurde die Spezialisierung und Kooperation im Chemieanlagenbau zu einer wichtigen Aufgabe der Wirtschaftsentwicklung.

Die forcierte sozialistische Industrialisierung hatte schnelle Strukturwandlungen zur Folge, womit allerdings auch Disproportionen zwischen Industrie und Landwirtschaft verbunden waren. Um die Versorgung der Bevölkerung mit Lebensmitteln und der Industrie mit Rohstoffen zu verbessern und die durch Disproportionen entstandenen Probleme zu beseitigen, rückte die internationale Zusammenarbeit auch in der Landwirtschaft in den Mittelpunkt. Im engeren Sinne ging es darum, die materiell-technische Basis der Landwirtschaft auszubauen.

Statut des Rates für Gegenseitige Wirtschaftshilfe

Seit 1960 arbeitet der RGW nach einem schriftlichen Statut. In ihm sind die Erfahrungen der ersten 10 Jahre Ratsarbeit zusammengefaßt worden. Nach Hinterlegung der Ratifikationsurkunden trat das Statut am 13. April 1960 in Kraft. Auf der XVI. und XVII. Ratstagung wurden Verbesserungen beschlossen.[92]

Der progressive, sozialistische Charakter des RGW als multilaterale Wirtschaftsorganisation kommt klar in den allgemeinen Zielen und Aufgaben zum Ausdruck. Sie dokumentieren, daß der Rat seine Arbeit darauf ausrichtet, die in der Charta der Vereinten Nationen festgelegten Ziele zu

92 Der alte Text des Statuts ist enthalten in: Gesetzblatt der DDR, Teil I 10. 5. 1960, S. 283ff. Der neue Text wurde abgedruckt in: Dokumente RGW, a. a. O., S. 146ff.

verwirklichen, daß er darüber hinaus danach strebt, die sozialistische internationale Arbeitsteilung konsequent zu entwickeln und damit zum Aufbau des Sozialismus und Kommunismus in den Mitgliedsländern, zur Hebung des Wohlstandes der Völker und zur Sicherung eines dauerhaften Friedens beizutragen.

Die Prinzipien der Ratsarbeit unterscheiden sich grundsätzlich von denen imperialistischer internationaler Wirtschaftsorganisationen, zum Beispiel von denen der EWG. Sie sind vor allem im Artikel I formuliert: Der Rat hat die „Vereinigung und Koordinierung der Bemühungen der Mitgliedsländer des Rates zur planmäßigen Entwicklung der Volkswirtschaft" zum Ziele. Er dient der Angleichung des Entwicklungsniveaus der Partnerländer durch „Industrialisierung in den Ländern mit einer weniger entwickelten Industrie".

„Der Rat für Gegenseitige Wirtschaftshilfe beruht auf den Grundlagen der souveränen Gleichheit aller Mitgliedsländer des Rates. Die wirtschaftliche und technisch-wissenschaftliche Zusammenarbeit der Mitgliedsländer des Rates wird in Übereinstimmung mit den Prinzipien der vollen Gleichberechtigung, der Achtung der Souveränität und der nationalen Interessen, des gegenseitigen Vorteils und der kameradschaftlichen gegenseitigen Hilfe verwirklicht."[93] Diese Grundsätze werden durchgesetzt, indem

– jedes Mitgliedsland gleichberechtigt mit einer Stimme im Rat vertreten ist,
– jedem Mitglied eine gleichberechtigte Teilnahme an allen Projekten und Formen der Zusammenarbeit zugesichert ist,
– die Empfehlungen und Beschlüsse im Rat und in seinen Organen von den jeweils interessierten Staaten einstimmig gefaßt werden,
– die Teilnahme an der Ausarbeitung und Realisierung von Maßnahmen des RGW auf strikter Freiwilligkeit beruht (ein Land, das erklärt, an dieser oder jener Frage nicht interessiert zu sein, ist auch nicht an die von interessierten Ländern getroffenen Vereinbarungen gebunden);
– alle Länder in den wechselseitigen Beziehungen gleiche Grundsatzrechte und -pflichten haben,
– jegliche privilegierte Stellung eines Landes ausgeschaltet wird, und sei das Maß an der Finanzierung der Tätigkeit des Rates und an der Deckung der Kosten und Aufwendungen noch so unterschiedlich.

Zu organisatorischen und Verfahrensfragen faßt der Rat Beschlüsse, während für die internationale Zusammenarbeit zwischen den Mitgliedsländern Empfehlungen gegeben werden. Diese Empfehlungen werden auf Grund von Beschlüssen wirksam, die die einzelnen zuständigen staat-

93 Ebenda, S. 146ff.

lichen Organe fassen. So werden sie innerstaatliches Recht. Die Mitgliedsländer informieren den Rat über die Erfüllung. Auch hier zeigt sich der prinzipielle Unterschied des RGW als internationale Wirtschaftsorganisation sozialistischer Länder zum antinationalen Charakter der EWG, die eine supranationale Organisation ist und deren Arbeit von den großen Monopolen diktiert wird.

Der Rat für Gegenseitige Wirtschaftshilfe ist eine offene Organisation. Jedes Land, das die Ziele und Prinzipien anerkennt, das sich bereit erklärt, die im Statut festgelegten Pflichten zu übernehmen und die vom Rat angenommenen Empfehlungen und Verpflichtungen einzuhalten, kann Mitglied werden. Das gilt auch für Länder, die bereits anderen internationalen Wirtschaftsorganisationen angehören; die Mitgliedschaft im RGW berührt nicht die Rechte und Pflichten, die sich aus der Zugehörigkeit eines Mitgliedslandes des RGW zu anderen internationalen Organisationen oder aus anderen abgeschlossenen Verträgen ergeben.

Der bereits im Gründungskommuniqué deklarierte und im Statut präzisierte Grundsatz der Offenheit fand dann auch später im Komplexprogramm seinen Niederschlag.

Organe des RGW

Für die Realisierung der Aufgaben hat sich der Rat die entsprechenden Organe geschaffen:
– die *Ratstagung*, das höchste Organ des RGW, bestimmt als solches die Hauptrichtungen seiner Tätigkeit, behandelt die Berichte des Exekutivkomitees über dessen Tätigkeit und bildet die Organe für die Erfüllung der dem Rat obliegenden Funktionen;
– das *Exekutivkomitee* (vor 1962: Tagung der Ländervertreter), das wichtigste Vollzugsorgan des Rates, dem die Vertreter der Mitgliedsländer im Range eines Stellvertreters des Ministerpräsidenten angehören; es leitet die gesamte Arbeit zwischen den Ratstagungen und bereitet Empfehlungen und Entscheidungen für die Behandlung auf den Ratstagungen vor; es bildet zur Vorbereitung bestimmter Entscheidungen im Exekutivkomitee spezielle Arbeitsgruppen;
– die *Ständigen Kommissionen* sind Zweigkommissionen beziehungsweise Kommissionen mit Querschnittsaufgaben; sie spielen eine wichtige Rolle bei der Vorbereitung und Verwirklichung der dem Rat gestellten Aufgaben in den einzelnen Volkswirtschaftsbereichen beziehungsweise -zweigen, sie nehmen Empfehlungen an, führen in eigener Zuständigkeit Tagungen durch, unterbreiten dem Exekutivkomitee Vorschläge und schaffen sich

Hilfsorgane, wie Sektionen und spezielle Arbeitsgruppen; sie arbeiten zu bestimmten Fragen der wirtschaftlichen Entwicklung gemeinsame Empfehlungen mit anderen Kommissionen aus. Der ständige Vorsitz und der Sitz der Kommissionen ist auf die einzelnen Mitgliedsländer verteilt;
– das *Sekretariat* des RGW als ökonomisches und administratives Vollzugsorgan.

Der bereits erwähnte Beschluß der XVI. Ratstagung über die Festigung und Stärkung der Tätigkeit der Organe des Rats betraf unter anderem die Umwandlung der Ländervertretertagung in ein operativ wirksameres Exekutivkomitee (bis 1973 wurden rund 65 Tagungen durchgeführt) und die Umstrukturierung des Sekretariats.

Im Jahre 1962 wurde jener Artikel des Statuts geändert, entsprechend dem nur europäische Länder Mitglieder des RGW werden konnten. Diese bis dahin gültige Regelung entsprach dem Entwicklungsstand des sozialistischen Weltsystems, besonders auch der komplizierten Situation in Europa zur Zeit der Gründung des RGW und zu Beginn der fünfziger Jahre.

Grundprinzipien der internationalen sozialistischen Arbeitsteilung

Um 1960 hatte eine internationale Arbeitsgruppe von Wirtschaftswissenschaftlern die „Grundprinzipien der internationalen sozialistischen Arbeitsteilung" ausgearbeitet. Sie wurden von der XV. Ratstagung im Dezember 1961 angenommen, von der Parteienberatung im Juni 1962 gebilligt und anschließend veröffentlicht.[94]

Die „Grundprinzipien" waren und sind in den Hauptpunkten und -tendenzen ein wichtiges theoretisches und wirtschaftspolitisches Dokument der sozialistischen internationalen Wirtschaftszusammenarbeit. Mit ihnen wurden erstmals von allen Ländern gemeinsam erarbeitete theoretische und praktische Grundsätze der künftigen Entwicklungsrichtungen der sozialistischen internationalen Arbeitsteilung vereinbart. Diese besagen, daß die Basis aller Zusammenarbeit die Gemeinsamkeit der Interessen, der Ziele und die internationale Solidarität sind. Damit übereinstimmend besteht „das Ziel der internationalen sozialistischen Arbeitsteilung . . . in der Erhöhung der Effektivität der gesellschaftlichen Produktion, der Einwirkung auf das Erreichen eines hohen Wachstums-

94 Vgl. Grundprinzipien der internationalen sozialistischen Arbeitsteilung, in: Freundschaft, Zusammenarbeit, Beistand . . ., a. a. O., S. 271ff.

tempos der Wirtschaft und des Wohlstandes der Werktätigen in allen sozialistischen Ländern, der Industrialisierung und der allmählichen Überwindung der historisch bedingten Unterschiede des ökonomischen Entwicklungsniveaus."[95]

Die „Grundprinzipien" drücken das sozialökonomische Wesen der solidarischen Zusammenarbeit der RGW-Länder, den prinzipiellen Unterschied zur Arbeitsteilung in der EWG aus.

In ihrem ganzen Inhalt sind die „Grundprinzipien" auf die Festigung der Einheit und Geschlossenheit des sozialistischen Lagers durch die Vertiefung internationaler wirtschaftlicher Verbindungen gerichtet.

Die „Grundprinzipien" betrachten die Anerkennung der nationalen Souveränität und Selbständigkeit der Partnerländer als Teil ihrer gesamten internationalistischen Politik. Sie wenden sich gegen Tendenzen der Verabsolutierung sowohl des Nationalen als auch des Internationalen in der sozialistischen internationalen Wirtschaftszusammenarbeit. Sie lehnen nationale Alleingänge als wirtschaftlich uneffektiv und politisch schädlich ab; sie fordern die Nutzung aller inneren volkswirtschaftlichen Ressourcen eines Landes für die eigene Entwicklung und für die des Systems als Ganzes. „Die Tendenz der Schaffung eines in sich abgeschlossenen Komplexes der Volkswirtschaft auf Kosten der Vertiefung einer rationellen internationalen Arbeitsteilung oder umgekehrt eine einseitige internationale Spezialisierung der Wirtschaft können zur Verringerung der Effektivität und zur Verlangsamung der Tempos der ökonomischen Entwicklung sowohl in einzelnen sozialistischen Ländern als auch im System als Ganzes führen."[96]

Ziel und Inhalt der wirtschaftlichen Zusammenarbeit der RGW-Länder auf mehr- und zweiseitiger Ebene spiegeln sich in den vier formulierten Grundprinzipien wider:

„– Berücksichtigung der objektiv notwendigen Proportionen der ökonomischen Entwicklung jedes Landes und des sozialistischen Weltsystems als Ganzes, was dazu beiträgt, die Wirtschaft eines jeden Landes auszubilanzieren;

– Sicherung eines hohen ökonomischen Nutzeffektes der internationalen sozialistischen Arbeitsteilung, was sich in einem schnellen Wachstumstempo der Produktion und der größtmöglichen Befriedigung der Bedürfnisse der Bevölkerung in jedem Land bei minimalem Aufwand an gesellschaftlicher Arbeit ausdrückt;

– Verbindung der internationalen Spezialisierung der Produktion und der komplexen (mehrseitigen) Entwicklung der Wirtschaft der einzelnen

95 Ebenda, S. 275

96 Ebenda, S. 292

sozialistischen Länder im Interesse einer rationellen Ausnutzung der natürlichen und ökonomischen Voraussetzungen der Produktion einschließlich der Arbeitskräftereserven;

– allmähliche Überwindung der historisch bedingten Unterschiede im ökonomischen Entwicklungsniveau der einzelnen Länder, vor allem durch die Industrialisierung der Länder mit einem relativ niedrigen Niveau der ökonomischen Entwicklung und auf der Grundlage der maximalen Ausnutzung der inneren Möglichkeiten eines jeden Landes sowie der Vorzüge des sozialistischen Weltsystems."[97]

In den „Grundprinzipien" wird hervorgehoben, daß „das Hauptmittel für die planmäßige Vertiefung der internationalen sozialistischen Arbeitsteilung und die immer enger werdende Vereinigung der Produktionsanstrengungen der Länder des Sozialismus in der gegenwärtigen Etappe die Koordinierung der nationalen Volkswirtschaftspläne ist."[98]

Im Dokument werden die Hauptrichtungen der rationellen Arbeitsteilung in den wichtigsten Produktionszweigen formuliert. Das betrifft vor allem die internationale Spezialisierung der Produktion. Es wird auf den Zusammenhang verwiesen, der zwischen der Spezialisierung und Kooperation im Rahmen der Plankoordinierung und der Konzentration der Produktion, der Vervollkommnung der Produktionstechnologien und der Erhöhung der Arbeitsproduktivität und der Effektivität der Produktion besteht. Hier wurde für die wichtigsten Zweige eine Reihe allgemeiner Gedanken über die Entwicklung der internationalen Spezialisierung und Kooperation dargelegt, die heute noch äußerst aktuell, bei weitem noch nicht ausgeschöpft sind und die im Komplexprogramm zur sozialistischen Integration konkretisiert und weiterentwickelt wurden.

4.3. Formen und Ergebnisse der ökonomischen Zusammenarbeit der Mitgliedsländer des RGW in den Jahren 1961–1970

In den Abschnitten 4.1. und 4.2. wurde gezeigt, daß in den sechziger Jahren bedeutende Veränderungen in der materiell-technischen Basis vollzogen wurden und sich damit auch eine Vervollkommnung der Leitungs- und Planungssysteme in den Volkswirtschaften notwendig machte. Das hatte zwangsläufig Auswirkungen auf die internationale wirtschaft-

97 Ebenda, S. 277f.
98 Ebenda, S. 277

liche Zusammenarbeit, und es wurde nach Wegen gesucht, auch auf diesem Gebiet neue Formen und Methoden zu praktizieren. Es begann ein schöpferischer wissenschaftlicher Meinungsstreit, in dessen Verlauf ohne Zweifel wichtige Elemente einer Theorie der sozialistischen ökonomischen Integration herausgearbeitet wurden. Wie bei einer solchen komplizierten und vor allem neuen Aufgabe erklärlich, gab es sehr vielfältige Überlegungen und Vorschläge.

Vereinzelt wurde Anfang der sechziger Jahre in Erwägung gezogen, die sozialistische internationale Arbeitsteilung durch die Schaffung eines mit weitgehenden Weisungsrechten ausgestatteten internationalen Planungsorgans zu fördern.

Eng verbunden mit dieser Konzeption war die Orientierung auf ein kurzfristiges Einholen und Überholen entwickelter kapitalistischer Länder in Produktivität und Lebensstandard, die Forderung, mit diesem Ziel einen allmählichen Abbau der ökonomischen Grenzen zwischen den Mitgliedsländern, eine internationale Umverteilung von Investitionsmitteln nach einem Generalschema der sozialistischen internationalen Spezialisierung der Produktion und damit eine baldige und umfassende gemeinsame Planung vorzunehmen.[99]

Vor allem in der Praxis zeigte sich jedoch, daß die Möglichkeiten des einzelstaatlich organisierten Eigentums für die Entwicklung der sozialistischen internationalen Zusammenarbeit bei weitem noch nicht ausgeschöpft waren und – wie dann später im Komplexprogramm formuliert – die Koordinierung der Pläne als Hauptform (Hauptmethode) der Zusammenarbeit weiter zu entwickeln und zu qualifizieren ist.

In diesem Zusammenhang gewann das Problem der Nutzung der Ware-Geld-Beziehungen bei der Vertiefung der Plankoordinierung und wirtschaftlichen Zusammenarbeit an Bedeutung. Auch hierzu gab es lebhafte Diskussionen. Dabei wurden Tendenzen sichtbar, die Rolle der Ware-Geld-Beziehungen bei der Vertiefung der internationalen Wirtschaftszusammenarbeit zu überschätzen, die Ware-Geld-Beziehungen, besonders den Markt, der Plankoordinierung gegenüberzustellen. Die Entwicklung langfristiger und stabiler Wirtschaftsbeziehungen, die von den Interessen der Gemeinschaft ausgehende Schaffung von Gleichgewicht und Proportionalität unter den Bedingungen vorhandener Niveauunterschiede und damit verbundener zeitweiliger unterschiedlicher Interessen auf Teilgebieten, die Sicherung grundlegender Bedingungen für die Hebung des

[99] Vgl. u. a. N. S. Chruščev, Wesentliche Fragen der Entwicklung des sozialistischen Weltsystems, in: Probleme des Friedens und des Sozialismus, 9/1962, S. 729ff.

Lebensstandards der Bevölkerung, die sich in einzelnen Ländern verschiedenartig darstellen, lassen sich, wie jede planwirtschaftliche Aufgabe, nicht allein oder vorwiegend mit Marktinstrumenten im Interesse aller Beteiligten lösen.

Es setzte sich der Standpunkt durch, daß die Koordinierung der Pläne die entscheidende Aufgabe ist und bleibt. Dabei wurde deutlich, daß eine Koordinierung, die überwiegend auf Außenhandelsbeziehungen ausgerichtet ist, nicht mehr ausreicht. Während die Abstimmung der Pläne für die Zeit von 1956 bis 1965 vor allem Grundlage für den Abschluß der langfristigen Handelsabkommen war und auch in der darauffolgenden Zeit „die Koordinierung noch vorwiegend die Funktion, Bezug und Absatz zu regeln"[100] hatte, konnten in den sechziger Jahren entscheidende Fortschritte in der Plankoordinierung erzielt werden.

Eingebettet in die gesellschaftliche Gesamtzielstellung der möglichst allseitigen Befriedigung der gesellschaftlich anerkannten Bedürfnisse, ging es in der Plankoordinierung vor allem darum, volkswirtschaftliche Hauptproportionen in Abhängigkeit nicht nur von den eigenen Bedürfnissen, sondern auch von denen der Partnerländer herzustellen. Dazu gehörte es, die Hauptrichtungen der Entwicklung von Wissenschaft, Technik und Produktion zu bestimmen, um somit die langfristige Verflechtung entscheidender Volkswirtschaftskomplexe einzuleiten.

Neue Anforderungen an die Plankoordinierung

Wichtige vorbereitende Maßnahmen für die Koordinierung der Volkswirtschaftspläne stellten die Beschlüsse der XVI. (außerordentlichen) Ratstagung (Juni 1962) dar, die sich in der Plankoordinierung 1966–1970 auswirkten.

Neue Elemente zeigten sich vor allem darin, daß nicht mehr die schon bestätigten und dann wenig flexiblen volkswirtschaftlichen Fünfjahrpläne koordiniert wurden, sondern daß der Prozeß der Abstimmung schon in der Phase der Erarbeitung der Planentwürfe begann. Damit bot sich die Möglichkeit, nicht nur einzelne volkswirtschaftliche Kennziffern, sondern ganze volkswirtschaftliche Komplexe unter Berücksichtigung der gemeinsamen Interessen zu koordinieren. Es wurde möglich, in der Plankoordinierung wesentlich umfassendere und kompliziertere Probleme in Angriff zu nehmen.

In Verwirklichung dieser Ziele wurden bei der Versorgung mit Roh-

100 Vgl. M. W. Senin, Sozialistische Integration, Berlin 1972, S. 215

stoffen, bei der Schaffung von Export- und Importschwerpunkten, bei der Spezialisierung und Kooperation auf einigen Gebieten, bei der Beseitigung von Defizitpositionen bedeutende Erfolge erzielt. Noch immer waren jedoch nicht alle Möglichkeiten der Koordinierung der Pläne ausgeschöpft.

Es zeigte sich, daß die Plankoordinierung noch nicht von einer gemeinsamen abgestimmten Grundkonzeption der sozialistischen Länder ausging und Maßnahmen der sozialistischen internationalen Arbeitsteilung zum Teil nicht in den Plänen der einzelnen Länder verankert waren, was nicht selten zu Verzögerungen in der Realisierung führte.[101] Diese Schwierigkeiten, die zum Teil ihre objektiven Ursachen im Niveau der Planungssysteme hatten, zum Teil in widersprüchlichen Interessen bestanden, aber auch oft aus der hohen Komplexität der volkswirtschaftlichen Verflechtungen resultierten, galt es in der Folgezeit zu vermeiden.

Der erste Schritt der Abstimmungen im Rahmen der Koordinierung der Pläne 1966–1970 war der Austausch von Planinformationen und Orientierungsbilanzen der Länder über die wichtigsten Erzeugnisgruppen zwischen den Planungsorganen. Auf ihrer Grundlage wurden von den RGW-Organen zusammengefaßte Orientierungsbilanzen des RGW erarbeitet. Gleichzeitig erfolgte der Austausch der Materialien (Titellisten) für die volkswirtschaftlich wichtigsten Investitionsvorhaben der Länder.

Auf der Basis dieser Informationen war es den RGW-Ländern möglich, wichtige Strukturen in Wissenschaft, Technik und Produktion sowie des Exports und Imports abzustecken und sich auf die Ausarbeitung der bilateralen und multilateralen Abkommen und Vereinbarungen über den gegenseitigen Warenaustausch 1966–1970 und die Spezialisierung und Kooperation vorzubereiten.

Gleichzeitig begannen die Ständigen Kommissionen des RGW mit der Arbeit an den durch die zusammengefaßten Orientierungsbilanzen aufgeworfenen Problemen. Im Rahmen der Plankoordinierung wurden von den RGW-Organen 233 Orientierungsbilanzen aufgestellt und darüber hinaus Titellisten zu mehr als 500 wichtigen Investitionsobjekten ausgetauscht, die für die Deckung des Bedarfs der RGW-Länder an Rohstoffen, Materialien, Maschinen, Geräten und Ausrüstungen sowie für die internationale Spezialisierung und Kooperation von Bedeutung waren.

Im Prozeß der Koordinierung der Volkswirtschaftspläne entwickelte sich besonders die zweiseitige Zusammenarbeit. Sie erfolgte seitens der DDR im Rahmen der am 16. März 1966 aus der Kommission für wissenschaftlich-

[101] Vgl. G. Schürer, W. Kunz, Eine neue Stufe der Zusammenarbeit der sozialistischen Länder, in: Einheit, 7/1962, S. 11

technische Zusammenarbeit DDR–UdSSR gebildeten Paritätischen Regierungskommission DDR–UdSSR sowie der zweiseitigen Wirtschaftsausschüsse mit den anderen RGW-Ländern und der SFRJ.

Diese vor allem von der Juni-Beratung 1962 ausgelösten Schritte und Maßnahmen der Plankoordinierung orientierten auf die Abstimmung der Investitionen als einen der Kernpunkte der Verbesserung der wirtschaftlichen Zusammenarbeit der Mitgliedsländer des RGW. In der grundsätzlichen Einschätzung dieser Maßnahmen schreibt Senin treffend, daß sich in der Zeit nach der Juni-Beratung 1962 zeigte, „daß die administrativen und rechtlichen Methoden bei der Koordinierung der Pläne und der Arbeitsteilung mit ihrem Kernstück – Koordinierung und Planung von Investitionen auf lange Sicht –, also die Methoden, mit denen man dieses Problem ursprünglich lösen wollte, durch die Schaffung eines Systems der wirtschaftlichen Interessiertheit und der wirtschaftlichen wechselseitigen Verantwortung der Partner ergänzt werden mußten." [102]

Diese wertvollen Erfahrungen in der Koordinierung der Volkswirtschaftspläne fanden in der folgenden Zeit ihren Niederschlag in der Vorbereitung und Ausarbeitung des Komplexprogramms, und ihre praktische Vervollkommnung steht somit auch heute noch auf der Tagesordnung.

Koordinierung in Wissenschaft und Technik

Komplexere Lösungen durch Plankoordinierung machten es erforderlich, in die Koordinierungsarbeiten auch Wissenschaft und Technik einzubeziehen. Schon Ende der fünfziger Jahre machten sich die bis dahin praktizierten Formen der wissenschaftlich-technischen Zusammenarbeit als unzureichend bemerkbar (vgl. S. 76). Die auf der II. Tagung des RGW beschlossenen Formen entsprachen nicht mehr den gestiegenen Anforderungen, die der wissenschaftlich-technische Fortschritt stellte. Sie lösten vor allem nicht die Probleme der gemeinsamen arbeitsteiligen Forschung.

Die XVI. Tagung des RGW beschloß deshalb unter anderem die Koordinierung der wichtigsten wissenschaftlichen und technischen Forschungsarbeiten zwischen den Mitgliedsländern des RGW im Rahmen der Koordinierung der Perspektivpläne für die Entwicklung der Volkswirtschaften, die Bildung vereinigter wissenschaftlicher Forschungszentren und Projektierungsbüros, die Schaffung ständiger oder zeitweiliger internationaler

102 M. W. Senin, Der Kampf der KPdSU um die Festigung des sozialistischen Weltsystems, a. a. O., S. 83

Forschungszentren für einzelne wichtige Zweige der Wissenschaft und Technik zwischen den interessierten Ländern, die Verstärkung der gegenseitigen Hilfe bei der Ausbildung wissenschaftlicher Kader sowie die Organisation eines ständigen Informationsaustausches über abgeschlossene wissenschaftliche Forschungsergebnisse. Wurde bis zu diesem Zeitpunkt die wissenschaftlich-technische Zusammenarbeit im wesentlichen auf der Grundlage bilateraler Abkommen und Vereinbarungen durchgeführt, so orientierte die XVI. Ratstagung auf die Entwicklung der multilateralen Zusammenarbeit. Diese Beschlüsse sind nicht nur als eine Ergänzung oder Erweiterung des Inhalts der Beschlüsse der II. Tagung des RGW in Sofia 1949 zu betrachten; sie leiteten eine neue Etappe der wissenschaftlich-technischen Zusammenarbeit zwischen den Mitgliedsländern des RGW ein. Neue Formen und Methoden in den Beziehungen auf dem Gebiet der Wissenschaft und Technik begannen, sich zwischen den Ländern zu entwickeln. Sie sollten vor allem dazu beitragen, die wissenschaftlichen und technischen Potenzen der Mitgliedsländer des RGW auf die entscheidenden, das Tempo der Entwicklung der Volkswirtschaften der einzelnen Länder bestimmenden Schwerpunkte zu konzentrieren, den wissenschaftlich-technischen Fortschritt zu beschleunigen, vorhandene Rückstände in Wissenschaft und Technik schnell aufzuholen und das Weltniveau mitzubestimmen.

Für die Jahre 1964/65 und für den Zeitraum 1966–1970 wurden erstmals Pläne für die Koordinierung der wichtigsten wissenschaftlich-technischen Forschungsarbeiten, die für die Mitgliedsländer von gemeinsamem Interesse sind, ausgearbeitet. Der erste Plan umfaßte 46 wissenschaftliche Probleme und 150 Forschungsaufträge. In die Realisierung dieser Aufgaben wurden hunderte Forschungsinstitute, Projektierungs- und Konstruktionseinrichtungen einbezogen.

Diese Arbeiten wurden auf den Zeitraum 1966–1970 ausgedehnt. Dabei konnten 150 größere Forschungspläne mit mehr als 500 Themen für die Zusammenarbeit auf multilateraler Ebene koordiniert werden. Neben diesen Themen, die in den Gesamtplan zur Koordinierung der wissenschaftlichen und technischen Forschung aufgenommen wurden, vereinbarten die RGW-Länder untereinander auf bilateraler Ebene weitere 1700 Themen. Die Anzahl der an der Realisierung dieser Themen beteiligten Einrichtungen erweiterte sich beträchtlich.

Der zentrale Koordinierungsplan enthielt zum Beispiel folgende Forschungsarbeiten, die in den Ländern durchgeführt wurden:
– die Anwendung von Plasten in der Volkswirtschaft,
– die Chemisierung der Landwirtschaft,
– Ursachen und Verfahren zur Verhinderung der Korrosion,

– die Theorie der Automatisierung,
– die Festkörperphysik,
– die physikalischen Verfahren der Schweißtechnik,
– die wissenschaftlichen Methoden der Planung und Leitung der Produktion und der Wissenschaft,
– Erforschung und Vervollkommnung von Energieerzeugungsquellen,
– Entwicklung der Rechentechnik, Automatik und Elektronik.

Für einige dieser Themen wurden später bei der Realisierung des Komplexprogramms Koordinierungszentren geschaffen.

Die koordinierte Forschung umfaßte theoretische Ausarbeitungen, Konstruktionen von Maschinen, Mechanismen, Ausrüstungen, Apparaten, technologische Prozesse, Berichte und Monographien, Standards und technische Forderungen, Methodiken.

Dieser unterschiedliche Gehalt der Arbeiten in der koordinierten Forschung und Entwicklung ist auch deshalb von Interesse, weil Effektivität und Erfolg sehr differenziert waren. Während zum Beispiel Querschnittsfragen wie Standards, theoretische Ausarbeitungen, Berichte, Monographien und Methodik mit Erfolg und Nutzen bearbeitet wurden, war die koordinierte Forschung und Entwicklung von Konstruktionen, Maschinen und Apparaturen, insbesondere die rechtzeitige Anwendung der Ergebnisse in der Praxis, weitaus komplizierter.

Die Koordinierung erfolgte nach Arbeitsplänen, in denen Etappen und Organisationsformen der koordinierten Forschung festgelegt waren. Wichtige Organisationsformen waren die wissenschaftlich-technischen Räte (in der chemischen Industrie, im Bauwesen), die sogenannten Chefkonstrukteurgruppen oder die Federführung durch Leitinstitute.

Ungeachtet aller Probleme wurden in dieser Zeit vielfältige und nützliche Erfahrungen gesammelt, die bei der Durchführung der jetzt im Komplexprogramm festgelegten Formen der Forschungszusammenarbeit genutzt werden.

In der wissenschaftlich-technischen Zusammenarbeit erhöhte sich der Austausch von Dokumenten verschiedener Art. Das zwang zur Verbesserung der Zusammenarbeit auf dem Gebiet der wissenschaftlich-technischen Dokumentation und Information, um unnötigen Mehraufwand und Parallelarbeit zu vermeiden. Deshalb wurde begonnen, effektive Systeme der wissenschaftlich-technischen Dokumentation zu schaffen. In dieser Zeit entstanden Voraussetzungen, die dann im Jahre 1969 zur Bildung eines internationalen Zentrums für wissenschaftliche und technische Information in Moskau führten.

Früher und umfangreicher als zwischen Produktionsbetrieben entwickelten sich im Rahmen der Forschungskoordinierung die Direktbeziehungen zwischen den Forschungseinrichtungen. Diese Kontakte waren für die Forschung und Entwicklung von großem Wert.

Auf der Grundlage der Forschungskoordinierung konnten in der praktischen Arbeit bedeutende Erfolge in Wissenschaft und Produktion erzielt werden. Dazu gehörte zum Beispiel die Entwicklung einer Reihe von wissenschaftlichen Geräten für die Photosynthese, die Ausarbeitung einer Schweißtechnologie für Plaste und einer Technologie für das Ultraschallschweißen von Aluminiumfolie mit Naht sowie von Elektronenstrahlanlagen für das Schweißen mit niedrigen, mittleren und hohen Spannungen.

Positive Ergebnisse gab es auch auf solchen Gebieten wie der Pharmazie, der Energieübertragung, der Entwicklung und Produktion von Chemiefasern und anderen mehr.

In der wissenschaftlich-technischen Zusammenarbeit traten aber auch Probleme zutage, die unter anderem in einer nicht immer ausreichenden Stabilität der Pläne, in Veränderungen während der Realisierung, in teilweise unzureichender Termintreue, in Schwierigkeiten bei der Anbahnung unmittelbarer Kontakte und in den Informationsbeziehungen zu suchen waren.

Bessere Planbarkeit der Forschungen und Absicherung einer schnellen Überführung der Ergebnisse zwangen, auch auf diesem Gebiet die ökonomischen und juristischen Grundlagen der zwischenstaatlichen Beziehungen im Interesse größerer Verbindlichkeit und höherer Effektivität auszubauen.

Ökonomische Stimulierung der Zusammenarbeit in Wissenschaft und Technik

In der praktischen Zusammenarbeit spielten besonders ab Mitte der sechziger Jahre zwei Fragenkomplexe eine wichtige Rolle: die Vervollkommnung der wissenschaftlich-technischen Zusammenarbeit durch den Übergang vom Austausch wissenschaftlich-technischer Dokumentationen und Erfahrungen zu einer systematischen gemeinsamen beziehungsweise arbeitsteiligen Wissenschaftszusammenarbeit auf ökonomischer Grundlage sowie die Erhöhung der Wirksamkeit der internationalen Spezialisierung und Kooperation der Produktion, unter anderem durch Anwendung vertraglicher Regelungen, bei Einbeziehung von Forschung und Entwicklung.

Die Sofioter Beschlüsse im Jahre 1949 über die wissenschaftlich-technische Zusammenarbeit entsprachen den damaligen politischen und ökonomischen Aufgaben, dem Stand der Wissenschaft und Technik in den Teilnehmerländern und damit auch deren ökonomischen Interessen. Sie waren eine notwendige und nützliche Form der wissenschaftlich-technischen Zusammenarbeit, beredter Ausdruck neuer zwischenstaatlicher Wirtschaftsbeziehungen, die auf den Prinzipien des proletarischen Internationalismus und der brüderlichen Hilfe beruhen.

Die Erfahrungen der sozialistischen Länder besagen, daß nur die sozialistische Industrialisierung in Verbindung mit der internationalen sozialistischen Zusammenarbeit eine komplexe Entwicklung der Volkswirtschaften sichert. Dabei zeigten sich bestimmte Abhängigkeiten in der Entwicklung der Produktivkräfte. Man konnte nicht die chemische Industrie ohne den Maschinenbau, die Elektronik ohne herkömmliche Zweige der Elektrotechnik, die Plast- und Fasernherstellung ohne die Schwefelsäureproduktion aufbauen. Zur Aufnahme traditioneller Produktionen (über die die ČSSR, DDR und UdSSR zumeist schon verfügten) erwies sich der kostenlose Dokumentenaustausch als bedeutender Wachstumsfaktor. In den sechziger Jahren wurde aber dieser Austausch geringer. Dahinter verbargen sich einerseits solche Momente, wie die Konzentration des Austauschs auf Schwerpunkte und die Durchführung von Konsultationen vor dem Dokumentenaustausch. Andererseits ließ die Orientierung der Wirtschaftspolitik auf die Erhöhung der Effektivität der Produktion und auf die zunehmende Beachtung der Erfordernisse der wissenschaftlich-technischen Revolution die Grenzen der Wirksamkeit des Dokumentenaustausches deutlich werden.

So hat die kostenlose Übergabe national erarbeiteter Ergebnisse mit zunehmender Entwicklung dazu geführt, daß das ökonomische Interesse an der Übergabe neuester Dokumentationen und Erfahrungen, die nur auf Grund hoher Investitionen in Forschung, Entwicklung und Produktion erzielt werden konnten, geringer wurde. Außerdem waren diese nationalen wissenschaftlich-technischen Dokumente bei ihrer Übergabe häufig schon im Geberland produktionswirksam und bis zur Produktionsaufnahme im Nehmerland deshalb unter Umständen veraltet. Mit weiteren Fortschritten in der Industrie, besonders auf dem Gebiet der Forschung und Entwicklung sowie der wachsenden Befriedigung des eigenen Bedarfs, konnten die nach erhaltenen Dokumenten produzierten Erzeugnisse im Inland nicht voll abgesetzt werden. In Einzelfällen kam es zur Konkurrenz auf dritten Märkten. Unnötige Parallelproduktionen traten zutage. Bisweilen kann ein Austausch national erarbeiteter Dokumente und Unterlagen eine latente Parallelproduktion darstellen, wobei natürlich bei weitem nicht jede Parallelproduktion ökonomisch uneffektiv ist.

Der Dokumenten- und Erfahrungsaustausch war ferner nicht immer genügend mit den Spezialisierungsempfehlungen abgestimmt. Aus diesem Grunde kam es teilweise zu Ablehnungen von Anträgen über den Dokumenten- und Erfahrungsaustausch, sobald dadurch Spezialisierungsempfehlungen beeinträchtigt wurden.

Diese auf dem Boden eines progressiven Prozesses entstandenen hemmenden Einflußfaktoren lösten in den sechziger Jahren eine breite Diskussion aus, in der zwei Vorschläge eine besondere Rolle spielten:

– die Anwendung ökonomischer Stimuli bei der Übergabe von Dokumenten und Unterlagen sowie

– die Entwicklung einer arbeitsteiligen beziehungsweise gemeinsamen Forschung, um die ständig größer werdenden Investitionen auf diesem Gebiet effektiver und im Interesse aller zu nutzen. Letzteres sollte vor allem mit der 1964 einsetzenden Forschungskoordinierung erreicht werden. Es zeigte sich, daß mit Abstimmungen allein diese Aufgabe nicht erfolgreich gelöst werden kann, wenn sie nicht wirksam mit dem materiellen Interesse der ökonomischen Stimulierung verbunden wird.

Auf Grund fehlender ökonomischer Stimuli war es schwierig, im eigentlichen Sinne des Wortes zu koordinieren, arbeitsteilige Beziehungen herzustellen und die Mittel zu konzentrieren. Gegenseitiger Informationsaustausch stand bei dieser Zusammenarbeit im Vordergrund. Die Abstimmung trug ohne Zweifel dazu bei, Doppelarbeiten zu vermeiden. Die Kenntnis der Forschungsergebnisse anderer Länder vermittelte Ansatzpunkte für eigene Produktionssteigerungen und für eine wirksame wissenschaftlich-technische Zusammenarbeit mit dem entsprechenden Partner. Ohne in jedem Falle Arbeitsteilung im eigentlichen Sinne zu sein, bei der jeder Partner eine Teilaufgabe löst und alle Mitbenutzer der Ergebnisse sind, war somit auch diese Art der Forschungskoordinierung eine nützliche Phase bei der Entwicklung arbeitsteiliger Beziehungen in Wissenschaft und Technik.

Von weiterreichender Bedeutung für die Lösung der genannten Probleme war die 30. Sitzung des Exekutivkomitees des RGW im Jahre 1967. Hier wurde beschlossen, daß der Austausch von Forschungsergebnissen in Abhängigkeit von der jeweiligen Aufgabe und nach Vereinbarung der Partner sowohl gegen Bezahlung als auch kostenlos erfolgen kann. Dieser Grundsatz wurde dann auch im Komplexprogramm verankert. Er entspricht ohne Zweifel den Aufgaben der gegenwärtigen Entwicklungsetappe der Gemeinschaft, in der mögliche und notwendige Hilfe ebenso gefragt ist wie eine nach strengen ökonomischen Kriterien organisierte arbeitsteilige beziehungsweise gemeinsame Forschung.

Ferner wurde auf dieser Sitzung empfohlen, detaillierte Abkommen abzuschließen, in denen die Organisationsformen sowie ökonomische und finanzielle Bedingungen weitgehend geregelt sind. Dieses Bemühen um Stabilität durch vertragliche Beziehungen bei der wissenschaftlich-technischen Zusammenarbeit und um stärkere Nutzung der Ware-Geld-Kategorien sowie die Suche nach Möglichkeiten einer gemeinsamen Nutzung von Forschungsergebnissen sind noch nicht abgeschlossen. Mit dem Übergang zur Integration und der internationalen Verflechtung aller Phasen des Reproduktionsprozesses wird diese Aufgabe noch dringlicher, aber auch komplizierter.

Vertraglich geregelte Produktionsspezialisierung

Inhaltlich gleichgelagerte Probleme traten auch bei der Spezialisierung und Kooperation in der Produktion zutage. Die bisherige Form der Empfehlungen für die Spezialisierung, die sich vorwiegend auf Enderzeugnisse bezog, erwies sich mit zunehmender Arbeitsteilung als nicht mehr ausreichend. Das fand vor allem seinen Ausdruck in ungerechtfertigten Parallelentwicklungen, zum Teil geringen Losgrößen in der Fertigung, in Qualitätsparametern, die den Ansprüchen der Partner nicht genügten. Während bei wichtigen hochproduktiven Maschinenbauerzeugnissen, wie bestimmten Chemieanlagen, Defizite bestanden, gab es auf anderen Gebieten Produktionsüberschüsse.

Bereits im Jahre 1962 hatte sich das Exekutivkomitee des RGW mit den Ergebnissen der Spezialisierung und Kooperation im Maschinenbau beschäftigt und unter Berücksichtigung der positiven Erfahrungen und der Entwicklungsprobleme die „Prinzipien der zwischenstaatlichen Spezialisierung und Kooperation der Produktion im Maschinenbau der RGW-Länder“ bestätigt. Dieses Dokument erhebt vor allem folgende Forderungen: Erhöhung des technischen Niveaus und der Qualität der Erzeugnisse, hohes Entwicklungstempo im Maschinenbau, komplexe Entwicklung zur Angleichung des ökonomischen Entwicklungsniveaus, moderne Technologien und Produktionsorganisation.

Je mehr diese inhaltliche Aufgabe für alle RGW-Länder in den Mittelpunkt rückte, desto lauter wurde die Frage nach dem „Wie“ ihrer Realisierung. Eine intensivere Plankoordinierung erforderte vor allem auch einen höheren Verbindlichkeitsgrad internationaler Absprachen, eine eindeutige Fixierung der mit der Spezialisierung und Kooperation der Produktion verbundenen materiellen und finanziellen Konsequenzen.

Anfangs erfolgten vertragliche Regelungen über Spezialisierungsmaßnahmen auf zweiseitiger Basis. Ermutigt durch positive Ergebnisse, wurde dann dieser Aufgabe auch auf multilateraler Grundlage, im Rahmen des RGW, große Aufmerksamkeit gewidmet. Das Exekutivkomitee verabschiedete im Jahre 1967 Rahmenbedingungen für die Vorbereitung, vertragliche Fixierung und Realisierung von Spezialisierungsmaßnahmen.

Diese Rahmenrichtlinie sieht vor, in den Verträgen über die Spezialisierung und Kooperation der Produktion sowohl die Pflichten der sich auf die betreffende Produktion spezialisierenden Partner zu regeln (Produktions- und Lieferumfang, Einhaltung fixierter Qualitätskennziffern, Kundendienst, Ersatzteilversorgung) als auch Auflagen für die Bezugsländer (Abnahmeverpflichtung, Verzicht auf Eigenproduktion, Übermittlung von Nutzungserfahrungen) zu vereinbaren. Um die Einhaltung der Verpflichtungen zu gewährleisten, wurden Sanktionen festgelegt, die bei nicht entsprechender Aufnahme oder Einstellung der Produktion oder, wenn die Lieferung und Abnahme nicht zu vereinbarten Umfängen und Terminen erfolgt, wirksam werden. Die Verträge enthalten auch Bestimmungen über die wissenschaftlich-technische Zusammenarbeit, die Preisbildung, die Abwicklung des gegenseitigen Handels und das Zusammenwirken auf Märkten dritter Länder.

Es wird ferner hervorgehoben, daß als Vertragspartner solche Organe beziehungsweise Wirtschaftsorganisationen auftreten, die gemäß dem System der Leitung und Planung in der Volkswirtschaft befugt sind, Verträge und Abkommen abzuschließen und entsprechende Verantwortung für ihre Verwirklichung zu übernehmen. Die Verpflichtungen zur Spezialisierung und Kooperation sollen in den zwischenstaatlichen Handelsabkommen ihren Niederschlag finden.

Diese bereits 1967 vom Exekutivkomitee bestätigten Rahmenrichtlinien sind auch im Komplexprogramm als Forderungen enthalten und haben die internationale Spezialisierung und Kooperation auf eine neue Grundlage gestellt. Auf zwei- und mehrseitiger Grundlage wurden in den letzten Jahren hunderte von Abkommen und Verträgen über die Spezialisierung und Kooperation vereinbart.

Bis Ende 1973 wurden unter anderem in der Ständigen Kommission für Maschinenbau 17 *mehrseitige* Abkommen vorbereitet und abgeschlossen. Allein sie umfassen 1673 Positionen von Maschinen und Ausrüstungen. Die Produktion von 793 Erzeugnissen ist davon in einem Land konzentriert, von 459 in zwei Ländern und von 421 Erzeugnissen in drei und mehr Ländern. Wichtige Bereiche sind dabei die Produktion von Werkzeugmaschinen für die Werkzeugindustrie (86 Positionen), für die Traktoren- und Automobilindustrie (160 Positionen) und für die Produktion von Zubehör- und Komplettierungserzeugnissen für spanabhebende Werkzeugmaschinen (79 Positionen). Ferner betrifft das die Produktion von Traktoren- und Landmaschinen (72 Typenabmessungen) und von kompletten technologischen Linien für die Gewinnung von Phosphor-, Salpeter- und Schwefelsäure (14 Anlagen).

Das Abkommen über die Spezialisierung der Produktion von Lastkraftwagen umfaßt zum Beispiel die Herstellung von drei Gruppen schwerer LKW: dreiachsige LKW mit einer Achslast von 6 t in der SRR und UdSSR, geländegängige LKW mit einer Nutzlast von 12 t und mehr in der ČSSR und mit einer Nutzlast von 27 t und mehr in der UdSSR. Im Jahre 1975 wird das Produktionsvolumen bei diesen spezialisierten Kraftfahrzeugen rund 35 Prozent der Gesamtproduktion von schweren LKW ausmachen.

Die vertragliche Regelung der vielfältigsten Kooperationsbeziehungen rückte juristische Aspekte der multilateralen Zusammenarbeit in den Vordergrund. Das wurde besonders spürbar bei der Vorbereitung des Komplexprogramms der sozialistischen ökonomischen Integration und führte zur Bildung der Beratung der Vertreter der Mitgliedsländer des RGW für Rechtsfragen als dem ersten multilateralen Organ dieser Art seit Bestehen des Rates für Gegenseitige Wirtschaftshilfe.

Dieses RGW-Organ hat die Aufgabe, in enger Wechselwirkung mit den Ständigen Kommissionen die Entwürfe mehrseitiger Abkommen, Konventionen sowie einheitliche Normen und Bestimmungen der wirtschaftlichen und wissenschaftlich-technischen Zusammenarbeit auf einzelnen Gebieten vorzubereiten. Gemeinsam suchen hier ferner die RGW-Länder nach Wegen und Mitteln für eine einheitliche Anwendung der Normen des Völkerrechts, bemühen sich um die Annäherung der Rechtsnormen für die wirtschaftliche Zusammenarbeit und organisieren den Austausch von Erfahrungen und Informationen.

Untersuchung ökonomischer Grundfragen

Mit der materiell-technischen Basis des Sozialismus entwickelten sich auch die theoretischen Grundlagen der Leitung und Planung. Fruchtbare Diskussionen in den Ländern über die Vervollkommnung der internationalen Zusammenarbeit und umfangreiche wissenschaftliche Arbeiten in den Organen des RGW selbst trugen zur Klärung theoretischer und praktischer Grundfragen der sozialistischen internationalen Arbeitsteilung bei.

Eine besondere Rolle spielte hier die Ständige Kommission des RGW für ökonomische Fragen. Im Rahmen dieser Kommission wurden unter anderem Möglichkeiten des Übergangs der RGW-Länder zu einer eigenen Preisbasis in ihrem gegenseitigen Handel untersucht und multilaterale Wertkennziffernvergleiche (industrielle und landwirtschaftliche Produktion, Akkumulation und Konsumtion) durchgeführt, die in ihrem Umfang und ihrer Detailliertheit bisher einmalig waren. Dieses RGW-Organ entwickelte Methoden zur Ermittlung des Nutzeffekts der Investitionen und erprobte internationale Selbstkostenvergleiche. Die Kommission organisierte wissenschaftliche Konferenzen zu solchen Themen wie Spezialisierung und Kooperation, Entwicklungsprobleme der Rohstoffwirtschaft, Angleichung des ökonomischen Entwicklungsniveaus, Vervollkommnung der Außenhandelspreise.

An dieser Stelle muß auch die von der XXIV. Ratstagung beschlossene Gründung des Internationalen Instituts für ökonomische Probleme des sozialistischen Weltsystems erwähnt werden, das 1971 in Moskau seine Tätigkeit aufnahm. An diesem Institut arbeiten führende Wirtschaftswissenschaftler aus den RGW-Ländern an der Schaffung des wissenschaftlichen Vorlaufs für den Ausbau der ökonomischen und wissenschaftlich-technischen Verflechtung der RGW-Länder. Dieses Institut übernahm wesentliche Aufgaben der Ständigen Kommission für ökonomische Fragen, die kurz zuvor ihre Tätigkeit eingestellt hatte.

Bildung neuer Ständiger Kommissionen

Die Ausdehnung der Zusammenarbeit auf weitere Bereiche der materiellen Produktion, die Weiterentwicklung der Formen und ökonomischen Grundlagen der Zusammenarbeit gingen einher mit der Schaffung neuer multilateraler Organe und Einrichtungen. Nach der XVI. Tagung des RGW im Jahre 1962 wurden neue Ständige Kommissionen des RGW gebildet.

Eine Verbesserung der Plankoordinierung und anderer Formen der Zusammenarbeit war nur möglich, wenn dafür auch in den RGW-Ländern allmählich die volkswirtschaftlichen Kennziffern und Nomenklaturen vereinheitlicht und auf dieser Basis aussagefähige und in der Planungspraxis verwendbare Analysen der ökonomischen Entwicklung durchgeführt wurden. Dieser außerordentlich komplizierten und auch heute noch nicht voll bewältigten Aufgabe widmete sich die im Juni 1962 gegründete Ständige Kommission des RGW für Statistik.

Mit der Bildung der Ständigen Kommission für die Koordinierung der wissenschaftlichen und technischen Forschung (Juli 1962) wurde den neuen Anforderungen an eine enge Verbindung von Wissenschaft, Technik und Produktion entsprochen. Gleichzeitig wurden organisatorische Voraussetzungen geschaffen, um durch internationale Spezialisierung und Kooperation in Forschung und Entwicklung die Wissenschaft als Produktivkraft gemeinsam zu nutzen.

Die Realisierung der Beschlüsse der 30. Sitzung des Exekutivkomitees des RGW über vertragliche Regelungen und materielle Stimulierung der internationalen Kooperation führte zu einem bedeutenden Ausbau der Forschungskoordinierung. Dabei brachte die Koordinierung der Pläne sowohl für 1966 bis 1970 als auch für 1971 bis 1975 auf vielen Gebieten beachtliche Ergebnisse in der arbeitsteiligen beziehungsweise gemeinsamen Forschung. Als Beispiel sei hier nur die Zusammenarbeit in der Schweißtechnik genannt. Allein von 1966 bis 1971 wurden mehr als 35 Arten von Ausrüstungen und Apparaturen für einzelne Schweißverfahren auf den verschiedenen Gebieten der Volkswirtschaft entwickelt. Viele neue Schweißgeräte konnten in die Praxis eingeführt werden. Besonders das Verfahren für das Schweißen von hochlegierten Stählen erwies sich als nutzbringend.

Im Rahmen dieser Forschungskoordinierung entfalteten sich intensive Direktbeziehungen zwischen den Forschungseinrichtungen der RGW-Länder. Um diese vielfältigen Beziehungen besser leiten und planen zu können, wurde die Ständige Kommission des RGW für die Koordinierung der wissenschaftlichen und technischen Forschungen auf Beschluß der XXV. Tagung des RGW im Jahre 1971 in das Komitee des RGW für wissenschaftlich-technische Zusammenarbeit umgebildet.

Wichtig für die Kooperation in Wissenschaft und Technik war das in Weiterentwicklung bereits bestehender Regelungen im Jahre 1972 beschlossene Dokument über organisatorische, ökonomische und rechtliche Grundlagen der wissenschaftlich-technischen Zusammenarbeit der RGW-Länder. Die Grundsätze dieser Richtlinie werden heute auch in der zweiseitigen Zusammenarbeit angewendet. Dieses Dokument enthält die Hauptrichtungen der Zusammenarbeit, die Ordnung für ihre Planung und Finanzierung, Formen und Bedingungen für die Übergabe wissenschaftlich-technischer Ergebnisse und ihrer Nutzung, die Verantwortlichkeit der Partner für eingegangene Verpflichtungen und die Ordnung für die Lösung von Streitfragen.

Im Juni 1962 wurde auch die Ständige Kommission des RGW für Standardisierung gebildet, zu deren Aufgaben Fragen der Vereinheitlichung, Typisierung und anderes mehr gehörten, die zuvor in einzelnen Ständigen Kommissionen ausgewählter Industriezweige nicht zu lösen waren.

Im Jahre 1962 erfolgte darüber hinaus die Gründung des Forschungsinstituts für Standardisierung, das in der Folgezeit mit Fachleuten aus allen RGW-Ländern besetzt wurde.

Dieses Institut führt vor allem theoretische und experimentelle Forschungen zur Standardisierung durch. Es gibt Empfehlungen zur Vereinheitlichung nationaler und zur Schaffung neuer Standards, unterbreitet Vorschläge für die Vereinheitlichung wichtiger Erzeugnisarten, für die Einführung progressiver Standards in die Volkswirtschaft und berechnet den Nutzen solcher Maßnahmen.

Eine weitere Ständige Kommission mit gesamtvolkswirtschaftlichen Aufgaben war die von der XVII. Tagung des RGW im Dezember 1962 beschlossene Ständige Kommission des RGW für Valuta- und Finanzfragen. Vor Bildung dieser Ständigen Kommission wurden entsprechende Fragen auf Tagungen der Vertreter der Zentralbanken sozialistischer Länder beraten. Von nun ab befaßte sich in erster Linie die Ständige Kommission des RGW für Valuta- und Finanzfragen mit solchen entscheidenden Aufgaben wie: die Vervollkommnung der Verrechnungen des Warenumsatzes, die Vereinfachung und Vereinheitlichung der geltenden Zahlungsbedingungen und die Erweiterung der mehrseitigen Clearingoperationen. Sie beriet ferner Probleme der Valutaoperationen mit Banken kapitalistischer Länder sowie die Währungslage auf dem kapitalistischen Weltmarkt.

Nach Gründung der Internationalen Bank für Wirtschaftliche Zusammenarbeit (IBWZ) im Jahre 1964 wurde die Vervollkommnung des Systems der mehrseitigen Verrechnung in transferablen Rubeln zentrales Anliegen dieser Kommission. Darüber hinaus befaßte sie sich mit der Entwicklung von Valuta- und Finanzinstrumenten für die Spezialisierung und Kooperation der Produktion, arbeitete Methodologien für die Bestimmung der Kaufkraft der Währungen aus, klärte finanzielle Fragen für den gemeinsamen Bau und Betrieb von Wirtschaftsobjekten, für die Bildung und Unterhaltung internationaler Institute und Einrichtungen und führte einen regen Erfahrungsaustausch über Finanz- und Kreditfragen in den RGW-Ländern durch. Auch die grundlegenden Regelungen über den Umtausch nationaler Währungen für den individuellen Reiseverkehr (Dienst- und Privatreisen) sowie für andere nichtkommerzielle Verrechnungen wurden in der Kommission ausgearbeitet.

Die Aufgabenbereiche dieser Ständigen Kommissionen machen deutlich, daß die wirtschaftliche Zusammenarbeit im RGW nunmehr auf entscheidende Querschnittsbereiche der Volkswirtschaften ausgedehnt wird. Immer stärker wird dabei der volkswirtschaftlichen Komplexität Rechnung getragen.

Die XVIII. Tagung des RGW im Juli 1963 in Moskau beschloß die Bildung der Ständigen Kommission des RGW für radiotechnische und elektronische Industrie und der Ständigen Kommission für Geologie. Die 1958 für die Leicht- und Lebensmittelindustrie geschaffene Ständige Kommission wurde im Jahre 1963 in zwei selbständige Kommissionen geteilt, in eine für die Leicht- und eine für die Lebensmittelindustrie.

Mit der Bildung der Ständigen Kommission für radiotechnische und elektronische Industrie trugen die RGW-Länder vor allem der raschen Entwicklung dieser wichtigen Industriezweige unter den Bedingungen der wissenschaftlich-technischen Revolution Rechnung. Sie schufen somit die Möglichkeit, den Aufbau dieser neuen Industriezweige von vornherein arbeitsteilig im Rahmen des RGW zu organisieren.

Die Ständige Kommission für Geologie (Juli 1963) beschleunigte die Koordinierung bei der Erkundung von Rohstoffen und die damit im Zusammenhang stehenden gemeinsamen Schritte zur langfristigen Lösung der aktuellen Rohstoff-, Brennstoff- und Energieprobleme im Rahmen des RGW.

Mit den Ständigen Kommissionen für Leichtindustrie und Lebensmittelindustrie konnte die internationale Zusammenarbeit auf dem wichtigen Gebiet der Konsumgüterproduktion erweitert und vertieft werden.

Ähnlich wie die Ständigen Kommissionen arbeiten die in dieser Periode geschaffenen Organe mit der Bezeichnung „Beratung". Dazu gehören die Beratungen der Leiter der Organe der Wasserwirtschaft (seit 1962), der Minister für Binnenhandel (seit 1972), der Leiter der Ämter für Erfindungswesen (seit 1972), der Vertreter für Rechtsfragen (seit 1970), der Vertreter der Befrachtungs- und Reedereiorganisationen, der Leiter der Preisämter sowie die Beratung der Vertreter der Mitgliedsländer des RGW in der Kommission für die Zusammenarbeit des RGW mit der Republik Finnland.

Die Beschlüsse der Parteienberatung von 1962 bildeten ferner die Grundlage für den Aufbau eines leistungsstarken hauptamtlichen Sekretariats des RGW.

Mit gemeinsamen Mitteln der Mitgliedsländer wurde in Moskau ein Gebäudekomplex des RGW errichtet, nach dessen Fertigstellung alle noch in einzelnen Ländern untergebrachten Abteilungen des RGW-Sekretariats (zum Beispiel die Abteilungen für chemische Industrie und für Bauwesen in Berlin) im Interesse der Konzentration des Arbeitsapparates nach Moskau übersiedelten.

Internationale Einrichtungen und zwischenstaatliche Organisationen

Die Vervollkommnung der wirtschaftlichen Zusammenarbeit im RGW kam, wie schon erwähnt, nicht zuletzt im Entstehen kollektiver Einrichtungen zum Ausdruck. Ihre Funktionen waren entsprechend ihren Zielen und Aufgaben unterschiedlich. „Die Bedeutung dieser Einrichtungen für die Entwicklung der Zusammenarbeit ist vielgestaltig. Sie reicht von der Lösung laufender Probleme auf konkreten Gebieten der Wirtschaft zur Erhöhung der Arbeitsproduktivität über das Sammeln von Erfahrungen für die Organisation multilateraler Verbindungen bis zur Teilnahme an der Gestaltung jenes hochorganisierten Mechanismus der Zusammenarbeit, der sich allmählich in dem Maße herausbilden wird, in dem die entsprechenden Voraussetzungen heranreifen." [103]

103 M. W. Senin, Sozialistische Integration, a. a. O., S. 194

Nach der Gründung des gemeinsamen Instituts für Kernforschung in Dubna (1956) begann Ende der fünfziger Jahre mit dem Beschluß der X. Tagung des RGW im Jahre 1958 zum Bau der Erdölleitung „Freundschaft“ und dem Beschluß der XI. Tagung des RGW im Jahre 1959 zur Vereinigung der Energiesysteme die Bildung weiterer gemeinsamer Einrichtungen.

Nachdem einzelne Abschnitte schon bis 1962 errichtet waren, konnte Ende 1964 die gesamte Leitung auf einer Länge von über 4500 km in Betrieb genommen werden. Die Erdölleitung schuf entscheidende Voraussetzungen für die Entwicklung der Petrolchemie in der Ungarischen VR, DDR, VR Polen und ČSSR. Die Gesamtkosten, die sich auf etwa 400 Mio Rubel beliefen, hatten sich nach überschlägigen Berechnungen bereits 1966 amortisiert. Bis 1972 wurden etwa 170 Mio t Erdöl durch diese Leitung gepumpt, davon 65 Mio t in die ČSSR, 46 Mio t in die DDR, 34 Mio t in die VR Polen und 25 Mio t in die Ungarische VR. Bis zum 1. Januar 1974 waren es etwa 245 Mio t.

In den Jahren 1965 bis 1966 wurde zwischen der ČSSR und der UdSSR vereinbart, einen zweiten Strang der Erdölleitung bis zur Grenze der ČSSR zu errichten. Dieser zweite Strang wurde im Jahre 1968 in Betrieb genommen.

Auch die auf der IX. Tagung des RGW beschlossene Vereinigung der Energiesysteme wurde schnell verwirklicht. 1960 wurden die Systeme der DDR, ČSSR, VR Polen und Ungarischen VR durch 220 kV-Verbindungsleitungen zusammengeschlossen. Danach erfolgte der Anschluß der Energiesysteme der Westukrain e(1962), der SR Rumänien (1963) und der VR Bulgarien (1967).

Die Vereinigung der Energiesysteme schafft die Voraussetzungen, die Investitionen in der Energiewirtschaft zu senken, denn der Verbundbetrieb ermöglicht die gegenseitige Hilfe in Havariefällen, die Ausnutzung zeitlich unterschiedlicher Belastungen der Energiesysteme in den einzelnen Ländern, eine hohe Konzentration der Elektroenergiekapazitäten durch Errichtung von Aggregaten großer Einheitskapazität, die Senkung der Verluste an Elektroenergie in den Netzen der Länder durch den mehrseitigen Austausch von Elektroenergie, einschließlich der gegenseitigen Energieversorgung in Grenzgebieten aus territorial nahegelegenen Kraftwerken benachbarter Länder. Der reine Nutzen aus der Vereinigung der Energiesysteme der Länder, das heißt die Aufwendungen zum Bau von Verbindungsleitungen für die Energieübertragung einberechnet, wird ungefähr auf 1200 MW Kraftwerkskapazität geschätzt. Dadurch können die Länder auf die Errichtung zusätzlicher Kapazitäten in ihrem Energiesystem verzichten. Die Einsparung durch Energieaustausch auf Grund unterschiedlicher Belastung der parallel arbeitenden Energiesysteme betrug nach Berichtsangaben der Zentralen Dispatcher-Verwaltung im Jahre 1972 1100 MW im Winter und 1800 MW im Sommer.

Heute verfügen die RGW-Länder bereits über ein leistungsfähiges vereinigtes Energiesystem. Bei Schaffung der zentralen Dispatcherverwaltung besaßen alle Kraftwerke dieser Vereinigung 28499 MW, zu Beginn des Jahres 1973 waren es bereits 62000 MW. Die parallel arbeitenden Systeme versorgen heute ein Territorium von etwa 1,8 Mio km² und mehr als 110 Mio Einwohner mit Elektroenergie. 1972 betrug dabei der gegenseitige Austausch von Elektroenergie bereits 15,9 Mrd. kWh oder 5,2 Prozent der gesamten Elektroenergieerzeugung der parallel arbeitenden Kraftwerke.

Die jetzt in Angriff genommene Errichtung einer 750 kV-Leitung aus der UdSSR in die Ungarische VR wird die Kapazität der vereinigten Energiesysteme und die Möglichkeiten ihrer rationellen Nutzung, vor allem durch Energieaustausch, bedeutend erhöhen.

In den sechziger Jahren nahmen auch zwischenstaatliche Wirtschaftsorganisationen in der Eisenmetallurgie, Wälzlagerindustrie und der chemischen Industrie ihre Tätigkeit auf. Die letztgenannten Einrichtungen haben im Unterschied zum Energieverbundsystem ihren ökonomischen Aufgaben nach „nicht unmittelbar produktive oder verteilende, sondern eher planökonomische Funktionen . . ., obwohl eine Entwicklung auch zu Organisationen der wirtschaftlichen Rechnungsführung nicht ausgeschlossen ist"[104]. Ihre Hauptaufgaben bestehen darin, die Entwicklung der Produktion in den entsprechenden Zweigen zu prognostizieren und zu koordinieren, die Spezialisierung und Kooperation der Produktion zu fördern, Vorschläge zur Vereinheitlichung von Standards sowie technische Bedingungen für die Lieferung der Erzeugnisse auszuarbeiten und die Verwirklichung der Vorschläge zu kontrollieren.[105]

Die internationale Organisation für die Zusammenarbeit der sozialistischen Länder auf dem Gebiet der Eisenmetallurgie („Intermetall") wurde 1964 von Vertretern der Ungarischen VR, der VR Polen und der ČSSR gegründet. Wenig später traten die UdSSR, die DDR und die VR Bulgarien diesem Abkommen bei, und seit Februar 1970 gibt es auch ein Protokoll über die Zusammenarbeit zwischen „Intermetall" und der rumänischen Organisation „Metallimport". 1968 war bereits mit der Vereinigung jugoslawischer Hüttenwerke eine Zusammenarbeit vereinbart worden.

„Intermetall" koordiniert die Produktion und Zusammenarbeit bei Walzstahl, Stahlrohren und Erzeugnissen weiterer metallurgischer Ver-

[104] Ebenda, S. 182f.

[105] Vgl. ebenda, S. 183

arbeitungsstufen nach einer vereinbarten Nomenklatur. 1969 wurden über „Intermetall" 99 kt Metallerzeugnisse ausgetauscht, 1971 waren es fast 2 Mio t.

Besonders in der Spezialisierung von Profilmaßen konnten bedeutende Fortschritte erzielt werden. Nach einem optimalen Modell ist die Fertigung von 69 Profilmaßen durch 30 Walzwerke der RGW-Länder vorgesehen.[106] Nicht zuletzt hat auch die Arbeit dieser internationalen Organisation dazu beigetragen, daß die RGW-Länder insgesamt in der Walzgutfertigung einen führenden Platz in der Welt einnehmen.

Gegenwärtig arbeitet „Intermetall" an Grundkonzeptionen der Schwarzmetallurgie der RGW-Länder für eine lange Perspektive und bereitet auf dieser Grundlage Vorschläge zur Spezialisierung und Kooperation der Produktion von Walzstahl und Rohren sowie auch zur Errichtung entsprechend neuer Kapazitäten vor.

1964 erfolgte die Gründung des „Wälzlagerkomitees" (Organisation für die Zusammenarbeit in den Wälzlagerindustrien). Ziel dieser Organisation ist es, die Produktionskapazitäten rationell zu nutzen, den internationalen Erfahrungsaustausch zu organisieren und auf eine effektive Spezialisierung in Forschung und Produktion einzuwirken.

Im Ergebnis der erfolgreichen Arbeit des „Wälzlagerkomitees" konnten die Produktionskosten für Erzeugnisse der Wälzlagerindustrie in den RGW-Ländern von 1966 bis 1970 nach ungefähren Schätzungen um 11 bis 15 Prozent gesenkt werden bei einem Anstieg der Lebensdauer dieser Erzeugnisse um fast 15 Prozent. Vom Gesamtbedarf an Wälzlagern können die RGW-Länder aus ihrem gemeinsamen Produktionsaufkommen 98 Prozent decken.[107]

Nicht zuletzt hat dieses Komitee dazu beigetragen, daß sich in den Teilnehmerländern der OZWI von 1964 bis 1970 die Wälzlagerproduktion auf 174 Prozent erhöhte und auch die gegenseitigen Lieferungen etwa im gleichen Umfange wuchsen. Entsprechend der perspektivischen Bilanz des Bedarfs, der Produktion, des Exports und Imports von Wälzlagern im Rahmen dieser Organisation, die für die Jahre von 1971 bis 1975 ausgearbeitet wurde, sollen die Wälzlagerproduktion in diesem Zeitraum auf 158 Prozent und die gegenseitigen Lieferungen auf 178 Prozent ansteigen.

Die Organisation für die Zusammenarbeit auf dem Gebiet kleintonnagiger chemischer Erzeugnisse, „Interchim", wurde erst einige Jahre später, am 17. Juli 1969, gegründet. Ihr gehören alle europäischen RGW-Länder sowie die SFRJ an.

106 Vgl. B. Poklad, B. Schewtschenko, RGW – Heute und Morgen, Moskau 1973, S. 69 (russ.)

107 Vgl. ebenda, S. 73

Besonders in Verwirklichung des Komplexprogramms hat „Interchim" die Arbeit intensiviert. Es wurden Prognosen für die Produktion und den Verbrauch von Farbstoffen und Pflanzenschutzmitteln bis zum Jahre 1980 beziehungsweise 1990 ausgearbeitet und auf dieser Grundlage Spezialisierungsvorschläge beziehungsweise Vorstellungen über die Schaffung neuer Kapazitäten und über gegenseitige Lieferungen der betreffenden Erzeugnisse unterbreitet.

Die entschlossenen Maßnahmen zur Vertiefung der Wirtschaftsbeziehungen zwischen den RGW-Ländern stellten zwangsläufig das Transportsystem vor neue Probleme. Um die Bewältigung der wachsenden Warenströme besser zu gewährleisten, wurde im Jahre 1964 der Gemeinsame Güterwarenpark der Mitgliedsländer des RGW (OPW) gegründet.

Mit Hilfe dieser multilateralen Vereinigung konnten der Transportraum im internationalen Verkehr der beteiligten RGW-Länder rationeller genutzt, der Wagenumlauf beschleunigt und die internationalen Eisenbahnstrecken sowie die Grenz- und Rangierbahnhöfe besser ausgelastet werden. Fortschritte wurden auch in der Standardisierung des Waggonparks und in der Mechanisierung der Be- und Entladearbeiten erreicht.

Anfangs gehörten zum gemeinsamen Park 95000 Waggons, zu Beginn des Jahres 1973 waren es 249300. Gegenwärtig werden ungefähr zwei Drittel aller Güter, die auf den internationalen Linien der Teilnehmerländer des OPW transportiert werden, in Waggons dieser Vereinigung befördert.

Neben multilateralen internationalen Einrichtungen entstanden in den sechziger Jahren bilaterale Organisationen: die ungarisch-polnische Gesellschaft „Haldex" zur Verarbeitung von Kohlehalden, das 1965 gegründete ungarisch-bulgarische Unternehmen „Intransmasch" auf dem Gebiet der Ausrüstungen für den innerbetrieblichen Transport und die ebenfalls 1965 gegründete ungarisch-bulgarische Organisation „Agromasch". Vor allem die Entwicklung von „Agromasch" zeigt, daß bilateral gegründete Einrichtungen jederzeit Grundlage für mehrseitige Zusammenarbeit sein können. „Agromasch", eine Organisation zur Koordinierung, Spezialisierung und Kooperation der Produktion von technischen Ausrüstungen und Maschinen des Obst-, Wein- und Gemüseanbaus, wurde durch den Beitritt der UdSSR (1969) und der DDR (1973) zu einer multilateralen Einrichtung.

Grundsätzlich kann gesagt werden, daß auch bei multilateralen Organisationen die bilateralen Beziehungen nach wie vor ihre Bedeutung behalten, denn sie werden „immer stärker zu einem wichtigen Mittel der Verwirklichung kollektiv angenommener Entscheidungen"[108]. Auch bei den inter-

108 M. W. Senin, Sozialistische Integration, a. a. O., S. 177

nationalen Einrichtungen, deren Haupttätigkeit Koordinierung, Spezialisierung und Kooperation der Produktion ist, werden die Produktions- und Austauschbeziehungen zwischen den Betrieben der verschiedenen Länder bilateral realisiert. Die Praxis bestätigt immer wieder, daß Umfang und Nutzen der ökonomischen Zusammenarbeit der Mitgliedsländer des RGW in starkem Maße davon abhängen, wie bi- und multilaterale Beziehungen in ihrer Einheit kombiniert werden, wie „alle Hauptglieder des institutionellen Mechanismus (der Ständigen Kommission und anderen Organen des RGW, der spezialisierten internationalen Organisationen, der zweiseitigen Regierungskommission für wirtschaftliche und wissenschaftlich-technische Zusammenarbeit)“ [109] zusammenwirken.

Multilaterales Verrechnungssystem

Von großer Bedeutung für den gesamten Mechanismus der Zusammenarbeit war die Schaffung des Systems mehrseitiger Verrechnungen in transferablen Rubeln. Ab 1. Januar 1964 wurde durch ein entsprechendes Regierungsabkommen, in dem die Gründung der IBWZ beschlossen wurde, der transferable Rubel als die gemeinsame Währung der RGW-Länder eingeführt. Vorher waren die Wirtschaftsbeziehungen zwischen den RGW-Ländern auf der Grundlage des zweiseitigen Clearing-Systems verrechnet worden, das den objektiven Bedingungen der sich gerade erst entwickelnden, im wesentlichen bilateralen Beziehungen entsprach.

Bereits in seiner Bezeichnung wird die Möglichkeit des Transfers der kollektiven Währung vom Konto eines IBWZ-Landes auf die Konten anderer Mitgliedsländer der Bank deutlich. Ihrem ökonomischen Wesen nach unterscheidet sie sich von jeder beliebigen nationalen Währung der RGW-Länder und somit auch vom sowjetischen Rubel. Transferable Rubel entstehen primär nur durch den Export von Waren und Leistungen aus einem Land in andere Länder. Deshalb hat kein RGW-Land die Möglichkeit, transferable Rubel zu erwirtschaften, ohne vorher Waren verkauft zu haben. Die Mitgliedsländer des RGW sind also gleichberechtigt an der Bildung und Verwendung der kollektiven Währung beteiligt. Die Realität der Kaufkraft der transferablen Rubels wird dadurch gewährleistet, daß er untrennbar mit dem planmäßigen Warenumsatz verbunden ist und daß die Preise im gegenseitigen Handel der RGW-Länder stabil und nicht von der Konjunktur des kapitalistischen Weltmarktes abhängig sind. Der transferable Rubel ist daher stabil und zuverlässig.

[109] J. S. Schirjajew, Die sozialistische ökonomische Integration, Berlin 1973, S. 40

Alle Fragen der Währungs-, Verrechnungs- und Kreditpolitik in transferablen Rubeln werden von den Mitgliedsländern der IBWZ gemeinsam gelöst, wobei jedes Land unabhängig von seinem Anteil am Grundkapital der Bank eine Stimme bei der Entscheidungsfindung hat.

Seit Gründung der IBWZ werden alle Verrechnungen der RGW-Länder, die sich aus zwei- und mehrseitigen Abkommen sowie Einzelverträgen über gegenseitige Warenlieferungen, Dienstleistungen, Touristenverkehr und aus Abkommen über andere Zahlungen ergeben, über diese Bank abgewickelt. Das Grundkapital der IBWZ beträgt 300 Mio transferable Rubel; entsprechend dem Anteil am Exportvolumen im gegenseitigen Handel beläuft sich der Anteil der DDR am Grundkapital auf 55 Mio Rubel.

Den größten Anteil an den Bankoperationen in transferablen Rubeln, etwa 95 Prozent, haben Verrechnungen gegenseitiger Warenlieferungen. 1972 belief sich der Gesamtumsatz der IBWZ auf 88 Mrd. transferable Rubel, gegenüber 32,5 Mrd. im Jahre 1964. Die gegenseitigen Verrechnungen, die von den RGW-Ländern über die IBWZ in transferablen Rubeln vorgenommen wurden, erhöhten sich von 22,9 Mrd. im Jahre 1964 auf 48 Mrd. im Jahre 1973. Auch die laufenden Operationen in konvertierbarer Währung stiegen in dem genannten Zeitraum von 0,9 Mrd. auf 29,5 Mrd. transferable Rubel. Im Jahre 1972 hatte die IBWZ Korrespondenz- und Geschäftsbeziehungen zu fast 300 großen Bankinstituten der Welt.

4.4. Die wirtschaftliche Entwicklung der DDR in den Jahren 1961 bis 1970 und die Zusammenarbeit mit den RGW-Ländern

Die Sozialistische Einheitspartei Deutschlands und die Regierung der DDR leisteten zum skizzierten weiteren Ausbau der politischen und wirtschaftlichen Zusammenarbeit der Länder des Warschauer Vertrages und des RGW ihren Beitrag. Die in den fünfziger Jahren ausgearbeitete Politik der festen Eingliederung der DDR in die sozialistische Staatengemeinschaft und der engen Zusammenarbeit mit der UdSSR wurden fortgesetzt und weiterentwickelt.

In den fünfziger Jahren war es in der DDR gelungen, die Spaltungsdisproportionen in der Volkswirtschaft wesentlich zu reduzieren, die Grundstoff- und Schwerindustrie bedeutend auszubauen, die genossenschaftliche Produktionsweise in der Landwirtschaft zu stabilisieren und den volkseigenen Sektor in den übrigen Bereichen der Wirtschaft zur eindeutig vorherrschenden gesellschaftlichen Produktionsform zu machen. Bei rascher Entwicklung der Produktivkräfte und ständig steigender Arbeitsproduktivität konnten die sozialistischen Produktionsverhältnisse zunehmend gefestigt werden. Im Jahre 1961 wurden 85 Prozent des gesellschaftlichen Gesamtprodukts unter sozialistischen Produktionsverhältnissen geschaffen, davon 70 Prozent im volkseigenen und 15 Prozent im genossenschaftlichen Sektor. Knapp 90 Prozent des Bruttoprodukts der Industrie entfielen auf VEB.[110] Dieser Prozeß sozialistischer Umgestaltung und Industrialisierung war begleitet von immer stärkerer Verflechtung mit den Volkswirtschaften der anderen RGW-Länder.

Welch hohe Bedeutung wirtschaftliche Verflechtung und politische Solidarität der RGW-Länder für die DDR hatten, zeigt sich zu Beginn der sechziger Jahre bei wiederholten Angriffen des Imperialismus. Vor allem die aggressiven und revanchistischen Kreise in der BRD ließen nichts unversucht, die erfolgreiche Entwicklung in der DDR zu bremsen.

Zum 31. Dezember 1960 wurden durch die Bonner Regierung das Handelsabkommen mit der DDR und das Zusatzabkommen über die Bezahlung der Dienstleistungen gekündigt.

Bonn unterzeichnete damals auch nicht den zwischen Vertretern der UdSSR und der BRD ausgearbeiteten Handelsvertrag. Damit sollte die Sowjetunion unter Druck gesetzt und veranlaßt werden, der Bonner „Deutschlandspolitik" keine Hindernisse in den Weg zu legen. Die reaktionären Kräfte der BRD ließen auch nichts unversucht, andere kapitalistische Länder zu bewegen, die wirtschaftlichen Verbindungen zur DDR zu lösen.

Sicherung der Staatsgrenze

Am 13. August 1961 wurden die Sicherungsmaßnahmen zum Schutz der Staatsgrenze der DDR durchgeführt. Sie dienten der Sicherung des Friedens und waren eine unerläßliche Voraussetzung für die Nutzung der ökonomischen Gesetze des Sozialismus in der DDR.

Die politische und militärische Sicherung der Staatsgrenze der DDR entsprach den Interessen aller sozialistischen Länder und war damit eine Aufgabe der gesamten sozialistischen Staatengemeinschaft. Neben erhöhten Anstrengungen in der DDR waren zugleich wirtschaftliche Aktionen der RGW-Länder wichtige Bedingungen, um den von den Imperialisten organisierten Druck auf die DDR und das sozialistische Lager beseitigen zu können. Die Maßnahmen der ökonomischen Aggression, wie gezielte Abwerbung und andere Wirtschaftssabotage, waren Bestandteil eines massiven Angriffs auf die Existenz der DDR.

[110] Vgl. Programm der Sozialistischen Einheitspartei Deutschlands, Berlin 1963, S. 44f.

Die Sowjetunion und auch andere RGW-Länder übernahmen 1960/1961 weitgehend die Lieferungen der für die wirtschaftliche Entwicklung und für die Versorgung der Bevölkerung der DDR lebensnotwendigen Güter, die auf Betreiben revanchistischer Kreise von der BRD und anderen imperialistischen Ländern ausfielen. Kurzfristig wurden im Interesse der DDR bestimmte Produktionen ausgebaut oder für andere Länder vorgesehene Exporte umgeleitet. Um ihre Volkswirtschaft ohne wesentlichen Tempoverlust weiterentwickeln zu können, erhielt die DDR am 5. März 1962 von der Sowjetunion einen Warenkredit in Höhe von 1,3 Mrd. Valuta-Mark.

Die gemeinsamen Anstrengungen der RGW-Länder vereitelten die Versuche der Imperialisten, die sozialistische Entwicklung in der DDR und der sozialistischen Staatengemeinschaft zu stören. Das trug, gemeinsam mit den Leistungen der Werktätigen in der DDR, dazu bei, die Volkswirtschaft unserer Republik in den Jahren nach 1961 zu stabilisieren und die eigenen sozialistischen Fundamente besser zu schützen.

Mit der Beseitigung der negativen Einflüsse durch die aggressive Politik und systematische Störtätigkeit seitens der herrschenden imperialistischen Kreise der BRD im August 1961 setzte sich die Entfaltung der sozialistischen Produktionsverhältnisse in der DDR mit raschem Tempo fort. So konnte auf dem vom 15. bis 21. Januar 1963 stattfindenden VI. Parteitag der SED der Sieg der sozialistischen Produktionsverhältnisse in der DDR festgestellt und der umfassende Aufbau des Sozialismus als Hauptinhalt der weiteren Entwicklung beschlossen werden. Mit dem Sieg der sozialistischen Produktionsverhältnisse verbunden war die nun nach außen abgesicherte Wirkung der ökonomischen Gesetze des Sozialismus, deren Ausnutzung zu einer der entscheidendsten Aufgaben wurde. In dem auf dem VI. Parteitag einstimmig angenommenen Programm der SED heißt es dazu, daß der gesellschaftliche Fortschritt und das Lebensniveau des Volkes nach dem Sieg der sozialistischen Produktionsverhältnisse davon abhängen, „wie die Partei, der Staat, die Arbeiterklasse, die Genossenschaftsbauern und die anderen Werktätigen das ökonomische Grundgesetz des Sozialismus und die anderen ökonomischen Gesetze, insbesondere das Gesetz der planmäßigen, proportionalen Entwicklung der Volkswirtschaft, das Gesetz des stetigen Wachstums der Arbeitsproduktivität, das Gesetz der Verteilung nach der Leistung und das Wertgesetz, ausnutzen“ [111].

Mit dieser Zielrichtung für die gesellschaftliche Entwicklung wurden auf dem VI. Parteitag der SED auch die Grundaufgaben in der Volkswirtschaft bestimmt. Schwerpunkte waren die Entwicklung der chemischen

[111] Ebenda, S. 71

Industrie, insbesondere der Petrolchemie, der Ausbau der metallurgischen Industrie, vor allem ihrer zweiten Verarbeitungsstufe, die Förderung der elektrotechnischen und elektronischen Industrie, bestimmter Zweige des Maschinenbaus, des wissenschaftlichen Gerätebaus, die rasche Entwicklung der Energiewirtschaft und des Verkehrswesens sowie die weitere Intensivierung der Landwirtschaft durch allmählichen Übergang zu industriemäßigen Produktionsmethoden. Als ständige Aufgabe wurde dabei die engste Zusammenarbeit mit der Sowjetunion und den anderen sozialistischen Ländern auf entscheidenden Gebieten der Forschung und die planmäßige Entwicklung der Koordinierung der Volkswirtschaften bezeichnet.[112]

Vervollkommnung der Leitung und Planung

Ausgehend vom erreichten Entwicklungsstand der Volkswirtschaft, den hohen Zielstellungen für die Zukunft und der zunehmenden Bedeutung des wissenschaftlich-technischen Fortschritts, wurde es notwendig, die Leitung und Planung der Volkswirtschaft zu verbessern. Mit dem wissenschaftlich-technischen Fortschritt und der Entfaltung der sozialistischen Produktionsverhältnisse war auch eine wachsende Aktivität der Werktätigen zu verzeichnen, die zunehmend höhere Anforderungen an die wirtschaftsleitenden Organe stellte und eine Vervollkommnung und Weiterentwicklung des Systems der Leitung und Planung verlangte.

Im Juni 1963 fand eine Wirtschaftskonferenz des Zentralkomitees der SED und des Ministerrates der DDR statt, mit der die Einführung des neuen ökonomischen Systems der Planung und Leitung begonnen wurde. Zielrichtung dieser Wirtschaftsreform war es, alle gesellschaftlichen Kräfte auf die Ausnutzung der ökonomischen Gesetze zu orientieren. Als Hauptaufgaben des neuen ökonomischen Systems der Planung und Leitung wurden damals formuliert:

– Vervollkommnung der zentralen staatlichen Planung, klare Festlegung der Verantwortlichkeiten der wirtschaftsleitenden Organe der zentralen Staatsorgane, der einzelnen Zweige, Kombinate und Betriebe entsprechend dem Prinzip des demokratischen Zentralismus;

– wissenschaftliche Erarbeitung der Pläne durch vorrangige Orientierung auf qualitative Kennzahlen (Überwindung der „Tonnenideologie"), stärkere Einbeziehung der Betriebe in den Planungsprozeß und bessere Planabstimmungen zwischen allen verantwortlichen Wirtschaftsorganen;

[112] Vgl. ebenda, S. 75ff.

– Weiterentwicklung der wirtschaftlichen Rechnungsführung auf der Grundlage der zentralen staatlichen Planung durch stärkere Ausrichtung auf den ökonomischen Nutzeffekt. Dazu gehörten die aktivere Nutzung der Wertkategorien wie Gewinn, Preis, Kredit, Lohn und Prämie, die Umstellung der Betriebe auf die Eigenerwirtschaftung ihrer Mittel, die Verbesserung der vertraglichen Beziehungen in der Wirtschaft und anderes mehr.

Bei der Verwirklichung dieser Aufgaben ging es vor allem darum, den wissenschaftlich-technischen Fortschritt in der materiellen Produktion mit aller Konsequenz durchzusetzen, den Ressortgeist zu überwinden und zu einer komplexen ökonomischen Leitung der Wirtschaft überzugehen.

Durch Einführung und Weiterentwicklung des neuen ökonomischen Systems und die Verwirklichung der im Programm der SED gestellten Aufgaben konnten in der Entwicklung der Volkswirtschaft der DDR, auch bei der Verbesserung ihrer Struktur, Erfolge erzielt werden. Bei einem Wachstum der Industrieproduktion um rund 25 Prozent zwischen 1962 und 1966 erhöhte sich die Produktion der elektronischen Industrie und der Zweige der feinmechanischen und optischen Industrie um 50 Prozent, der Meß-, Steuer- und Regeltechnik sogar um 85 Prozent. In der Landwirtschaft erfolgte der schrittweise Übergang zu industriemäßigen Methoden der Produktion durch fortschreitende Entwicklung der Kooperationsbeziehungen, durch weitere Spezialisierung und Konzentration. In der Verbesserung der Arbeits- und Lebensbedingungen der Bevölkerung sind vor allem die 1966 eingeführte 45-Stunden-Woche und später die 5-Tage-Arbeitswoche sowie das weitere Ansteigen des Durchschnittslohnes zu nennen.

Neue Freundschaftsverträge

In die Mitte der sechziger Jahre fällt der Abschluß neuer Freundschaftsverträge zwischen den Staaten des Warschauer Vertrages. Für die Entwicklung der DDR war neben der politischen auch die wirtschaftliche Funktion dieser Verträge von hoher Bedeutung, denn sie festigten die enge Zusammenarbeit der DDR mit ihren Partnern im RGW.

An erster Stelle ist hier der Vertrag mit der UdSSR vom 12. Juni 1964 zu nennen. Er war die Weiterführung des Vertrages zwischen der DDR und der UdSSR vom 20. September 1955, dessen Aufgaben im wesentlichen erfüllt waren. Der neue Vertrag fixierte Grundsätze, Ziele, Hauptwege und Perspektiven der weiteren allseitigen sozialistischen Beziehungen zwischen beiden Ländern. Er bestätigte die langjährige Erfahrung, daß die

Sowjetunion für die DDR wie auch für die anderen sozialistischen Länder die Hauptstütze im Kampf gegen imperialistische Angriffe und für den erfolgreichen Aufbau der sozialistischen Gesellschaftsordnung ist.

Im Programm der SED wird festgestellt: „Ausgangspunkt und Basis des sozialistischen Weltsystems ist die UdSSR."[113] „Die Stellung zur Sowjetunion – dem Zentrum der internationalen Arbeiterbewegung ... – ist heute wie eh und je der Prüfstein für die Politik der kommunistischen und Arbeiterparteien und der sozialistischen Staaten"[114].

Diese grundlegende Erkenntnis von der führenden Stellung der Sowjetunion im sozialistischen Weltsystem wird auch daran deutlich, daß gerade in dieser Frage immer wieder revisionistische und imperialistische Angriffe einsetzen. Der Vertrag zwischen der UdSSR und der DDR sowie die Verträge über Freundschaft, Zusammenarbeit und Beistand der UdSSR mit den anderen Mitgliedsländern des RGW beweisen in der Praxis, daß keine gesellschaftliche Entwicklung im allgemeinen und ökonomische Entwicklung im besonderen in den RGW-Ländern ohne die enge Zusammenarbeit mit der UdSSR möglich ist. Dieses Bündnis ist eine allgemeine Gesetzmäßigkeit, die mit dem Übergang zur entwickelten sozialistischen Gesellschaft immer notwendiger und zwingender hervortritt.

Nach dem Freundschaftsvertrag mit der UdSSR von 1964 schloß die DDR auch mit den anderen Mitgliedsstaaten des RGW Verträge über Freundschaft, Zusammenarbeit und gegenseitigen Beistand ab: am 15. März 1967 mit der VR Polen, am 17. März 1967 mit der ČSSR, am 18. Mai 1967 mit der Ungarischen VR und am 7. September 1967 mit der VR Bulgarien. Der Vertrag über Freundschaft, Zusammenarbeit und gegenseitigen Beistand mit der SR Rumänien wurde einige Jahre später am 12. Mai 1972 unterzeichnet.

Vertiefung bilateraler Wirtschaftsbeziehungen

Mit den Freundschaftsverträgen konnten die zweiseitigen wirtschaftlichen Beziehungen der DDR und aller anderen RGW-Länder wesentlich intensiviert werden. Das schlug sich vor allem im Beginn und in der Erweiterung der Arbeit der zweiseitigen Ausschüsse für wirtschaftliche und wissenschaftlich-technische Zusammenarbeit zwischen der DDR und diesen RGW-Staaten nieder. So kamen zum Beispiel die UdSSR und die DDR

[113] Ebenda, S. 138
[114] Ebenda, S. 140

am 16. März 1966 überein, die Paritätische Regierungskommission für wirtschaftliche und wissenschaftlich-technische Zusammenarbeit zu bilden, deren Tätigkeit in einer Vielzahl von komplexen Arbeitsgruppen und Ständigen Unterkommissionen zunehmend intensiviert werden konnte.

Im September 1964 wurden mit der UdSSR unter anderem Vereinbarungen über die Zusammenarbeit beim Bau von Atomkraftwerken in der DDR und über gegenseitige Lieferungen komplexer Betriebsausrüstungen für die chemische und erdölverarbeitende Industrie getroffen. Die Kommission für wissenschaftlich-technische Zusammenarbeit DDR – UdSSR beschloß im November 1964 ein Programm über den Austausch von Produktionserfahrungen und Dokumentationen in den wichtigsten Zweigen der Volkswirtschaft. Im April 1965 wurde zwischen den Organen beider Länder ein Abkommen über die gegenseitige Lieferung von Schiffen und Schiffsausrüstungen abgeschlossen. Danach exportiert die DDR in einem volkswirtschaftlich bedeutenden Umfang Fischfang-Gefriertrawler, Seefahrgastschiffe, Hochseefrachter und andere Schiffe in die Sowjetunion.

Das im Dezember 1965 unterzeichnete langfristige Handelsabkommen zwischen beiden Ländern für die Zeit von 1966 bis 1970 sah eine Steigerung des Warenaustausches um 43 Prozent gegenüber dem vorangegangenen Zeitraum vor. Mit einem Volumen von etwa 60 Mrd. Valuta-Mark war es in der bisherigen Handelsgeschichte ohne Beispiel. Es garantierte Lieferungen der UdSSR in die DDR von 36 Mio t Erdöl, 31,5 Mio t Steinkohle, 6 Mio t Eisenerz, 3,7 Mio t Roheisen, 12 Mio t Walzwerkerzeugnissen und 10 Mio m^3 Holz. Das Abkommen sah weiter vor, daß die DDR an die Sowjetunion unter anderem 339 Schiffe, 3130 Reisezugwagen, 5250 Kühlwagen und über 100000 t Walzwerkerzeugnisse exportiert.

Bereits auf der 1. Tagung der Paritätischen Regierungskommission DDR–UdSSR (Juni 1966) wurden Maßnahmen zur „Erweiterung, Vertiefung und Festlegung rationeller Wege der Zusammenarbeit auf wichtigen Gebieten von Wissenschaft und Technik“ [115] beider Länder beraten. Im Mittelpunkt standen dabei die Verbesserung der Struktur und der Arbeitsteilung in der Industrie, die Spezialisierung einiger Erzeugnisse und Erzeugnisgruppen sowie die Herstellung direkter Beziehungen zwischen den Ministerien und Wirtschaftsorganen beider Länder. Auf der 2. Tagung (Januar 1967) der Paritätischen Regierungskommission wurden diese Aufgaben konkretisiert und Forschungsverträge abgeschlossen sowie Expertenvorschläge für die „Kooperation und Spezialisierung der Produktion von Transistoren und Dioden, elektronischen Großdatenverarbeitungsanlagen,

[115] Vgl. Erste Tagung der Regierungskommission DDR–Sowjetunion, in: Neues Deutschland vom 17. 6. 1966

Farbstoffen ..."[116] usw. behandelt. Gleichzeitig erfolgte die Festlegung von Maßnahmen zum Ausbau der Industriekooperation und der Spezialisierung in wichtigen Zweigen des Maschinenbaus und der Elektronik. Im Februar 1967 wurde die direkte Zusammenarbeit der staatlichen Organe und zwischen den Betrieben und Institutionen beider Länder bei der Ausarbeitung von Prognosen und der Entwicklung moderner Methoden der Leitung des Bauwesens beschlossen; im Mai 1967 folgten Vereinbarungen zwischen dem Ministerium für Gerätebau, Automatisierungsmittel und Steuerungssysteme der UdSSR und dem Ministerium für Elektrotechnik/Elektronik der DDR über eine enge Koordinierung der Planung, der gemeinsamen Forschung und Entwicklung sowie über direkte Kontakte zwischen den Betrieben und Institutionen beider Länder. Ferner legten beide Partner, beispielsweise mit dem Regierungsabkommen (Mai 1968) über die Lieferung von Erdgas in die DDR und dem gemeinsamen Bau der Erdgasleitung, wichtige Maßnahmen zur Deckung des steigenden Bedarfs an Roh- und Brennstoffen fest.[117]

Im gleichen Zeitraum konnten auf der Grundlage bilateraler Planabstimmungen über die wirtschaftliche Entwicklung von 1966 bis 1970 auch mit den anderen sozialistischen Bruderländern langfristig stabile Kooperationsbeziehungen und direkte zweiseitige Beziehungen zwischen Industrieministerien, Industriezweigleitungen und anderen Institutionen hergestellt werden.

Der Wirtschaftsausschuß DDR–ČSSR vereinbarte zum Beispiel eine für beide Seiten nützliche Industriekooperation bei Straßenbahnen, Werkzeugmaschinen, Pumpen, chemischen Erzeugnissen, Schuh- und Ledermaschinen sowie Glaserzeugnissen. Der Wirtschaftsausschuß Ungarische VR –DDR traf Entscheidungen über die Kooperation im Werkzeugmaschinenbau, in der Pharmazie, Elektrotechnik/Elektronik (zum Beispiel Röhren und Leuchten), bei Ausrüstungen für die Nahrungs- und Genußmittelindustrie und Landmaschinen. Der Wirtschaftsausschuß DDR–VR Bulgarien organisierte eine enge Zusammenarbeit bei elektrisch betriebenen Flurförderzeugen, Elektrokarren und Elektrokatzen, Werkzeug- und Holzbearbeitungsmaschinen. Hier, wie überall, spiegelten Wachstum und Strukturveränderung im Außenhandel die Koordinierung in der Produktion wider: Bereits 1968 resultierten beispielsweise mehr als 35 Prozent der DDR-Importe an Erzeugnissen der bulgarischen metallverarbeitenden

[116] Zweite Tagung der Paritätischen Regierungskommission DDR – Sowjetunion mit Unterzeichnung des Protokolls beendet, in: Neues Deutschland vom 13. 1. 1967

[117] Vgl. Erdgas aus der UdSSR für unsere Republik, in: Neues Deutschland vom 24. 5. 1968

Industrie aus der im Wirtschaftsausschuß beschlossenen Arbeitsteilung.[118] In den Abkommen mit der VR Polen war die Spezialisierung der Produktion von Erzeugnissen des Maschinenbaus (zum Beispiel elektronische Meßgeräte, Gießereimaschinen), der Herstellung medizinisch-technischer Geräte, von Schiffsfunk- und Navigationsgeräten, Grubenausrüstungen und Kondensatoren von besonderer Bedeutung.

Insgesamt ist zu erkennen, daß im Verlaufe der Koordinierung der Perspektivpläne 1966 bis 1970 und der damit verbundenen Arbeit der Paritätischen Regierungskommission und der zweiseitigen Wirtschaftsausschüsse eine Reihe neuer Elemente in der Zusammenarbeit der RGW-Länder entstand.

Wachstum durch Strukturveränderungen

Mit den Beschlüssen des VII. Parteitages der SED im April 1967 wurde das neue ökonomische System der Leitung und Planung in seine zweite Etappe geführt. Im Mittelpunkt stand die Gestaltung des ökonomischen Gesamtsystems des Sozialismus. K. Hager führte hierzu aus: „In den Beschlüssen des VII. Parteitages haben wir die stärkere Entwicklung des Gesamtzusammenhanges der politischen, ökonomischen, sozialen, kulturellen und ideologischen Prozesse in der Aufgabe zusammengefaßt, den Sozialismus als System zu gestalten."[119]

Als eine der wichtigen Aufgaben des ökonomischen Systems wurde die Schaffung einer effektiven Struktur der Volkswirtschaft formuliert.

Da diese Aufgabe eng mit der sozialistischen internationalen Arbeitsteilung verbunden war, gewann die Einbeziehung der Außenwirtschaft in die Leitung und Planung der Volkswirtschaft immer mehr an Bedeutung. Dabei wurde angestrebt, den Außenhandel systematischer mit der wissenschaftlich-technischen Zusammenarbeit, der Spezialisierung und Kooperation und den Vorlaufphasen der Produktion zu verflechten. Die Ausdehnung der Wirtschaftsreform auf das Gebiet der Außenwirtschaft verfolgte weiter die Absicht, auch in den Beziehungen zwischen den Außenhandels- und Exportbetrieben die wirtschaftliche Rechnungsführung zu stärken und die Eigenerwirtschaftung der Mittel durchzusetzen. Das bis

118 Vgl. Nutzbringendes Wirken zweiseitiger Wirtschaftsausschüsse, in: Presse-Information vom 21. März 1968

119 K. Hager, Die entwickelte sozialistische Gesellschaft. Aufgaben der Gesellschaftswissenschaften nach dem VIII. Parteitag der SED. Referat auf der Tagung der Gesellschaftswissenschaftler am 14. Oktober 1971 in Berlin, Berlin 1972, S. 24

zur gegenwärtigen Zeit mit geringen Veränderungen praktizierte einheitliche Betriebsergebnis in den Exportbetrieben war das Resultat dieser Bemühungen.

Die Entwicklung des Planjahrfünfts von 1966 bis 1970 brachte insgesamt einen Zuwachs des Nationaleinkommens von 29 Prozent,
der industriellen Produktion von 37 Prozent,
der Investitionen von 59 Prozent,
des Außenhandelsumsatzes von 60 Prozent,
des Einzelhandelsumsatzes von 25 Prozent,
des Realeinkommens je Kopf der Bevölkerung von 22 Prozent.[120]

Den Zuwachs des produzierten Nationaleinkommens in der zweiten Hälfte der sechziger Jahre zeigt Tabelle 18.[121]

Tabelle 18

Zuwachs des produzierten Nationaleinkommens der DDR in der zweiten Hälfte der sechziger Jahre

Jahr	absoluter Zuwachs in Mrd. Mark	Zuwachsrate in Prozent
1964	3,8	4,9
1965	3,7	4,6
1966	4,1	4,9
1967	4,7	5,4
1968	4,8	5,1
1969	5,1	5,3
1970	5,8	5,6

Damit konnte im Zeitraum von 1966 bis 1970 mit einem jährlichen durchschnittlichen Zuwachs an Nationaleinkommen von 5,2 Prozent eine erhebliche Steigerung gegenüber dem Zeitraum 1961 bis 1965 mit durchschnittlich 3,5 Prozent erreicht werden. Diese Zunahme resultierte fast ausschließlich aus der Steigerung der Arbeitsproduktivität.[122]

Veränderungen ergaben sich auch in der Struktur der Volkswirtschaft, vor allem durch das vorrangige Wachstum derjenigen Zweige, die den wissenschaftlich-technischen Fortschritt wesentlich bestimmen. Dazu ge-

120 K.-H. Stiemerling, Planmäßig proportionale Entwicklung, Effektivität und Stabilität, in: Einheit, Heft 3/1971, S. 269

121 Vgl. Statistisches Jahrbuch der DDR 1972, Berlin 1973, S. 17

122 Vgl. W. Stoph, Bericht zur Direktive des VIII. Parteitages der SED zum Fünfjahrplan für die Entwicklung der Volkswirtschaft der DDR in den Jahren 1971 bis 1975, Berlin 1971, S. 11.

hörten die Elektrotechnik, die Elektronik und der wissenschaftliche Gerätebau, deren Produktionszuwachs mit 58 Prozent das höchste Entwicklungstempo aller Industriebereiche aufwies. Ebenso konnte die chemische Industrie ihre Warenproduktion von 1965 bis 1970 auf das 1,5fache steigern, wobei sich die Produktion von Chemiefasern etwa verdoppelte und die Herstellung von Plasten auf über 175 Prozent stieg. Auch in einigen Zweigen des Maschinenbaus, wie im Landmaschinenbau mit einer Steigerung auf 163 Prozent, im Chemieanlagenbau auf 219 Prozent sowie in der Feinmechanik/Optik mit einer Steigerung auf 181 Prozent, konnten überdurchschnittliche Wachstumsraten erzielt werden.[123]

Vorteilhaft gestaltete sich der gegenseitige Warenaustausch, der sich über die geplante Entwicklung hinaus (142 Prozent) auf etwa 160 Prozent steigerte. Hierin widerspiegelten sich die gewachsenen internationalen Wirtschaftsbeziehungen.[124]

In der wirtschaftlichen Entwicklung nach 1965 traten jedoch auch Probleme auf, die ihre Ursache darin hatten, daß Strukturentscheidungen nicht immer eine planmäßige und proportionale Entwicklung der Volkswirtschaft sicherten. Die Folge davon war eine Reihe von Disproportionen in der wirtschaftlichen Entwicklung. Es traten teilweise Störungen in den Beziehungen zwischen Zulieferbetrieben und Finalproduzenten auf; Bilanzdefizite bei Wälzlagern, Armaturen, Gußerzeugnissen und Pumpen hemmten das Entwicklungstempo und verminderten die Effektivität. Die Planziele in der Elektroenergieerzeugung konnten auf Grund verschiedener Fehleinschätzungen nicht erreicht werden, zumal auch die Senkung des Primärenergieverbrauchs nicht planmäßig verlief. Probleme gab es auch im Bauwesen und in der Versorgung der Bevölkerung mit Konsumgütern.[125]

Es zeigte sich, daß die Gestaltung einer effektiven Struktur der Volkswirtschaft nur unter umfassender Beachtung des Gesetzes der planmäßigen proportionalen Entwicklung ein stabiles und kontinuierliches Wachstum der Wirtschaft gewährleistet. Volkswirtschaftliche Strukturveränderungen sind heute nur in untrennbarer Verbindung mit der sozialistischen internationalen Arbeitsteilung zu verwirklichen. Insoweit setzten die damaligen Versuche, Einheitssysteme in der Technologie und Technik, in der Datenverarbeitung und im Maschinenbau zu schaffen und Großforschungszentren auf nationaler Ebene zu errichten, in ihren konzeptionellen Linien ein

123 Vgl. W. Stoph, Zum Entwurf des Volkswirtschaftsplanes 1971. Aus der Rede auf der 14. Tagung des ZK der SED, 9.–11. Dezember 1970, Berlin 1970, S. 9f.

124 Vgl. ebenda, S. 11

125 Vgl. ebenda, S. 10f.

System wesentlich stärker entfalteter internationaler Wirtschaftsbeziehungen voraus, wie es erst im Laufe der Verwirklichung des Komplexprogramms möglich wurde. Beispielgebend dafür ist das gemeinsam entwickelte und 1973 eingeführte Rechensystem ESER, an dem sich bis auf die SR Rumänien, Kuba und die Mongolische VR alle RGW-Mitgliedsländer beteiligen.

Hinzu kam, daß die Bedeutung der intensiv erweiterten Reproduktion für die weitere Gestaltung der Wirtschaftspolitik Ende der sechziger Jahre nicht in vollem Umfang erkannt und durchgesetzt wurde. So wurde auf dem VIII. Parteitag der SED festgestellt: „Schon auf der Rationalisierungskonferenz des Zentralkomitees und des Ministerrates im Jahre 1966 stellten wir die intensiv erweiterte Reproduktion in den Mittelpunkt der Wirtschaftspolitik. Doch die ökonomischen Tatsachen sagen aus, daß diese Linie nicht mit voller Konsequenz verfolgt worden ist.“ [126]

Die Beschlüsse des 14. Plenums und des VIII. Parteitages der SED waren für die politische und wirtschaftliche Weiterentwicklung der DDR, besonders für ihre weitere Eingliederung in die sozialistische Staatengemeinschaft, von außerordentlicher Bedeutung. Der VIII. Parteitag zog eine umfassende Bilanz der bisherigen Entwicklung unserer Republik und arbeitete heraus, daß das internationalistische Wesen unserer Gesellschaftsordnung es erforderlich macht, den Aufbau der entwickelten sozialistischen Gesellschaft in der DDR konsequent unter Berücksichtigung der Ziele und Aufgaben der sozialistischen Staatengemeinschaft voranzubringen.

In diesem Zusammenhang wurde die Bedeutung der sozialistischen ökonomischen Integration hervorgehoben. In ihrer politischen Funktion dient sie der weiteren Festigung des Zusammenschlusses der sozialistischen Staatengemeinschaft und ist deshalb ein wichtiger Faktor zur Durchsetzung der Prinzipien der friedlichen Koexistenz, zur Verwirklichung des Friedensprogramms des XXIV. Parteitages der KPdSU. Die Entfaltung der sozialistischen ökonomischen Integration, vor allem die Zusammenarbeit mit der UdSSR, wird zur entscheidenden Voraussetzung für die Erfüllung der vom VIII. Parteitag der SED gestellten Hauptaufgabe, die Sicherung einer proportionalen Entwicklung, und die Intensivierung und Rationalisierung. Den Staats- und Wirtschaftsorganen der DDR wurde auf und nach dem VIII. Parteitag die Aufgabe erteilt, bei der Vervollkommnung der Leitung und Planung die Erfahrungen der UdSSR konsequent zu nutzen und die Struktur unserer Volkswirtschaft so zu gestalten, daß, nicht zuletzt im eigenen Interesse, von den Aufgaben zur Vertiefung der sozialistischen internationalen Wirtschaftszusammenarbeit

126 E. Honecker, Bericht des Zentralkomitees an den VIII. Parteitag der SED, Berlin 1971, S. 45

ausgegangen wird. Mit dem VIII. Parteitag begann zweifellos eine weitere Etappe der Eingliederung der DDR in die sozialistische Staatengemeinschaft.

Sie ist, wenn wir verallgemeinern, von drei Grundaufgaben bestimmt:

1. Aufbau des entwickelten Sozialismus in der DDR mit dem Ziel der konsequenten weiteren Verbesserung der Arbeits- und Lebensbedingungen der Werktätigen durch sozialistische Rationalisierung und Intensivierung des gesamten Reproduktionsprozesses.

2. Folgerichtige Verwirklichung der Politik des sozialistischen Internationalismus bei der Festigung der sozialistischen Staatengemeinschaft an der Seite der UdSSR und beim Ausbau der sozialistischen ökonomischen Integration der Mitgliedsländer des RGW.

3. Aktiver Beitrag zur Politik der friedlichen Koexistenz der UdSSR und der sozialistischen Staatengemeinschaft mit Staaten anderer Gesellschaftsordnung, zum Frieden, zur Sicherheit und Zusammenarbeit in Europa, zur völkerrechtlichen Anerkennung der DDR, zur Abgrenzung vom Imperialismus und zur Stärkung des Bündnisses mit allen revolutionären und anderen antiimperialistischen Kräften und Bewegungen in der Welt.

5. Die sozialistische Wirtschaftsintegration der RGW-Länder – ein Wesenszug der entwickelten sozialistischen Gesellschaft

5.1. Bedingungen für den Übergang der RGW-Länder zur sozialistischen Wirtschaftsintegration. Das Komplexprogramm der sozialistischen ökonomischen Integration

In den sechziger Jahren hat sich das internationale Kräfteverhältnis weiter zugunsten des sozialistischen Weltsystems, der internationalen Arbeiterbewegung und der nationalen Befreiungsbewegung verändert. Der Beginn der siebziger Jahre ist dadurch gekennzeichnet, daß diese Veränderungen in der praktischen Politik auf neue Art und in großem Ausmaß wirksam werden. So nehmen heute einige kapitalistische Kreise davon Abstand, den sozialistischen Ländern die Politik des kalten Krieges entgegenzusetzen, nicht zuletzt, weil die sozialistische Außenpolitik auch von vielen Regierungen und Staaten und von breiten Kreisen der Bevölkerung in der nichtsozialistischen Welt immer nachhaltiger unterstützt wird.

Die jüngere Vergangenheit bietet viele Beweise dafür, wie an der gewachsenen politischen, ökonomischen und militärischen Stärke des sozialistischen Weltsystems alle Hoffnungen des Imperialismus auf eine „Erosion" des Sozialismus, auf die Spaltung der sozialistischen Länder und ihre ideologische Aufweichung scheitern. Der heroische Kampf der Völker Indochinas, besonders des vietnamesischen Volkes, gestärkt durch die umfassende Solidarität und Hilfe der sozialistischen Staatengemeinschaft, bereiteten dem amerikanischen Imperialismus in Südostasien eine Niederlage und zwangen ihn zum Rückzug. Auch diese Ereignisse haben bewiesen, daß das Bündnis der sozialistischen Staaten das militärisch wirkungsvollste, sozial überlegene und ökonomisch dynamischste in der Welt geworden ist.

Um die errungenen internationalen Positionen weiter auszubauen, verwirklichen die Staaten der sozialistischen Gemeinschaft koordiniert die revolutionäre Klassenpolitik der friedlichen Koexistenz. Unter der Führung der Sowjetunion haben die Länder der sozialistischen Staatengemeinschaft begonnen, das vom XXIV. Parteitag der KPdSU beschlossene Friedensprogramm in den internationalen Beziehungen durchzusetzen. Die Abkommen zwischen der Sowjetunion und den USA zur Begrenzung der strategischen Rüstung und zur Verhinderung eines Kernwaffenkrieges, die in Moskau, Warschau, Berlin und Prag mit der BRD unterzeichneten Verträge, die Konferenz für Sicherheit und Zusammenarbeit in Europa und das vierseitige Abkommen über Westberlin schufen wesentliche Bedingungen, um in Europa von der Ära des „kalten Krieges“ zur internationalen Entspannung und Zusammenarbeit überzugehen. Mit ihrer koordinierten Außenpolitik haben die Länder der sozialistischen Staatengemeinschaft die Beschlüsse von Bukarest (1966), Karlovy Vary (1967), Budapest (1969), Berlin (1970) und Prag (1972) zur Einberufung der Sicherheitskonferenz gegen alle Manöver imperialistischer Kreise durchgesetzt und gezeigt, daß sie fest entschlossen sind, internationale Streitfragen friedlich zu lösen.

Die Länder der sozialistischen Staatengemeinschaft trachteten besonders danach, die Lage im Herzen Europas zu entschärfen und so zur Entspannung und Zusammenarbeit der europäischen Staaten mit unterschiedlicher Gesellschaftsordnung überzugehen. Deshalb wehrten sie geschlossen alle Versuche ab, die DDR international zu isolieren. Sie setzten deren weltweite völkerrechtliche Anerkennung und ihre Aufnahme in die Organisation der Vereinigten Nationen durch. Die koordinierte sozialistische Außenpolitik trug maßgeblich zur Vorbereitung und zum positiven Verlauf der Konferenz über Sicherheit und Zusammenarbeit in Europa bei.

Die von der Sowjetunion in Helsinki vorgeschlagene allgemeine Deklaration über die Grundlagen der europäischen Sicherheit enthält nicht nur die entscheidenden politischen Prinzipien für die Beziehungen zwischen den Staaten Europas, wie

- die Gewährleistung der souveränen Gleichheit und Unabhängigkeit,
- den Verzicht auf die Anwendung und Androhung von Gewalt und
- die Unverletzlichkeit der bestehenden Grenzen in Europa, sondern auch den Vorschlag, die Zusammenarbeit der Staaten, ihre Beziehungen im wirtschaftlichen, sozialen, kulturellen, wissenschaftlich-technischen und kommerziellen Bereich auf der Grundlage der souveränen Gleichheit und der Nichteinmischung zu entwickeln.[127]

Geleitet von diesen Grundsätzen unterbreiteten die Ungarische Volksrepublik und die DDR der Konferenz einen Vorschlag zur „Entwicklung der Zusammenarbeit auf dem Gebiet der Wirtschaft, des Handels, der Wissenschaft und Technik sowie im Bereich des Umweltschutzes“[128].

Der wachsende Einfluß des Sozialismus und die gegenwärtige Tendenz

[127] Vgl. Allgemeine Deklaration der Sowjetunion über die Grundlagen der europäischen Sicherheit, in: Neues Deutschland (B), v. 5. 7. 1973, S. 6

[128] Neues Deutschland (A), 6. 7. 1973, S. 6

zur Entspannung haben den Grundwiderspruch zwischen Sozialismus und Imperialismus nicht abgeschwächt oder gar aufgehoben. Nach wie vor sind reaktionäre Kreise bemüht, den Entspannungsprozeß zu torpedieren. Deshalb wurden der allseitige Zusammenschluß der sozialistischen Länder, die Festigung der politischen und ideologischen Einheit unserer Gemeinschaft und die sozialistische ökonomische Integration zu einem zentralen Anliegen der Politik der Staaten des Warschauer Vertrages.

Unter den gegenwärtigen Bedingungen sind Zusammenschluß und enge Zusammenarbeit der Länder des Sozialismus dringender denn je. „Wir brauchen die Einheit, die Zusammenarbeit und das gemeinsame Handeln heute vor allem deshalb, um die Aufgaben der Entwicklung der sozialistischen Gesellschaft und des Aufbaus des Kommunismus rascher und effektiver lösen zu können. Einheit, Geschlossenheit und Zusammenarbeit benötigen wir auch, damit der Frieden, den alle Völker so dringend brauchen, so erfolgreich wie möglich verteidigt und gefestigt wird, damit die internationale Entspannung konsolidiert und jeglichen aggressiven Ausschreitungen des Imperialismus, allen Versuchen, die Interessen des Sozialismus zu schmälern, eine wirksame Abfuhr erteilt wird.“ [129]

Wichtiges Kettenglied dieses Zusammenschlusses ist die sozialistische ökonomische Integration. Neben den bereits erwähnten außenpolitischen Bedingungen und neuen Aufgaben waren dafür auch in den beteiligten Ländern selbst neue Voraussetzungen herangereift. Dazu gehörten das beträchtlich angewachsene Forschungs- und Produktionspotential, Fortschritte in der Leitung und Planung der Volkswirtschaft sowie die in zweieinhalb Jahrzehnten gesammelten reichen Erfahrungen in der internationalen sozialistischen Zusammenarbeit.[130]

Das internationalistische Wesen der sozialistischen Gesellschaftsordnung trat in der Politik der Gemeinschaft wie jedes einzelnen Landes immer stärker hervor. Es erweist sich immer mehr als ein objektives Erfordernis, bei Entscheidungen über die gesellschaftliche Entwicklung von den Interessen der Gemeinschaft auszugehen und die Einheit von nationalen Aufgaben und internationalen Verpflichtungen herzustellen.

25 Jahre sozialistischer Aufbau und Entwicklung neuer Beziehungen zwischen den RGW-Ländern, der enge Zusammenschluß um die Sowjetunion, die Schaffung einer schlagkräftigen Militärkoalition, das bedeutend ge-

[129] L. I. Breshnew, Rede auf der gemeinsamen Festsitzung, in: Das Sowjetvolk zeigt der Menschheit neue Horizonte und neue hohe Ideale, Berlin 1973, S. 40

[130] Vgl. G. Weiss, Der objektive Charakter der sozialistischen ökonomischen Integration. Das Komplexprogramm für die weitere Vertiefung und Vervollkommnung der Zusammenarbeit und Entwicklung der sozialistischen ökonomischen Integration der Mitgliedsländer des RGW, Berlin 1972, S. 21ff.

stiegene Wirtschafts- und Forschungspotential und nicht zuletzt die koordinierte Außenpolitik haben neue politische, ideologische und ökonomische Entwicklungsbedingungen für die sozialistische Gemeinschaft hervorgebracht.

Ausarbeitung des Komplexprogramms

Ausgehend von diesen Entwicklungsbedingungen in der sozialistischen Staatengemeinschaft, fand im April 1969 die (außerordentliche) XXIII. (Sonder-)Tagung des Rates für Gegenseitige Wirtschaftshilfe statt. Sie beschloß, „die Ausarbeitung der Hauptrichtungen für die weitere Entwicklung der wirtschaftlichen und wissenschaftlich-technischen Zusammenarbeit der RGW-Länder und konkrete Maßnahmen zu ihrer Verwirklichung für einen längeren Perspektivzeitraum in Angriff zu nehmen“[131] und die Anstrengungen der RGW-Länder durch die sozialistische Wirtschaftsintegration „weitgehender miteinander zu vereinen, um die Aufgaben des Aufbaus des Sozialismus und des Kommunismus erfolgreich lösen zu können“[132]. Die internationale Beratung der kommunistischen und Arbeiterparteien hat 1969 in Moskau diese Aufgabenstellung bestätigt und hervorgehoben, daß sich das sozialistische System „immer mehr auf die internationale sozialistische Arbeitsteilung und die freiwillige Kooperation der sozialistischen Länder stützt, die jede Schmälerung nationaler Interessen ausschließt und sowohl den Aufschwung jedes einzelnen Landes als auch die Festigung der Macht des sozialistischen Weltsystems als Ganzes gewährleistet“[133].

Im Auftrag der Ersten Sekretäre der kommunistischen und Arbeiterparteien der RGW-Länder, die die Delegationen der Mitgliedsländer auf der XXIII. Tagung des RGW leiteten, begann in den Ländern und in den Organen des RGW eine umfangreiche und intensive Tätigkeit, um das Komplexprogramm für die weitere Vertiefung und Vervollkommnung der Zusammenarbeit und Entwicklung der sozialistischen ökonomischen Integration der Mitgliedsländer des RGW zu entwerfen. In allen RGW-Organen sowie in speziell für die Ausarbeitung des Komplexprogramms geschaffenen Arbeitsgruppen wurde unter Einbeziehung von Staats- und Wirtschaftsfunktionären, Wissenschaftlern und anderen Spezialisten eine

131 Kommuniqué über die XXIII. (Sonder-)Tagung des RGW, a. a. O., S. 134
132 Ebenda, S. 131
133 Internationale Beratung der kommunistischen und Arbeiterparteien in Moskau 1969, Berlin 1969, S. 29

in Umfang und Intensität beispielhafte internationale sozialistische Gemeinschaftsarbeit geleistet. Dabei wurde die Zusammenarbeit im RGW einer grundlegenden, auch kritischen Analyse unterzogen und die gegenwärtigen und künftigen Aufgaben der sozialistischen internationalen Arbeitsteilung bei der Schaffung der entwickelten sozialistischen Gesellschaft formuliert. Unter Berücksichtigung der Vorstellungen aller Länder – und diese waren trotz einheitlicher Grundlinie und gleicher wirtschaftspolitischer Zielsetzung in bezug auf die Methoden und Zeiträume einzelner Aufgaben nicht überall identisch – wurde in kameradschaftlicher, schöpferischer Diskussion Schritt für Schritt das Programm ausgearbeitet.

Nachdem bereits auf der XXIV. Tagung des RGW einzelne Teile des Programms behandelt und bestätigt wurden, konnte die XXV. Tagung des RGW, die vom 27. bis 29. Juli 1971 in Bukarest stattfand, das Komplexprogramm verabschieden.

Bei der Vorbereitung und ebenso bei der Durchführung des Programms für den Ausbau der Wirtschaftsintegration der RGW-Staaten gingen von der Sowjetunion viele Initiativen und entscheidende Impulse aus. Davon zeugen ihr Beitrag zur Konzipierung der Ziele und der Hauptrichtungen der Wirtschaftsintegration, die Vorschläge für detaillierte Aufgaben auf vielen Gebieten der Wirtschaft, Wissenschaft und Technik. Das beweist der Beitrag sowjetischer Wissenschaftler zur theoretischen Begründung der Wirtschaftsintegration. Nicht zuletzt belegen das die vielfältigen Aktivitäten der Vertreter der Sowjetunion auf den Ratstagungen, in den zweiseitigen Beratungen und in den Organen des RGW vor und nach der Annahme des Komplexprogramms.

Genannt seien hier nur die internationalistische Bereitschaft und die Vorschläge der UdSSR zum Ausbau der Rohstoffbasis durch Errichtung von Kapazitäten für Zellstoff, Asbest und Kupfer in der Sowjetunion, ihre Initiative zur Entwicklung eines gemeinsamen Programms für den Bau von Kernkraftwerken, zur Erweiterung des Rohrleitungssystems für Erdöl und Erdgas, zur Bildung und Entwicklung der Investitionsbank, bei der Entwicklung der gemeinsamen Planung und der Schaffung internationaler Wirtschaftsvereinigungen.

Das beweisen auch die Beschlüsse des XXIV. Parteitages und des April-Plenums des Zentralkomitees der KPdSU von 1973. Hier wird nachdrücklich gefordert, die Wirtschaftsaufgaben unter Berücksichtigung der Integrationsprozesse zu lösen und durch die Zusammenarbeit mit den RGW-Ländern eine Reihe von Bedürfnissen der sowjetischen Volkswirtschaft umfassender zu befriedigen. Die Sowjetunion hat für 1974 als eines der ersten RGW-Länder einen besonderen Planteil „Sozialistische ökonomische Integration“ ausgearbeitet.

Bedeutung und Hauptaufgaben des Programms

Mit dem Komplexprogramm haben sich die RGW-Länder einmütig ein gemeinsames Programm für den Ausbau sozialistischer internationaler Produktionsverhältnisse sowie für die Entwicklung ihrer internationalen wirtschaftlichen und wissenschaftlich-technischen Beziehungen in den nächsten 15 bis 20 Jahren gegeben. Dieses Dokument entspricht dem internationalistischen Wesen der sozialistischen Produktionsweise, der objektiven Tendenz zur langfristigen sozialistischen internationalen Vergesellschaftung der Produktion und Arbeit dieser Länder und letztendlich der künftigen Schaffung eines einheitlichen sozialistischen Weltwirtschaftsorganismus.

Der Prozeß der ökonomischen Integration ist nur richtig zu erfassen und planmäßig durchzusetzen, wenn er als Bestandteil des allseitigen Zusammenschlusses der sozialistischen Länder verwirklicht wird.

In einer Reihe mit solchen Zielen der Integration, wie

- schnelle Entwicklung der Produktivkräfte und maximale Steigerung der gesellschaftlichen Arbeitsproduktivität,
- Strukturverbesserung, Produktionserweiterung und Einführung moderner Technologien,
- Deckung des wachsenden Bedarfs an Roh- und Brennstoffen, neuesten Ausrüstungen, Konsumgütern usw.,
- Verbesserung des Lebensstandards,
- Erhöhung der Aufnahmefähigkeit und Stabilität des sozialistischen Weltmarktes,

nennt deshalb das Komplexprogramm die schrittweise Annäherung und Angleichung des ökonomischen Entwicklungsniveaus, die Stärkung der Stellung der RGW-Länder in der Weltwirtschaft und den Sieg im ökonomischen Wettbewerb der beiden Gesellschaftssysteme sowie die Stärkung der Verteidigungsfähigkeit als vordringliche Aufgaben.

Der XXIV. Parteitag der KPdSU, der VIII. Parteitag der SED und die Parteitage der anderen Bruderländer haben marxistisch-leninistische Programme des weiteren Aufbaus des entwickelten Sozialismus und der materiell-technischen Grundlagen des Kommunismus ausgearbeitet und beschlossen. Hauptinhalt dieser Programme ist die Erfüllung der Hauptaufgabe, das heißt, die Erhöhung des materiellen und geistig-kulturellen Lebensniveaus der Werktätigen, die Entwicklung allseitig gebildeter sozialistischer Persönlichkeiten. Der enge Zusammenhang zwischen der Lösung der Hauptaufgabe und der Vertiefung der sozialistischen ökonomischen Integration der Mitgliedsländer des RGW wurde dabei in allen Dokumenten unterstrichen.

Entwickelte sozialistische Gesellschaft und Hauptaufgabe schließen ökonomische Integration ein. Die Intensivierung des Reproduktionsprozesses als wichtigstes Mittel zur Verbesserung der materiellen und kulturellen Lebensbedingungen verlangt verbesserte Formen und Methoden der internationalen Zusammenarbeit sowie ein neues inhaltliches Herangehen auch auf diesem Gebiet. Die Orientierung der Wirtschaft, vor allem der Investitionstätigkeit, nach internationalen Kriterien der Gemeinschaft wird immer dringender. Das Verhältnis von Nationalem und Internationalem unterliegt der dialektischen Entwicklung, wobei mit zunehmender Reife der sozialistischen Gesellschaft das Internationale (Gemeinsame) allmählich zum Dominierenden wird. Dieser Prozeß internationalistischen Denkens und Handelns in der Wirtschaftspolitik wurde durch die Vorbereitung und bisherige Verwirklichung des Komplexprogramms bedeutend gefördert.

Neben den Zielen der Integration sind im Komplexprogramm jene Prinzipien nochmals formuliert, die sich in zweieinhalb Jahrzehnten praktischer Zusammenarbeit bewährt haben und deshalb auch künftig volle Gültigkeit behalten. Freiwilligkeit bei konsequenter Einhaltung internationaler Verpflichtungen, Souveränität und Nichteinmischung bei gleichzeitiger Sorge um den sozialen Fortschritt in allen Ländern, gegenseitiger Vorteil und kameradschaftliche Hilfe, hohe Effektivität durch Planmäßigkeit, all dies waren, sind und bleiben tragende Grundsätze des gemeinsamen Handelns der sozialistischen Länder auf wirtschaftlichem Gebiet.

Das Komplexprogramm beinhaltet auch die Methoden und Formen der sozialistischen internationalen Arbeitsteilung und nennt die Bereiche und Zweige der Volkswirtschaft, in denen sich vor allem die ökonomische Integration vollzieht.[134]

Erstmals seit Bestehen des RGW wurden in einem Dokument für nahezu alle Bereiche der Volkswirtschaft die Aufgaben der internationalen Wirtschaftszusammenarbeit für einen längeren Zeitraum abgesteckt.

Es nennt die Hauptrichtungen der Arbeitsteilung in der Rohstoff- und Energiewirtschaft, in der Metallurgie, im Maschinenbau und in der chemischen Industrie, Bereiche, auf die die Arbeitsteilung sich bisher besonders konzentrierte. Es beinhaltet aber auch detaillierte Programme für die Kooperation in der Landwirtschaft, im Bauwesen, im Transportwesen, in der Wasserwirtschaft, in der Glas- und keramischen Industrie sowie in anderen Bereichen. Hierin widerspiegelt sich die wachsende Komplexität der Integrationsprozesse. Weiter wird deutlich, daß mit dem Übergang zur ökonomischen Integration die internationale Kooperation immer mehr jene Bereiche erfaßt, die unmittelbar für die Befriedigung der materiellen Bedürfnisse der Bevölkerung produzieren.

[134] Komplexprogramm, a. a. O.

Das Komplexprogramm ist für die Entwicklung der sozialistischen Planwirtschaft auch von theoretischer Bedeutung. Mit der Formulierung der Plankoordinierung als Hauptmethode der sozialistischen ökonomischen Integration bei gleichzeitiger Vervollkommnung der Ware-Geld-Beziehungen haben sich alle Mitgliedsländer des RGW auf eine Grundlinie geeinigt. Sie besteht darin, die aus den sozialistischen Produktionsverhältnissen resultierenden Vorzüge im Rahmen der sozialistischen Staatengemeinschaft konsequent zu nutzen. Die sozialistische Wirtschaftsintegration ist ein „von den kommunistischen und Arbeiterparteien und den Regierungen der Mitgliedsländer des RGW bewußt und planmäßig gestalteter Prozeß der internationalen sozialistischen Arbeitsteilung, der Annäherung ihrer Wirtschaften und der Herausbildung einer modernen hocheffektiven Struktur der nationalen Wirtschaften, der schrittweisen Annäherung und Angleichung ihres ökonomischen Entwicklungsniveaus, der Herausbildung tiefgehender und stabiler Verbindungen in den Hauptzweigen der Wirtschaft, Wissenschaft und Technik, der Erweiterung und Festigung des internationalen Marktes dieser Länder sowie der Vervollkommnung der Ware-Geld-Beziehungen“[135].

Ein so weitreichender gesellschaftlicher Prozeß erfordert eine verstärkte und qualitativ bessere Planung. Aus diesem Grunde stehen Vorschläge für eine verbesserte Koordinierung der Volkswirtschaftspläne im Mittelpunkt des Programms. Als neue Formen gemeinsamer Planungstätigkeit wurden festgelegt: Erfahrungsaustausch und Zusammenarbeit bei der Prognostizierung, Koordinierung der Pläne für eine längere Perspektive für wichtige Zweige und Produktionsarten, gemeinsame Planung einzelner Industriezweige und Produktionsarten, gegenseitige Konsultationen zu Grundfragen der Wirtschaftspolitik sowie Erfahrungsaustausch über die Vervollkommnung der Systeme der Leitung und Planung der Volkswirtschaft.

Eine bessere Plankoordinierung ist jedoch auf das engste mit den Maßnahmen verbunden, die auf dem Gebiet des Außenhandels, der Preisbildung und der Valuta- und Finanzbeziehungen vorgesehen sind.

Der Ausbau der Planungsgrundlagen in der Zusammenarbeit ist von besonderer ideologischer Bedeutung. Damit wurden alle Spekulationen der Gegner des Sozialismus auf „Liberalisierung“ der Wirtschaftsbeziehungen zwischen den RGW-Ländern zunichte gemacht, die eine Schwächung der Planmäßigkeit und damit auch der politischen und ökonomischen Positionen unserer Länder zur Folge gehabt hätte. Auch in diesem Sinne ist das Komplexprogramm ein Dokument, das die wachsende ideologische Einheit der Länder der sozialistischen Staatengemeinschaft zum Ausdruck bringt.

135 Ebenda, S. 15

Ohne Zweifel ist das Komplexprogramm von hoher internationaler Bedeutung. Seine Verwirklichung vergrößert die internationale Ausstrahlungskraft des Sozialismus. Vor aller Welt wird demonstriert, wie eine enge Zusammenarbeit zwischen großen und kleinen, industriell entwickelten und weniger entwickelten Ländern zum Vorteil aller Beteiligten gestaltet werden kann. Das Beispiel der stabilsten und dynamischsten Wirtschaftsregion der Welt wirkt heute um so nachhaltiger, weil Währungskrisen, Inflation, unterschiedliche Interessen großer Monopole einzelner Länder die Integrationsprozesse in der kapitalistischen Welt widersprüchlich und labil gestalten.

Integration und Angleichung

Zu den wesentlichen Zielen der sozialistischen ökonomischen Integration gehört auch die schrittweise Annäherung und Angleichung des ökonomischen Entwicklungsniveaus der RGW-Länder. Die bisher erreichten Ergebnisse bei der Überwindung der vom Kapitalismus verursachten Unterschiede im Stand der wirtschaftlichen Entwicklung haben den Übergang zur Wirtschaftsintegration begünstigt. Tempo und Qualität der sozialistischen Wirtschaftsintegration bilden zusammen mit dem Angleichungsprozeß eine dialektische Einheit. Die bisherige Entwicklung der Wirtschaftsbeziehungen zwischen den sozialistischen Ländern, die ihre nationalen Anstrengungen potenzierte, war ein wichtiger Faktor der Angleichung des Entwicklungsniveaus. In dieser auf den „Grundprinzipien“ der sozialistischen internationalen Arbeitsteilung beruhenden Zusammenarbeit wurde der Hinweis Lenins praktisch verwirklicht, daß der Internationalismus nicht nur in der Einhaltung der formalen Gleichheit der Nationen, sondern in einer Politik besteht, die auf den Ausgleich des tatsächlichen Entwicklungsstandes der Nationen gerichtet ist, wodurch die Grundlagen der historisch entstandenen Ungleichheit beseitigt werden.

Gegenwärtig sind neue Bedingungen gegeben, um wirtschaftliche Angleichung und Annäherung der Völker der sozialistischen Staatengemeinschaft zu beschleunigen. Der Hauptweg zur schrittweisen Annäherung und Angleichung des ökonomischen Entwicklungsniveaus ist die maximale Mobilisierung und effektive Nutzung der eigenen Ressourcen, eine Aufgabe, die bei den gegenwärtigen Maßstäben rationellen Wirtschaftens nur noch mit Hilfe der internationalen sozialistischen Arbeitsteilung zu lösen ist. Gerade zur Verwirklichung des Angleichungsprozesses werden gegenseitiger Vorteil und kameradschaftliche Hilfe eng miteinander verbunden. Die industriell noch weniger entwickelten Länder werden in breitem Maße an der internationalen Spezialisierung und Kooperation in der Forschung und Produktion beteiligt, durch wissenschaftlich-technische Zusammenarbeit wird eine hohe Qualität der Erzeugnisse auch in diesen Ländern gesichert, und vertragliche Regelungen gewährleisten den Absatz der Erzeugnisse in anderen Ländern. Technische Unterstützung bei der Projektierung und Inbetriebnahme von Produktionskapazitäten, Übermittlung von Produktions- und Berufserfahrungen, Kredite und zeitweilige Präferenzen, Kaderausbildung und anderes sind wirksame Formen, die zur Angleichung des ökonomischen Entwicklungsniveaus beitragen.

Eine besondere Stellung nimmt die Wirtschaft der Mongolischen VR ein. Unter Berücksichtigung der gegenwärtigen ökonomischen Lage dieses Landes sind im Komplexprogramm besondere Hilfsmaßnahmen auf zwei- und mehrseitiger Ebene vorgesehen. Dazu gehören die Beteiligung am Bau und an der Produktion von Industrieobjekten, die Unterstützung auf wissenschaftlich-technischem Gebiet, Vorzugskredite und Außenhandelsstimulanzpreise, die Ausbildung und Entsendung von Spezialisten und Facharbeitern wie auch die Gewährung unentgeltlicher Hilfe.[136]

5.2. Die internationale Zusammenarbeit auf dem Gebiet der Planungstätigkeit

Mit der allmählichen Verwirklichung des Komplexprogramms der sozialistischen ökonomischen Integration wächst der Umfang internationaler Verflechtungen. Sie erlangen eine neue Qualität, indem sie alle Bereiche und Zweige der Volkswirtschaft durchdringen und alle Phasen des Reproduktionsprozesses erfassen. In den vergangenen Jahren gingen Impulse für volkswirtschaftliche Strukturveränderungen, internationale Spezialisierung und Kooperation überwiegend von der Zirkulation aus. Das Charakteristische der Integrationsprozesse besteht darin, daß sie sich unmittelbar in Wissenschaft, Technik und Produktion durchsetzen. Internationale Verflechtungen erwachsen dabei nicht aus einzelnen nationalen Konzeptionen und Plänen, sondern sie ergeben sich zunehmend aus optimalen volkswirtschaftlichen Lösungen, die vom Standpunkt der gesamten Gemeinschaft aus angestrebt werden. Stabilität, Langfristigkeit und Komplexität der Verflechtungsbeziehungen als Ausdruck zunehmender Vergesellschaftung der sozialistischen Produktion und wachsender Internationalisierung des Wirtschaftslebens der RGW-Länder werden verbessert.

136 Vgl. ebenda, S. 23f.

Die internationale Wirtschaftsintegration schafft neue soziale Bedingungen für das Wirken der ökonomischen Gesetze des Sozialismus. Deren Wirkungsfeld wird quantitativ und qualitativ verändert.

Planungszusammenarbeit und ökonomische Gesetze

In der Planung gilt es, diese neuen Bedingungen zu berücksichtigen. Das ökonomische Grundgesetz, das Gesetz der planmäßigen und proportionalen Entwicklung, das Gesetz der stetigen Steigerung der Arbeitsproduktivität, das Wertgesetz und andere ökonomische Gesetze des Sozialismus wirken zunehmend im Rahmen der RGW-Gemeinschaft. Anders ausgedrückt, Verbesserung des Lebensstandards, effektive Proportionen, hohe Serien und niedrige Kosten sind nur durch internationale Arbeitsteilung zu erreichen.

Eine wichtige Aufgabe ist zum Beispiel die planmäßige und proportionale Entwicklung der Volkswirtschaften. Dabei geht es darum, Planmäßigkeit und Proportionalität mit höchster Effektivität der volkswirtschaftlichen Prozesse zu verbinden. Bei der Lösung dieser Aufgabe ergibt sich zwangsläufig, daß wichtige objektive ökonomische und technische Proportionen, wie etwa das Wachstumsverhältnis von Abteilung I zu Abteilung II der Industrieproduktion, die Relation von Rohstoffproduktion und verarbeitender Industrie, wichtige Proportionen des Maschinenbaus, die Aufteilung des Nationaleinkommens in Akkumulationsfonds und Konsumtionsfonds durch die sozialistische ökonomische Integration beeinflußt werden.

Optimale Proportionen im Rahmen des gesamten Integrationsbereiches herzustellen, erfordert zugleich die aktive Nutzung des Wertgesetzes. Ohne eine umsichtige Nutzung der Preise in den Außenwirtschaftsbeziehungen und bei der Stimulierung von Integrationsmaßnahmen in den Ländern, ohne die Anwendung abgestimmter und ökonomisch begründeter Kurse, ohne Entwicklung internationaler Kreditbeziehungen wird es nicht möglich sein, die Spezialisierung und Kooperation, die Koordinierung wichtiger Investitionen, die gemeinsame Errichtung von Betrieben und anderen Formen der Zusammenarbeit für die obengenannte gemeinsame Strukturpolitik zu nutzen.

Bei der Vertiefung der sozialistischen ökonomischen Integration zeigt sich, daß auch bei gleichartigen Produktionsverhältnissen bestimmte materiell-technische, leitungs- und planungsmäßige Voraussetzungen sowie volkswirtschaftlich-konzeptionelle Zielstellungen die bewußte Nutzung der ökonomischen Gesetze beeinflussen.

Die ökonomischen Gesetze des Sozialismus können nur in dem Maße mit hoher Effektivität genutzt werden, wie in den Volkswirtschaften die Bedingungen für ihr Wirken und ihre richtige Nutzung geschaffen werden. Gleichzeitig ist aber ohne internationale Arbeitsteilung in breitester Front eine rationelle Nutzung der ökonomischen Gesetze in unserer Volkswirtschaft nicht möglich.

Diese enge dialektische Wechselwirkung stellt qualitativ neue Anforderungen an die Planung der wirtschaftlichen Prozesse und der internationalen ökonomischen Beziehungen. Das erweist sich als komplizierte Aufgabe, weil die ökonomischen Gesetze international unter den Bedingungen einzelstaatlich organisierten sozialistischen Eigentums wirken und bestimmte Unterschiede im Entwicklungsniveau sowie Besonderheiten in den Systemen der Leitung und Planung der Volkswirtschaften fortbestehen.

Der Schlüssel zur weiteren Vertiefung der sozialistischen ökonomischen Integration ist folglich die Verbesserung der Leitung und Planung, die international gegenwärtig vor allem in Form der Koordinierung erfolgt. Es ist eine erstrangige Aufgabe, mit der Planungstätigkeit die Komplexität und Vielschichtigkeit der Verflechtungsprozesse zu beherrschen sowie die vorwiegend intensiv erweiterte Reproduktion zu sichern, um die Hauptaufgaben in den Mitgliedsländern des RGW zu lösen.[137]

Inhalt und differenzierte Formen der Plankoordinierung

Die ständig umfangreicher werdenden Integrationsprozesse erfordern ein neues Herangehen an die gemeinsame Planungstätigkeit. Die unmittelbare Verflechtung in Wissenschaft, Technik und Produktion zwingt dazu,

- die dem Produktionsprozeß vorgelagerten Stufen international zu koordinieren,
- ständig Erfahrungen auszutauschen,
- die einzelnen Formen der Koordinierung hinsichtlich des zeitlichen Ablaufs und ihrer Komplexität zu differenzieren.

Alle Koordinierungsformen sind aufeinander abgestimmt und bewirken, daß die Plankoordinierung als kontinuierlicher Prozeß erfolgt.

Eine solche umfassende, von schnell zunehmender Verflechtung begleitete Koordinierung stellt erhöhte Anforderungen an die einzelnen Volkswirtschaften. Realität der Pläne, ständige Wechselwirkung zwischen Volks-

137 Vgl. E. Honecker, Fragen von Wissenschaft und Politik in der sozialistischen Gesellschaft, Berlin 1972, S. 12

wirtschaftsplanung und internationaler Koordinierung sowie materielle und finanzielle Absicherung internationaler Aufgaben im Plan sind allererste Voraussetzungen für eine hohe Effektivität der sozialistischen ökonomischen Integration. Die Bedeutung dieser Faktoren wächst gesetzmäßig mit zunehmender Verflechtung der Volkswirtschaften.

Entsprechend der zentralen Rolle und auch der bedeutenden Erweiterung der gemeinsamen Planungstätigkeit wurde im Jahre 1971 das Komitee des RGW für die Zusammenarbeit auf dem Gebiet der Planungstätigkeit geschaffen. Dieses Komitee wird von den Vorsitzenden der zentralen Planungsorgane der Mitgliedsländer des RGW gebildet. Es ist eine Art Stabsorgan der RGW-Länder, das die vielfältigen multilateralen Beziehungen abgestimmter beziehungsweise gemeinsamer Planungstätigkeit vorbereitet, koordiniert, berät und kontrolliert.

Von besonderer Bedeutung für die Verbesserung der gemeinsamen Planungstätigkeit waren die Beschlüsse der XXVII. und XXVIII. Tagung des RGW. Hier wurden wichtige Festlegungen getroffen, um in den Ländern und für ihre Zusammenarbeit unmittelbare Planungsgrundlagen zur Verwirklichung des Komplexprogramms zu schaffen.

Erste Schritte bestehen darin, in die Volkswirtschaftspläne der Länder besondere Abschnitte über die sozialistische ökonomische Integration aufzunehmen und auf dieser Grundlage einen multilateralen Plan abgestimmter Integrationsmaßnahmen auszuarbeiten. Dabei geht es nicht um eine formale Hervorhebung einzelner Integrationsmaßnahmen, sondern um die kurz- und langfristige Planung der für die Erfüllung der internationalen Aufgaben erforderlichen materiellen und finanziellen Mittel, einschließlich der Schaffung bestimmter finanzieller und materieller Reserven. Letztere sind für die Entwicklung der Integration (zum Beispiel für ein schnelles Reagieren auf neue Anwendungsmöglichkeiten des technischen Fortschritts, zur Lösung kurzfristig auftretender Probleme, zur besseren Nutzung multilateraler Verrechnungsbeziehungen, für ein Eingehen auf kurzfristige Bedarfsänderungen und anderes mehr) zumindest ebenso notwendig wie zur Sicherung eines kontinuierlichen Reproduktionsprozesses in den Ländern.

Neue Bedingungen der Plankoordinierung

Bereits bei der Plankoordinierung für den Zeitraum 1971 bis 1975 wurden viele langfristige Abkommen über Maßnahmen zur Erhöhung der Rohstoffproduktion und zur Spezialisierung und Kooperation vereinbart. Die Plankonsultationen für den Zeitraum von 1976 bis 1980 und darüber hinaus wurden erstmalig auf der Grundlage des Komplexprogramms durchgeführt. Das schafft nicht nur günstige Möglichkeiten für die Nutzung der sozialistischen internationalen Arbeitsteilung, sondern erhöht auch die Verantwortung aller am Planungsprozeß beteiligten Wirtschaftsorgane.

Dabei ist eine ganze Reihe neuer Voraussetzungen und Faktoren zu berücksichtigen:

– Das Wirtschafts- und Wissenschaftspotential unserer Länder ist in den letzten Jahren nicht nur quantitativ gewachsen. Der XXIV. Parteitag der KPdSU, der VIII. Parteitag der SED und Parteitage anderer Bruderparteien haben Maßnahmen eingeleitet, durch deren Erfüllung die innere Stabilität und Ausgewogenheit der wirtschaftlichen Entwicklung wesentlich erhöht und mit der Formulierung der Hauptaufgaben die wirtschaftspolitischen Zielsetzungen der RGW-Länder weiter angenähert wurden.

– Die Koordinierung der Pläne für 1976 bis 1980 ist gleichzeitig erste Etappe einer langfristigen Planung bis 1990; in diesem Zeitraum werden sich große sozialökonomische Wandlungen sowohl in den Ländern als auch in der gesamten Gemeinschaft vollziehen. Es wird erwartet, daß bis Ende dieser Periode ein Produktionsapparat geschaffen wird, der den gegenwärtigen um das Zwei- bis Dreifache übertrifft und die Stellung des RGW in der Weltwirtschaft bedeutend erhöht.

– Der Beitritt Kubas zum RGW hat die Dimensionen der Plankoordinierung territorial weiter ausgedehnt. Auch das Abkommen des RGW mit Finnland sowie die Zusammenarbeit mit einigen Entwicklungsländern wird stärker als bisher in der koordinierten Wirtschaftspolitik unserer Länder Berücksichtigung finden.[138]

Die Regierung der DDR geht von den Festlegungen des Rates für Gegenseitige Wirtschaftshilfe und seines Exekutivkomitees aus und verpflichtet die Staats- und Wirtschaftsorgane, die sozialistische ökonomische Integration zum unmittelbaren Bestandteil der Leitungs- und Planungstätigkeit zu machen.

„Bei der weiteren planmäßigen proportionalen Entwicklung unserer Volkswirtschaft sind bei allen wirtschaftspolitischen Entscheidungen die großen Möglichkeiten der sozialistischen Wirtschaftsintegration, besonders die Zusammenarbeit mit der UdSSR, zu berücksichtigen. Das gilt für die Ausarbeitung des Perspektivplanes der DDR bis 1975 und noch mehr für die Aufgaben über den Zeitraum bis 1975 hinaus."[139]

[138] Vgl. G. Weiss, Die Stellung der DDR im RGW, in: Einheit, Heft 1/1974

[139] W. Stoph, Programm der sozialistischen ökonomischen Integration, in: Einheit, Heft 9/1971, S. 968

Längerfristige Koordinierung und Zusammenarbeit in der Prognosetätigkeit

Volkswirtschaftsplanung und internationale Plankoordinierung lassen sich besser verbinden, wenn langfristige Strategien ausgearbeitet und international abgestimmt sind. Das Komplexprogramm ist jetzt Grundlage dafür, wichtige volkswirtschaftliche Aufgaben, die durch hohe Komplexität, besondere volkswirtschaftliche Bedeutung, hohen Investitionsaufwand und spezifische Anforderungen an die Berücksichtigung internationaler Standortbedingungen gekennzeichnet sind, für eine längere Periode bis 1985 und 1990 zu koordinieren. Das gilt vor allem für die Brennstoff- und Energiebasis einschließlich der Kernenergetik, die Rohstoffbasis für die Schwarz- und Buntmetallurgie, die chemische Zellstoff-, Papier- und Leichtindustrie, für wichtige Produktionsarten der Schwarz- und Buntmetallurgie, für die Petrolchemie sowie für wichtige komplexe Maschinen- und Gerätesysteme.

Viele begonnene Integrationsvorhaben weisen auf die Notwendigkeit und Zweckmäßigkeit einer längerfristigen Koordinierung hin. Die gemeinsame Errichtung großer Kombinate für die Zellstoff- und Asbestproduktion in der UdSSR, der weitere Ausbau des Energieverbundsystems, vor allem die Errichtung einer 750-kV-Energieübertragungsleitung aus der UdSSR in die Ungarische VR, die Einführung der automatischen Mittelpufferkupplung bis zum Jahre 1981 und ähnliche Objekte erfordern einen langen Zeitraum und die Mobilisierung beträchtlicher materieller und finanzieller Mittel.

Eine Beteiligung der DDR ist für deren Volkswirtschaft mit grundsätzlichen Strukturentscheidungen verbunden. Die längerfristige Koordinierung im Rahmen des RGW steht somit in engem Zusammenhang mit einer langfristigen wissenschaftlich begründeten und realen Planung in den Ländern. Aus der Sicht der Integration ist es erforderlich, langfristige Konzeptionen der Entwicklung der Volkswirtschaft bis 1990 und bis zum Jahre 2000, und in diesem Zusammenhang auch Konzeptionen des wissenschaftlich-technischen Fortschritts, auszuarbeiten.

Einen wesentlichen Bestandteil der wissenschaftlichen Grundlagen für eine solche langfristige Planung bilden die Prognosen. Prognosetätigkeit als wichtige Vorstufe der Planungsprozesse wird daher zunehmend auch zu einem wichtigen Gegenstand der internationalen sozialistischen Arbeitsteilung.

Im Komplexprogramm sind die Grundrichtungen für die internationale Kooperation auf diesem Gebiet festgelegt. Es werden sowohl Erfahrungen über die Prognosetätigkeit ausgetauscht als auch direkt gemeinsame Prognosen ausgearbeitet.

Auf der Grundlage abgestimmter organisatorischer und methodologischer Prinzipien laufen gegenwärtig in den Organen des RGW mehr als 100 Prognosearbeiten über die perspektivische Entwicklung einzelner Zweige, Produktionen und Bereiche. Sie beinhalten den Brennstoff- und Energiebedarf bis 1990 und bis zum Jahre 2000, die Entwicklung der mineralischen Rohstoffbasis für diesen Zeitraum, die Schaffung neuer Werkstoffe auf der Basis von natürlichen und synthetischen Rohstoffen, die Gewinnung hochqualitativer Nahrungsmittel auf der Grundlage wissenschaftlicher Errungenschaften der Landwirtschaft, der Biologie, Chemie, Biochemie und Mikrobiologie, aber auch solche Fragen, wie die Entwicklung des sozialistischen Weltmarktes. Diese Prognosen vermitteln wichtige Anhaltspunkte für die langfristige Planung in den Ländern und die längerfristige internationale Koordinierung wichtiger Aufgaben.

Bei diesen Arbeiten werden auch die weltweite Arbeitsteilung, internationale Entwicklungstendenzen in Wissenschaft, Technik und Produktion berücksichtigt.

Gemeinsame Planung

Die gemeinsame Planung einzelner Industriezweige und Produktionsarten mit interessierten Ländern ist eine neue Form der internationalen sozialistischen Arbeitsteilung, die alle Phasen des Reproduktionsprozesses erfaßt. Sie reicht von der Analyse der Bedarfsentwicklung und gemeinsamen wissenschaftlich-technischen Konzeptionen über Technologie und Produktion bis zum gemeinsamen Absatz.[140] Mit einer solchen Zielstellung wurden erste multilaterale Abkommen zur gemeinsamen Planung neuer Arten von spanabhebenden Werkzeugmaschinen mit digitaler Programmsteuerung zwischen der VR Bulgarien, der Ungarischen VR, der DDR, VR Polen, der SR Rumänien und der ČSSR abgeschlossen unterzeichnet, ebenso auch für die Produktion materiell-technischer Mittel zur Schaffung eines einheitlichen Container-Transportsystems.

Gemeinsame Planung führt zu einer besonders engen und komplexen Verflechtung der Reproduktionsprozesse auf Teilgebieten. Die Komplexität der auf diesen ausgewählten Gebieten getroffenen Vereinbarungen und der konzentrierte Einsatz der Ressourcen haben langfristig einen hohen volkswirtschaftlichen Nutzen. So konnte beispielsweise durch die gemeinsame Planung bei spanabhebenden Werkzeugmaschinen die Zeit für Forschungs-, Projektierungs- und Entwicklungsarbeiten um mehrere Jahre

140 Vgl. Komplexprogramm, a. a. O., S. 36f.

verkürzt werden. Etwa sieben Millionen Arbeitsstunden wurden eingespart und darüber hinaus durch eine um Jahre früher beginnende produktive Nutzung der Maschinen zusätzliche Produktivitätsgewinne erreicht.

Im Interesse der unmittelbaren Vereinigung der Forschungs- und Produktionspotentiale ist in letzter Zeit die Bildung internationaler Wirtschaftsvereinigungen in den Vordergrund gerückt. Mitglieder dieser Vereinigung sind unmittelbar die Betriebe, Kombinate beziehungsweise VVB des entsprechenden Wirtschaftszweiges. Mit dieser Form sollen die Probleme, die sich aus der einzelstaatlichen Organisationsform des Eigentums für die gemeinsame Planung ergeben, besser gelöst werden.

Aufgabe der Wirtschaftsvereinigungen ist es, den Reproduktionsprozeß in diesen Bereichen einheitlich zu leiten und zu planen. Das schließt ein, die Produktion zu spezialisieren und zu kooperieren, gemeinsame Forschungs- und Konstruktionsbüros zu organisieren, die vorhandenen Investitionen rationell aufzuteilen und in bestimmten Fällen sogar gemeinsam neue Betriebe zu errichten. Es ist auch vorgesehen, daß derartige Vereinigungen in der Perspektive nach den Grundsätzen der wirtschaftlichen Rechnungsführung arbeiten.

Die in jüngster Vergangenheit gebildeten neuen Vereinigungen „Interatomenergo“ (für den Kernkraftanlagenbau), „Intertextilmasch“ (für den Textilmaschinenbau), „Interchemiefaser“ (für den Ausbau der Chemiefaserproduktion), aber auch die zweiseitige Organisation (DDR–UdSSR) der fotochemischen Industrie „Assofoto“ nutzen die gemeinsame Planung auf einer neuen inhaltlichen und organisatorischen Grundlage.[141]

Gegenseitige Konsultationen

Die langfristig geplante Verflechtung der Volkswirtschaften unserer Länder und die allmähliche Herausbildung eines einheitlichen Wirtschaftsorganismus machten es notwendig, die Wirtschaftspolitik abzustimmen und die Leitungs- und Planungssysteme der Mitgliedsländer des RGW allmählich anzunähern.

Das Komplexprogramm trägt auch dieser sehr langfristigen und komplizierten Aufgabe Rechnung. Es enthält einen speziellen Abschnitt über gegenseitige Konsultationen zu Grundfragen der Wirtschaftspolitik sowie Vorschläge für den Erfahrungsaustausch bei der Vervollkommnung der Leitung und Planung der Volkswirtschaften in den Ländern.[142]

[141] Vgl. Kommuniqué der 65. Sitzung des Exekutivkomitees des RGW, in: Neues Deutschland (A), v. 14. Dezember 1973, S. 6, a. a. O.

[142] Vgl. Komplexprogramm, a. a. O., S. 36f.

Die praktische Zusammenarbeit hat gezeigt, daß die Koordinierung der Wirtschafts- und wissenschaftlich-technischen Politik zwischen den RGW-Ländern zu einer Kardinalfrage für die weitere Gestaltung der sozialistischen ökonomischen Integration geworden ist. Durch zunehmende Verflechtung in Wissenschaft und Produktion, durch internationalen Einsatz von Investitionen, durch Bildung internationaler Wirtschaftsvereinigungen, gemeinsamer Einrichtungen und Betriebe, durch planmäßigen internationalen Einsatz von Arbeitskräften und Erleichterungen im grenzüberschreitenden Verkehr sowie durch den ansteigenden Tourismus gibt es heute in den RGW-Ländern kaum noch wirtschaftspolitische Entscheidungen, die nicht in irgendeiner Form (direkt oder indirekt) die Zusammenarbeit mit den Bruderländern berühren.

Tempo und Qualität der Integrationsprozesse hängen davon ab, wie die Leitungs- und Planungssysteme in den Ländern auf diese Prozesse eingestellt werden und sich allmählich annähern. Das Studium und die Nutzung sowjetischer Erfahrungen bei der Vervollkommnung der Leitung und Planung spielt dabei eine besondere Rolle.

Die gegenseitigen Konsultationen zu Grundfragen der Wirtschaftspolitik werden alle Bereiche des Wirtschaftslebens erfassen und eine komplexe Behandlung ökonomischer Probleme ermöglichen: die wirtschaftliche Entwicklung einzelner Länder, das Entwicklungstempo und die Proportionen wichtiger Zweige der Volkswirtschaften, Grundfragen der wissenschaftlich-technischen Politik, die Vervollkommnung der Leitungs- und Planungssysteme, die Hauptrichtungen der sozialökonomischen Politik sowie die Wirtschaftspolitik gegenüber Drittländern.

Die dabei zu untersuchenden Probleme sind sehr vielschichtig. Sie betreffen unter anderem Wachstum und Verwendung des Nationaleinkommens, Waren- und Territorialstruktur des Außenhandels, individuelle und gesellschaftliche Konsumtion und Wohnungsbauprogramm. Weiter gehören dazu die Entwicklung der Hauptproportionen der Energie- und Brennstoffbasis, die Erweiterung der metallurgischen Basis, die Intensivierung der landwirtschaftlichen Produktion, der Ausbau des Verkehrswesens und anderes. Immer dringlicher gerade für den Integrationsprozeß werden Konsultationen zur Preis- und Währungspolitik in den Ländern, zur Lohn- und Tarifpolitik, zur Sozialpolitik, zum Einsatz der Arbeitskräfte usw.

Der eng mit diesen Konsultationen verbundene internationale Erfahrungsaustausch über die Gestaltung der Leitungs- und Planungssysteme hat vor allem Grundfragen der Leitung und Planung zum Gegenstand: Methoden der zentralen staatlichen Planung, Verbindung von zentraler Planung und Verantwortung der Wirtschaftseinheiten, Weiterentwicklung des Außenhandels- und Valutamonopols unter den Bedingungen der Integration.

Die XXVII. und XVIII. Tagung des RGW haben zur Entwicklung der gemeinsamen Planungstätigkeit, für die Koordinierung der Pläne von 1976 bis 1980 und für die langfristige Planung bis 1990 ein weitreichendes Programm abgesteckt, dessen Erfüllung ohne Zweifel einen neuen bedeutsamen Schritt auf dem historisch langen Wege zu dem von Lenin vorausgesagten einheitlichen Wirtschaftsorganismus darstellt, der sich nach einem gemeinsamen Plan entwickeln wird. Schritt für Schritt werden die Pläne der sozialistischen ökonomischen Integration in ihrer Gesamtheit zu einem einheitlichen Plan der Entwicklung der Volkswirtschaften unserer Gemeinschaft verschmelzen, der zunehmend Orientierung und Direktive kollektiven internationalen Handelns wird. Diese Entwicklung vollzieht sich nach den bewährten Prinzipien der freiwilligen Teilnahme an der Integration, die unter den Bedingungen der sozialistischen Wirtschaft unverrückbar mit dem Prinzip unbedingter internationaler „Plantreue“ als Klassenpflicht verbunden sein muß.

5.3. Grundrichtungen der Verflechtung der Volkswirtschaften

Die internationale Verflechtung der volkswirtschaftlichen Reproduktionsprozesse ist eines der Hauptmerkmale der internationalen sozialistischen Vergesellschaftung. Verflechtungen auf diesem oder jenem Gebiet entstehen im Zusammenhang mit der Internationalisierung der Produktivkräfte und Produktionsverhältnisse und sind somit keine neue Erscheinung in der Wirtschaft. Mit dem Übergang zur sozialistischen ökonomischen Integration ändern sich jedoch der Ausgangspunkt, die Stabilität und Intensität der wirtschaftlichen Verflechtungen.

Wesentliche Merkmale der neuen Verflechtungsprozesse bestehen darin, daß sie zunehmend nach internationalen Standortkriterien gelenkt werden und allen Partnern langfristig effektive volkswirtschaftliche Strukturen sichern sowie zur Herausbildung internationaler Reproduktionskomplexe führen. All das erfordert adäquate Formen der Kooperation. Grundrichtungen der Verflechtung im Prozeß der sozialistischen ökonomischen Integration sind:

– Spezialisierung und Kooperation der Forschung, Entwicklung und Produktion;
– planmäßiger internationaler Einsatz von Fonds und auch von Arbeitskräften, unter anderem in Form von gemeinsamen Organisationen;
– Koordinierung der Investitionen;

– Verflechtung des Wissenschaftspotentials der RGW-Länder;
– gemeinsame Rationalisierung von Betrieben, Produktionsabschnitten und anderem.

Spezialisierung und Kooperation der Produktion

Die komplexe sozialistische Industrialisierung und die Festigung der sozialistischen Eigentumsverhältnisse haben in allen Mitgliedsländern des RGW während der vergangenen Jahrzehnte neue Bedingungen für eine umfassende volkswirtschaftliche und internationale Spezialisierung und Kooperation geschaffen. Auf ihrer Grundlage konnten im Komplexprogramm auch zur weiteren Vervollkommnung der arbeitsteiligen Zusammenarbeit in der Produktion selbst bedeutende Maßnahmen festgelegt werden. Ihre Verwirklichung führt zu einer qualitativ neuen Stufe der sozialistischen internationalen Spezialisierung und Kooperation.

So zeichnet sich seit Beginn der 70er Jahre eine Reihe wesentlicher Prozesse ab, die die internationale Spezialisierung und Kooperation bedeutend vertiefen und für alle Volkswirtschaften effektiver machen. Das betrifft ihre zunehmende komplexe und multilaterale Gestaltung, die breitere Durchsetzung progressiver Richtungen der Spezialisierung und Kooperation sowie die vertragliche Regelung.

Diese Prozesse stehen in engem Zusammenhang mit der Verbesserung der gemeinsamen Planungstätigkeit, vor allem mit der zielgerichteten Anwendung einer gemeinsamen Planung, durch die zunehmend multilateral abgestimmte Entwicklungs- und Spezialisierungsprogramme für ganze Zweige und Erzeugnisgruppen, zum Beispiel des Maschinenbaus, geschaffen werden. Gemeinsame Prognosen und Bedarfsermittlungen der Anwenderzweige (zum Beispiel zur Versorgung der chemischen Industrie, der Landwirtschaft, der Leichtindustrie, des Bauwesens mit Ausrüstungen) bilden Ausgangspunkte für solche Programme. Sie bieten günstigere Möglichkeiten und die Gewähr für komplexe Lösungen der Spezialisierung und Kooperation, die alle Reproduktionsstufen, inbesondere aber die Forschung und Entwicklung, mit einbeziehen. Sie ermöglichen es auch, von einer Spezialisierung auf einzelne Maschinen und Geräte beziehungsweise Typen und Baugrößen, die bisher noch überwog, zu einer gemeinsamen Entwicklung und arbeitsteiligen Produktion von Maschinen- und Gerätesystemen, kompletten technologischen Linien, Arten und Gruppen von Erzeugnissen, Sortimenten an Baugruppen, Bauelementen und Komplettierungsteilen sowie zu anderen progressiven Spezialisierungsrichtungen übergehen zu können.

Beispielgebend ist die multilaterale Entwicklung einiger vereinheitlichter Systeme von Baugruppen für die Automatisierung von Maschinen und Maschinensystemen, speziell des einheitlichen Systems der elektronischen Rechentechnik (ESER). Bis 1969 wurden in den RGW-Ländern 27 Typen verschiedener elektronischer Datenverarbeitungsanlagen hergestellt, die vorher in bezug auf Anwenderprogramme und technologische sowie konstruktive Kennwerte nicht paßfähig waren. Die Kompliziertheit ihres Einsatzes erhöhte sich dabei noch durch die Verschiedenartigkeit der peripheren Geräte (ca. 600), die für jeden Rechner gesondert entwickelt wurden.

Im Dezember 1969 schlossen die VRB, UVR, DDR, VRP, UdSSR und ČSSR ein mehrseitiges Abkommen über die arbeitsteilige Entwicklung, Produktion und Anwendung der elektronischen Rechentechnik ab, dem sich später die Republik Kuba anschloß. Die Abkommenspartner verfolgten damit vor allem zwei Hauptziele: erstens ein einheitliches System der elektronischen Rechentechnik zu schaffen, das in allen technischen Kennwerten aufeinander abgestimmt ist und eine einheitliche Sprache für die Erfassung, Bearbeitung und Anwendung der Informationen sichert; zweitens eine tiefgehende Spezialisierung und Kooperation sowie Konzentration der Produktion dieser Technik und ihrer einzelnen Elemente herbeizuführen.

Durch schöpferische Gemeinschaftsarbeit eines vieltausendköpfigen Kollektivs von Wissenschaftlern, Konstrukteuren, Ingenieuren, Arbeitern und Technikern wurden in nur dreieinhalb Jahren eine zusammenhängende Reihe von sechs Modellen elektronischer Datenverarbeitungsanlagen der dritten Generation entwickelt und industriell gefertigt. An die Stelle einiger hundert peripheren Anlagen traten rund 80 Typen. Alle ESER-Modelle wurden auf der Grundlage abgestimmter Standards ausgearbeitet und bilden ein einheitliches programmkompatibles Maschinensystem.

Die Zusammenarbeit bei der Entwicklung der elektronischen Rechentechnik trug dazu bei, daß die Forschungs-, Entwicklungs- und Produktionskapazitäten zielstrebig ausgebaut wurden. Das ist zugleich die Gewähr für weitere Erfolge der gemeinsamen Arbeit. Heute arbeiten in den genannten Ländern mehr als 20000 Wissenschaftler, Ingenieure und Techniker sowie rund 300000 Arbeiter nach gemeinsamen Plänen auf dem Gebiet der Rechentechnik.

Eine besondere Rolle für die Intensivierung des Reproduktionsprozesses spielt weiterhin der verstärkte Übergang zur Spezialisierung und Kooperation auf Baugruppen, Bauelemente und Komplettierungsteile; denn hier liegen Möglichkeiten, den unter den Bedingungen des wissenschaftlich-technischen Fortschritts wachsenden Widerspruch zwischen der Tendenz zur Diversifikation und der Notwendigkeit zur Konzentration schrittweise zu lösen beziehungsweise zu mindern. Diese Spezialisierungsrichtung ist einer der wichtigsten Wege, um den Konzentrationsprozeß weiter durchzusetzen sowie effektive Produktionsmaßstäbe und fortschrittlichste Fertigungstechnologien zu erreichen, ohne daß auf die eigene Entwicklung der betreffenden Industriezweige in den einzelnen RGW-Ländern verzichtet werden muß. Diese Möglichkeiten werden um so vielfältiger sein, je weiter die internationale Standardisierung fortschreitet, weil letztere zu einer größeren Anpassungsfähigkeit der kooperierenden Einheiten und einer entsprechenden Vergrößerung der Produktionsstückzahlen führt. Aus diesem Grunde wurde im Komplexprogramm die Aufgabe gestellt, bis 1980 für alle wichtigen, in internationaler Kooperation und Spezialisierung produzierten oder zur Produktion vorgesehenen Erzeugnisse eine komplexe Standardisierung vom Rohstoff bis zum Fertigungserzeugnis durchzuführen sowie die Typisierung der wichtigsten Arten von Erzeugnissen des Maschinenbaus zu erreichen. Abkommen über die Zusammenarbeit bei der Vereinheitlichung von staatlichen Standards, technischen Bedingungen und anderen technischen Regelungen, wie sie zum Beispiel zwischen der DDR und der UdSSR bereits bestehen, sind bedeutende Schritte in dieser Richtung.

Hervorzuheben sind ferner die Fortschritte, die gerade in den letzten Jahren beim Abschluß und der Realisierung von Verträgen zur internationalen Spezialisierung und Kooperation sowie zum Austausch spezialisierter Erzeugnisse erzielt wurden. So konnte zum Beispiel die DDR bereits bis Ende 1973 340 solcher Verträge mit den RGW-Ländern und der SFR Jugoslawien abschließen, davon 95 auf dem Gebiet der Forschung und Entwicklung. Darunter befinden sich auch 17 multilaterale Verträge. Auf dieser Grundlage hat sich allein im Zeitraum 1968 bis 1973 der Anteil jener Warenlieferungen, die auf Abkommen und Verträgen zur Spezialisierung beruhen, entsprechend rasch erhöht: beim Export der DDR von 80 Millionen auf 3,1 Milliarden Valutamark, beim Import von 120 Millionen auf 1,3 Milliarden Valutamark.[143] Das umfaßt rund 17 Prozent ihres Gesamtexports und 7,5 Prozent ihres Gesamtimports nach beziehungsweise aus RGW-Ländern im Jahre 1973. Auf die UdSSR, dem Hauptpartner im internationalen Verflechtungsprozeß ihrer Volkswirtschaft, entfällt dabei mit Abstand der höchste Teil. Hier werden bereits 23,6 Prozent des Exports im Rahmen vertraglicher Vereinbarungen über die Spezialisierung

143 Vgl. G. Weiß, Die DDR – fester Bestandteil des RGW, in: Einheit, 1/1974, S. 26

und Kooperation realisiert. Dabei liegen solche wichtigen Erzeugnisgruppen, wie der Schiffbau, der Schienenfahrzeugbau sowie der Kranbau, noch weit über diesem Durchschnitt.

Parallel zu den hier genannten Prozessen der Vervollkommnung der internationalen Spezialisierung und Kooperation zeichnet sich gleichzeitig verstärkt die Tendenz ihrer zunehmenden Konzentration auf volkswirtschaftliche Schwerpunkte und die Lösung grundlegender struktureller Entwicklungsprobleme ab. Neben ihrer weiteren vorrangigen Entwicklung innerhalb der metallverarbeitenden Industrie, die für die Herausbildung effektiver Volkswirtschaftsstrukturen in allen RGW-Ländern weiterhin entscheidend ist, wird die internationale Spezialisierung und Kooperation zielstrebiger und konsequenter dafür genutzt, um das Energie-, Brenn- und Rohstoffproblem lösen zu helfen und die in allen RGW-Ländern gestellte Hauptaufgabe zu erfüllen. So wurden in den letzten Jahren vor allem mit der UdSSR, der ČSSR und der VR Polen und anderen RGW-Ländern Spezialisierungsvorhaben vereinbart, die eine rasche Entwicklung der Konsumgüterindustrie, besonders der Produktion hochwertiger Konsumgüter, bei denen noch Engpässe bestehen, zum Inhalt haben. Dabei konnten zum Beispiel auf dem Gebiet der Haushalts- und Fotochemie, der Textilindustrie und der Produktion von Waschmaschinen entsprechende dauerhafte Lösungen getroffen werden, die allen beteiligten Partnern zum Vorteil gereichen.

Alle die hier genannten Prozesse bilden die Grundlage dafür, daß der Einfluß der internationalen Spezialisierung und Kooperation auf die Effektivität, langfristige Stabilität und Kontinuität der volkswirtschaftlichen Reproduktion stetig erhöht werden kann.

Die praktischen Erfahrungen der Zusammenarbeit zeigen zugleich, daß gerade für eine komplexe Spezialisierung und Kooperation im Rahmen des RGW weiterhin Bedingungen zu schaffen sind, die es ermöglichen, die einzelnen Maßnahmen mit hoher Effektivität, unbürokratisch und entsprechend den Plänen durchzuführen. Vorrangig ist gegenwärtig die Lösung solcher Probleme, wie die Preisbildung für spezialisierte und kooperierte Erzeugnisse, die Bewertung für Leistungen von Forschung und Entwicklung und ihre internationale Verrechnung, die Rechte der Betriebe und Kombinate im Rahmen von Direktbeziehungen zur Vertiefung der internationalen Spezialisierung und Kooperation.

Die von der 56. Sitzung des Exekutivkomitees des RGW im Jahre 1972 beschlossenen Empfehlungen zu ökonomischen, finanziellen und rechtlichen Fragen der Tätigkeit von Wirtschaftsorganisationen und der Spezialisierung und Kooperation der Produktion sind ein wichtiger Beitrag dazu.

Internationaler Einsatz von Fonds

Die unmittelbare Verflechtung in der Produktion im Interesse optimaler Lösungen aus der Sicht der Gemeinschaft führen objektiv zum planmäßigen internationalen Einsatz der Fonds als einer möglichen und bereits heute erforderlichen Form der Zusammenarbeit. Dabei handelt es sich um eine freiwillig vereinbarte, zeitweilige Verlagerung von Nationaleinkommen, um die Elemente des Produktionsprozesses unter den im Rahmen der Gemeinschaft günstigsten Bedingungen zu kombinieren, das heißt eine höchstmögliche Effektivität der eingesetzten Fonds zu erreichen.

Betrachtet man Arbeitskraft, Grundfonds und Investitionen sowie Boden- und Naturschätze als wichtigste Elemente des Produktionsprozesses, so sind folgende internationale Kombinationen dieser Faktoren möglich:
– internationaler Einsatz von Fonds (Investitionen und Arbeitskräften) an den Energie- und Rohstoffquellen, um eine hohe Effektivität der Erschließung, Be- und Verarbeitung an Ort und Stelle zu erreichen sowie Transportaufwendungen zu sparen;
– internationaler Einsatz von Fonds in Gebieten, in denen auf Grund besonderer, historisch-ökonomisch entstandener Bedingungen noch beträchtliche Arbeitskräftereserven zu erschließen sind;
– die Wanderung von Fonds zu den Fonds, um durch Konzentration von Investitionen optimale Kapazitäten zu erreichen;
– internationaler Einsatz von Fonds und auch bestimmter Arbeitskräfte (Facharbeiter, Spezialisten) in Produktionsstätten der verarbeitenden Industrie, die mit modernen Verfahren und Technologien ausgestattet sind oder durch Zusammenarbeit ausgegestattet werden.[144]

Bisher am weitesten entwickelt ist der internationale Einsatz von Fonds zur Erschließung von Roh- und Brennstoffquellen. Der hohe Fondsvorschuß für die Entwicklung der Rohstofförderung führt auf seiten der Länder, die Rohstoffe liefern, zu starken wirtschaftlichen Belastungen und schränkt deren Akkumulationskraft auf anderen Gebieten ein. Es bedarf deshalb verstärkt gemeinsamer Anstrengungen interessierter Partnerländer, um Rohstoffvorkommen zu erschließen, Rohstoffe aufzubereiten und so den Bedarf dieser Länder kostengünstig zu decken. Das Komplexprogramm sieht hierzu vor: die Zusammenarbeit bei der Schaffung zusätzlicher Kapazitäten für die Gewinnung und den Transport von Erdöl und Erdgas auf dem Territorium der UdSSR; gemeinsame Gewinnung und Auf-

[144] Vgl. G. Kohlmey, Wahl von Produktionsstandorten und internationale Mobilität von Produktivkräften in der Wirtschaftsintegration der RGW-Länder, in: Wirtschaftswissenschaft, 9/1973, S. 1298ff.

bereitung von Eisenerz und die Produktion bestimmter Ferro-Legierungen in der UdSSR; die Schaffung zusätzlicher Produktionskapazitäten der Energiekohlengruben auf dem Territorium der VR Polen; Schaffung neuer Kapazitäten für die Produktion von Mangan-Ferro-Legierungen in der VR Bulgarien; Investitionsbeteiligungen für die Produktion von Kupfer und Zink in der VR Bulgarien sowie von Kupfer und Nickel in der UdSSR.

Eine langfristige stabile Roh- und Brennstoffversorgung der RGW-Länder – darunter auch der DDR – erfordert auf Grund der Standortverteilung der Bodenschätze und der zum Teil sehr aufwendigen Erschließungsarbeiten neben der Weiterentwicklung der traditionellen Rohstofflieferungen – das heißt des Austausches von Maschinen, Chemieerzeugnissen, Konsumgütern gegen Rohstoffe – die internationale Konzentration der für die Energie- und Rohstoffwirtschaft vorgesehenen Investitionen. Es bedarf hier längerfristiger Koordinierungen und Strategien, um neue beziehungsweise zusätzliche Quellen zu erschließen. So wie das schon im Zusammenhang mit der Erhöhung des Aufkommens bei Zellstoff, Asbest, Erdöl und Erdgas geschah, wird sich die DDR auch an anderen gemeinsamen Vorhaben der RGW-Länder zur Erschließung neuer Rohstoffquellen beteiligen.

Man kann davon ausgehen, daß in den nächsten Jahren der internationale Einsatz von Investitionen, vor allem in der UdSSR, Größenordnungen annehmen wird, die die Proportionen und die Struktur der Volkswirtschaft der DDR erheblich beeinflussen werden. Die Ermittlung effektiver Varianten für eine Aufteilung der Investitionen in Rohstoff-Auslandsinvestitionen und Rationalisierungs- und Rekonstruktionsinvestitionen in der DDR, die Bestimmung ihrer richtigen materiellen, gebrauchswertmäßigen Struktur, werden zu wichtigen Aufgaben der Investitionspolitik.

Bisher und in nächster Zeit erfolgt diese Investitionsbeteiligung überwiegend:

– als zweckgebundener Regierungskredit, der materiell sowohl in Form von Maschinen und Ausrüstungen für die betreffenden Objekte als auch von Lieferungen anderer Waren (chemischer Erzeugnisse, Konsumgüter) realisiert wird;

– als langfristiger Kredit der Internationalen Investitionsbank, wobei sie nur einen Teil der betreffenden Vorhaben finanziert.

Gegenwärtig sind zweckgebundene Regierungskredite die vorherrschende Form. Zukünftig wird jedoch die Rolle der IIB als Kreditgeber zunehmen. Sie wird zu einem wichtigen Instrument des konzentrierten Einsatzes eines Teils der Investitionen der RGW-Länder. Vornehmlich über diese Bank hat auch im Bereich der verarbeitenden Industrie der internationale Einsatz von Fonds begonnen. IIB-Kredite dienen unter anderem der

Rekonstruktion und Erweiterung der LKW-Produktion in den tschechoslowakischen Tatra-Werken, dem Ausbau der Autobusproduktion in den ungarischen Ikarus-Werken, dem Bau eines Werkes für Elektromotoren mit kleiner Leistung in der Volksrepublik Polen.

Der internationale Einsatz von Fonds war und bleibt auch ein wichtiges Mittel der Hilfe und Unterstützung für industriell noch weniger entwickelte Länder und Gebiete. Hier vollzieht sich häufig ein Einsatz von Fonds in Territorien, in denen vor allem durch Mechanisierung in der Landwirtschaft Arbeitskräfte für die Industrie freigesetzt werden können. Vom Standpunkt der politisch-historischen Perspektive der Gemeinschaft, aber auch unter dem Gesichtspunkt der Effektivitätsentwicklung ist dieser internationale Einsatz der Fonds von weit größerer Bedeutung als der Einsatz von Arbeitskräften in der Industrie entwickelter Länder, weil dabei auch soziale, ökonomische und territoriale Probleme von gesamtvolkswirtschaftlicher Bedeutung schneller gelöst werden können.

Eine relativ neue Form der Verflechtung ist die Schaffung gemeinsamer Betriebe. Ein Beispiel dafür ist die gemeinsame Baumwollspinnerei der DDR und der VR Polen in Zawiercie. In der gegenwärtigen Entwicklungsetappe der sozialistischen Gemeinschaft und der einzelnen Länder kann diese Form der Verflechtung noch nicht als die dominierende Richtung betrachtet werden. Hierfür ist die Lösung einer ganzen Reihe von Problemen, besonders der Leitung und Planung, der Kalkulation, der Finanzierung und der Verteilung der Gewinne, erforderlich.[145]

Der internationale Einsatz von Investitionen, vor allem zur Erschließung von Rohstoff- und Energiequellen, wird in Zukunft auch in der Zusammenarbeit mit Entwicklungsländern notwendig werden. Hierbei geht es um die konzentrierte und gemeinsame Nutzung von Investitionsmitteln der RGW-Länder, um die dort vorhandenen großen Natur- und Bodenschätze im Interesse der industriellen Entwicklung dieser Staaten sowie der besseren Rohstoffversorgung unserer Gemeinschaft zu erschließen. Die Bildung eines Sonderfonds zur Kreditierung von Maßnahmen und Vorhaben in der Zusammenarbeit mit den Entwicklungsländern bei der Internationalen Investitionsbank war hierfür ein wichtiger erster Schritt.

Die sozialistische ökonomische Integration ist das Werk der Arbeiterklasse, ist ihr internationalistischer Auftrag, Bestandteil ihrer historischen Mission. Unter diesen Bedingungen werden der internationale Erfahrungsaustausch, die „Internationalisierung" der besten Methoden und Erfah-

145 Vgl. G. Lehmann, Zu einigen theoretischen und praktischen Fragen der Bildung und der Leitung gemeinsamer Betriebe von Mitgliedsländern des RGW, in: Wirtschaftswissenschaft, 9/1973. S. 1312ff.

rungen, das gegenseitige Sichkennenlernen selbst zu einer Produktivkraft. Die Tätigkeit von Produktionsvereinigungen, Koordinierungszentren, die Forschungskooperation und andere gemeinsame beziehungsweise arbeitsteilige Aktivitäten führen zu vielfältigen Direktbeziehungen, die ganze Kollektive und deren internationalen Austausch erfassen. Praktische Beispiele der gegenseitigen Delegierung von Arbeitern und Spezialisten gleichgelagerter Betriebe waren und sind von unschätzbarem materiellen und ideellem Wert. Dieser Weg der Gemeinsamkeit ist untrennbarer Bestandteil der sozialistischen ökonomischen Integration.

Auf Grund historischer, ökonomischer, demographischer und vieler anderer Bedingungen ist die Arbeitskräftesituation in den sozialistischen Ländern heute noch unterschiedlich. Während in der DDR auf Grund der Bevölkerungsstruktur die Zahl der arbeitsfähigen Bürger seit Jahren nicht mehr zugenommen hat, ist zum Beispiel in der Volksrepublik Polen die Schaffung neuer Arbeitsplätze für zahlenmäßig starke, in den Arbeitsprozeß eintretende Jahrgänge eine Grundaufgabe der Wirtschaftspolitik.

Solange solche Unterschiede im Arbeitskräftepotential bestehen, werden die sozialistischen Länder auch einen planmäßigen Einsatz von Arbeitskräften in anderen sozialistischen Ländern zum gegenseitigen Vorteil aller Beteiligten praktizieren.

Die DDR hat zum Beispiel ein Abkommen mit der Ungarischen VR geschlossen, wonach über 27000 ungarische Bürger in der DDR eine Tätigkeit aufnehmen können. Gleiche Vereinbarungen gibt es mit der VR Polen über den Einsatz von Arbeitskräften in Betrieben der DDR, besonders im grenznahen Raum.

Ferner werden auf diesem Gebiet wirkungsvolle neue Formen der Zusammenarbeit entwickelt. Einige sozialistische Länder errichten zum Beispiel in der DDR Objekte mit eigenen Arbeitskräften. So verlegte die polnische Bauorganisation Hydro-Budowa Rohrleitungen in der DDR, und die SFR Jugoslawien erbaute das Interhotel Panorama im Erholungsgebiet Oberhof.

Bulgarische Arbeitskräfte sind in der Komi-ASSR (Sowjetunion) in der Holz- und holzverarbeitenden Industrie tätig, um dort Voraussetzungen für größere Holzimporte der VR Bulgarien aus der UdSSR zu schaffen und den bulgarischen Bedarf zu sichern.

Der internationale Einsatz von Fonds und Arbeitskräften ist also ohne Zweifel eine höhere Form der Vergesellschaftung und der Internationalisierung der Produktion, und ihre Rolle wird in Zukunft ständig zunehmen. Hier handelt es sich um eine Grundrichtung der Integration, die vor allem auf die Erziehung maximaler Konzentrationseffekte ausgerichtet ist. Sie ist jedoch nicht nur ein technisch-ökonomischer, sondern auch ein gesellschaftlicher Prozeß. Die mit der sozialistischen ökonomischen Integration verbundene Entwicklung sozialistischer internationaler Produktionsverhältnisse wird hier besonders deutlich.

Koordinierung der Investitionen

Ein entscheidendes Kettenglied im gesamten Komplex der Zusammenarbeit von der Forschung und Entwicklung bis zum Absatz ist ohne Zweifel eine bedarfs- und termingerechte Koordinierung der Investitionen. Dies gilt mehr oder weniger für jede Grundrichtung der sozialistischen ökonomischen Integration. Auf wichtigen Gebieten der verarbeitenden Industrie jedoch ist die Investitionskoordinierung selbst Hauptform der Verflechtung.

Investitionskoordinierung ist besonders in jenen Bereichen der Industrie von Bedeutung, in denen mit der Errichtung der Kapazitäten das Profil der betreffenden Betriebe, bedingt durch die Spezifik der technologischen Prozesse, ein für allemal bestimmt wird.

Die Koordinierung der Investitionen erhöht letztlich die gegenseitigen Lieferungen von Fertigerzeugnissen. Sie beinhaltet einen über Ländergrenzen abgestimmten Einsatz von Investitionen, um in jedem Land (vom Standpunkt der Technik und Ökonomie) optimale Produktionskapazitäten zu errichten. Zwei Grundrichtungen stehen im Vordergrund:

- die direkte Spezialisierung von Produktionskapazitäten in mehreren Ländern;
- der zeitlich gestaffelte Aufbau gleichartiger Produktionskapazitäten.

In der Praxis wird bereits eine ganze Reihe abgestimmter Vorhaben verwirklicht. Die VR Polen erzeugt künftig Polyesterfaserstoffe und beliefert damit auch den Markt der Ungarischen VR, während letztere ihre Polyamid- und Polyacrylnitril-Faserherstellung derart ausbaut, daß sie auch den Bedarf der VR Polen zu decken vermag.

Die DDR baut in Böhlen eine Äthylenanlage mit einer solchen Kapazität, die beträchtliche Nachfolgeinvestitionen für die Weiterverarbeitung erforderlich macht. Im Rahmen der Investitionskoordinierung werden diese Verarbeitungskapazitäten von der ČSSR errichtet. Über eine 135 km lange Verbundleitung wird ein Teil des Äthylens zur Weiterverarbeitung von Böhlen nach Zalaži transportiert. Ein Teil der Verarbeitungsprodukte wird dann in die DDR zurückgeliefert. In der zweiten Etappe des gemeinsamen Vorhabens wird in der ČSSR eine gleiche Großanlage zur Äthylenerzeugung errichtet, während in der DDR die Verarbeitungskapazitäten erweitert werden.

Eine ähnliche Kooperation entsteht zwischen der Ungarischen VR und der UdSSR. Die Ungarische VR wird nach Inbetriebnahme des neuen Chemiekombinates Tisza in Leninvaros in die UdSSR über eine Rohrleitung Äthylen und in Tankwagen Propylen exportieren. Die Sowjetunion liefert zum gleichen Wert an die Ungarische VR Polyäthylen, stoßfestes Polystyrol, Akrylnitril, Äthylenglykole und Styrol, alles Grundstoffe einer modernen Verarbeitungsindustrie. Somit erhält die Ungarische VR die Möglichkeit, einen modernen Olefinbetrieb zu errichten, wobei gleichzeitig wichtige chemische Erzeugnisse zur Verfügung stehen, deren Produktion zunächst nicht aufgenommen zu werden braucht.

Neben diesen beiden Grundrichtungen der Investitionskoordinierung bestehen natürlich auch in der chemischen Industrie Möglichkeiten, durch gemeinsame Errichtung von Betrieben die Effektivität der eingesetzten Investitionen zu erhöhen. So ist im Komplexprogramm unter anderem vorgesehen, gemeinsam Großkapazitäten für die Produktion von Isoprenkautschuk zu errichten.

Berücksichtigt man den gegenwärtig noch relativ geringen gegenseitigen Austausch von Chemieerzeugnissen, dann wird deutlich, daß gerade in dieser Form der Zusammenarbeit große Effektivitätsreserven liegen. Diese Investitionskoordinierungen zeichnen sich nicht nur durch hohe ökonomische sondern auch durch enge technisch-technologische Verflechtungen aus. Ringsysteme in der Olefin-Produktion sind Schritte zu einem einheitlichen Reproduktionsprozeß und fördern die Entwicklung internationaler Industriekomplexe.

Verflechtung der Wissenschaftspotentiale

Die Internationalisierung des Wirtschaftslebens, die Verflechtung in der Produktion zwingen objektiv dazu, auch die Forschung und Entwicklung international zu konzentrieren und zu spezialisieren. Das ist eine entscheidende Voraussetzung für die Erhöhung der Effektivität der Produktionsverflechtung.

Entsprechend entwickeln sich auch vielfältige Integrationsbeziehungen in Wissenschaft und Technik: gegenseitige Konsultationen zu Grundfragen der wissenschaftlich-technischen Politik, Ausarbeitung wissenschaftlich-technischer Prognosen für 10 bis 15 Jahre, Koordinierung der Grundrichtungen der Entwicklung von Wissenschaft und Technik, gemeinsame Planung einzelner wichtiger wissenschaftlicher und technischer Probleme, Austausch wissenschaftlich-technischer Errungenschaften und fortgeschrittener Erfahrungen, Ausbau des wissenschaftlich-technischen Informationssystems der Mitgliedsländer des RGW sowie verstärkte Kooperation bei der Ausbildung wissenschaftlicher Kader. Auch auf diesem Gebiet sind also ein langfristiges, planmäßiges Herangehen sowie die komplexe Lösung wichtiger Aufgaben ein neuer Wesenszug der Zusammenarbeit.

Während in der angewandten Forschung die Konzentration des Forschungs- und Entwicklungspotentials in enger Verbindung mit der Spezialisierung und Kooperation erfolgt (bis hin zur Schaffung von Forschungskapazitäten bei internationalen Vereinigungen), werden zur Konzentration der Grundlagenforschung andere Organisationsformen angewendet.

Im Komplexprogramm wird ausdrücklich festgestellt, daß die Zusammenarbeit auf der Grundlage komplexer Forschungsprogramme erfolgt und durch Abkommen, Verträge beziehungsweise andere Dokumente geregelt wird. Diese Dokumente beinhalten die Ziele der Forschungsarbeiten, ihre Termine und die Formen der Zusammenarbeit. Ausgehend von Ziel und Inhalt der einzelnen Aufgaben, können die Organisationsformen sehr unterschiedlich sein: Internationale Forschungskooperation in enger Verbindung mit der Spezialisierung und Kooperation in der Produktion auf vertraglicher Grundlage, Koordinierungszentren, internationale Forschungs- und Entwicklungseinrichtungen sowie gemeinsame Laboratorien und Abteilungen, zeitweilige internationale Forschungskollektive sowie Wissenschafts- und Produktionsvereinigungen mit wirtschaftlicher Rechnungsführung.

In den letzten Jahren wurden zahlreiche wissenschaftlich-technische Abkommen unterzeichnet oder vorbereitet, die Schlüsselprobleme der wissenschaftlich-technischen Entwicklung lösen helfen: Dazu gehören unter anderem Vorhaben auf dem Gebiet des Umweltschutzes, der Biophysik, zur Entwicklung neuer hochwertiger Nahrungsmittel, zur Züchtung ertragreicher Sorten und Hybriden landwirtschaftlicher Kulturen, zur Schaffung neuer Arten von chemischen und biologischen Pflanzenschutzmitteln, auf dem Gebiet des Korrosionsschutzes, der Halbleiterwerkstoffe und hochreiner Metalle.

Unter Leitung des Rates für Fragen zum Schutz und zur Verbesserung der Umwelt entwickeln die RGW-Länder gemeinsam zum Beispiel Verfahren gegen Luftverschmutzung durch Schadstoffe und neue Schädlingsbekämpfungs- und biologische Pflanzenschutzmittel. Gegenwärtig arbeiten die RGW-Länder und die SFRJ an insgesamt 112 Themen zu diesem Komplex. 360 Forschungsinstitute und Entwicklungsorganisationen sind dabei einbezogen. Die XXVII. Tagung des RGW hat Maßnahmen zur Erweiterung der Zusammenarbeit auf dem Gebiet des Schutzes und der Verbesserung der Umwelt und der damit verbundenen rationellen Nutzung natürlicher Ressourcen empfohlen. So soll beim Schutz und bei der Reinigung der Binnengewässer und Ozeane auch zu einer breiten Zusammenarbeit auf gesamteuropäischer Grundlage übergegangen werden. Heute gibt es kaum noch eine Industriezweigkommission des RGW, die sich entsprechend ihrer Problematik nicht mit Fragen des Umweltschutzes beschäftigt.

Die Zusammenarbeit der wissenschaftlichen Forschungsinstitutionen und -organisationen der RGW-Länder ist in Effektivität und Umfang beträchtlich erweitert worden. 1966 haben zum Beispiel 500 Institutionen zusammengearbeitet, 1972 waren es bereits rund 1800.

Bis Mitte 1973 unterzeichneten die zuständigen Organe der RGW-Länder mehr als 20 Abkommen, die die Gründung von 34 Koordinierungszentren, 3 internationalen Forschungskollektiven, einer Wissenschafts- und Produktionsvereinigung und einer Reihe wissenschaftlich-technischer Räte vorsehen.

Von den 34 Koordinierungszentren entstanden 16 in der UdSSR, 6 in der ČSSR, jeweils 4 in der VR Polen und in der DDR sowie je 2 in der VR Bulgarien und in der Ungarischen Volksrepublik.

Ohne die Vielfalt der Formen negieren und einige davon unterschätzen zu wollen, sind bei der Vertiefung der Integration besonders zwei Formen der Wissenschaftsverflechtung zu nennen:

– die Schaffung von internationalen Koordinierungszentren,
– die Schaffung gemeinsamer Forschungseinrichtungen.

Internationales Koordinierungszentrum ist in der Regel eine nationale Forschungs-, Entwicklungs- oder andere Einrichtung, die über die größte wissenschaftlich-technische Basis verfügt und demzufolge als Koordinator der Forschungen auf diesem Gebiet in allen RGW-Ländern arbeitet. Die Koordinierung ist hier die Form der einheitlichen Leitung und Planung aller Forschungskapazitäten, ohne daß diese aus dem Forschungsverband der einzelnen Länder herausgelöst werden. Gemeinsame Forschungsprogramme, vertragliche Regelungen, Direktbeziehungen und uneingeschränkte Vermittlung aller bisherigen Erkenntnisse als Ausgangspunkte für neue gemeinsame Lösungen bestimmen in hohem Maße die Effektivität der Wissenschaftskooperation.

Gemeinsame Rationalisierung

Die Verflechtungsprozesse erstrecken sich nicht nur auf die Gewinnung neuer wissenschaftlich-technischer Erkenntnisse, auf die Errichtung neuer Produktionskapazitäten sowie auf eine verstärkte Kooperation zwischen bereits bestehenden Betrieben. Sie erfassen auch eine gewisse Internationalisierung der Erfahrungen bei der Organisation der Produktion, bei der Gestaltung der betriebswirtschaftlichen Prozesse. Die Verallgemeinerung fortschrittlicher Produktionserfahrungen, die Anwendung neuester Technologien, ihre Verbindung mit anderen Formen internationaler Zusammenarbeit sind ein Hauptanliegen der gemeinsamen Rationalisierung von Betrieben und Produktionsabschnitten.

Diese Kooperation erweist sich in der Praxis als äußerst effektiv. Hier werden mit relativ geringen Mitteln beträchtliche Effekte erzielt. Die gegenwärtige Struktur der Grundfonds in einigen Maschinenbaubetrieben und die hohe Dynamik des wissenschaftlich-technischen Fortschritts führen dazu, daß in die Entwicklungsprogramme einzelner Zweige auch gemeinsame Rekonstruktions- und Rationalisierungsvorhaben einbezogen werden.

Diese Form der internationalen Zusammenarbeit entwickelt sich vor allem in den Industriezweigen, die auf Grund ihres spezifischen Produktionsprofils und ihrer Stellung im volkswirtschaftlichen Reproduktionsprozeß dafür geeignet sind. Das sind vor allem Betriebe der Leichtindustrie, der Zulieferindustrie, der Nahrungs- und Genußmittelindustrie.

Auf bilateraler Ebene hat zum Beispiel die DDR mit der UdSSR Verträge über die gemeinsame Rationalisierung und Rekonstruktion von Betrieben in der Möbelindustrie, der Schuhindustrie sowie zur Produktion von Armaturen abgeschlossen.

Für die gemeinsame Rationalisierung und Rekonstruktion von Betrieben und Produktionsabschnitten gewinnt die unmittelbare Zusammenarbeit zwischen den Ministerien, Industrievereinigungen, Kombinaten und Betrieben zunehmend an Bedeutung. Die rationelle Gestaltung dieser Beziehungen wird in dem Maße gefördert, wie in allen RGW-Ländern relativ einheitliche Regelungen über Rechte und Pflichten für die Teilnahme an Direktbeziehungen festgelegt werden.

Vergesellschaftung und Internationalisierung des Wirtschaftslebens in der sozialistischen Gemeinschaft erfolgen nicht nur durch zentrale Vereinbarungen und Abkommen. Entsprechend dem Prinzip des demokratischen Zentralismus werden sie auch durch die Entfaltung von Direktbeziehungen zwischen Betrieben und Kombinaten sowie die Internationalisierung der Produktionserfahrungen maßgeblich mitbestimmt und beeinflußt.

In den Direktbeziehungen liegt eine große Möglichkeit, den Werktätigen der Mitgliedsländer des RGW die internationale Tragweite ihrer Arbeit deutlicher sichtbar zu machen und den internationalen Erfahrungsschatz von Werktätigen der Partnerbetriebe als Effektivitätsfaktor in der eigenen

Produktion zu nutzen. Hierbei entwickelt sich internationalistisches Bewußtsein, das als unbedingter Bestandteil des Vergesellschaftungs- und Internationalisierungsprozesses zu betrachten ist.

5.4. Die Vervollkommnung der Ware-Geld-Beziehungen

Sozialistische ökonomische Integration als Verflechtung aller Phasen des Reproduktionsprozesses schließt Integration der Zirkulationsprozesse ein. Die Produktionsintegration wird dann funktionieren, wenn die sie vermittelnden volkswirtschaftlichen und internationalen Zirkulationsbeziehungen richtig gestaltet werden. Es geht hier um eine neue Qualität: nicht um Zusammenarbeit über die Zirkulation, sondern um Verflechtung in der Zirkulation zur Vermittlung und Stimulierung der Produktions- und Wissenschaftsorganisation sowie zur Realisierung ihrer Ergebnisse.

Einheit von materiellen und finanziellen Prozessen

Bei der Planung der Integrationsprozesse ist davon auszugehen, daß die gemeinsame Planungstätigkeit in enger Wechselbeziehung mit der Vervollkommnung der Ware-Geld-Beziehungen erfolgen muß. Materielle und finanzielle Prozesse stellen eine Einheit dar, zwischen beiden bestehen enge Wechselwirkungen. Das schließt auch die relative Selbständigkeit der Wertbeziehungen ein.

Da die Vergesellschaftung und die Internationalisierung nicht allein auf den Wert, sondern vor allem auf den Gebrauchswert ausgerichtet sind, kommt den materiell-stofflichen Verflechtungen, vor allem der Produktionsintegration, die dominierende Rolle zu. Weil die Zirkulation die Produktion vermittelt, können die Instrumente der Zirkulation nur dann richtig funktionieren, wenn eindeutig und langfristig festgelegt worden ist, mit welchem Ziel diese Instrumente eingesetzt werden sollen.

Das Primat der Produktionsintegration schließt zwei Dinge ein:

– Es gibt keine materiell-stoffliche, keine internationale Verflechtung des Arbeitsprozesses ohne gleichzeitige internationale Verflechtung der Wertbeziehungen, des Wertbildungsprozesses; denn Gebrauchswert und Wert bilden auch in der sozialistischen ökonomischen Integration eine Einheit.

– Es wäre der Effektivität in hohem Maße abträglich, wollte man die Wertbeziehungen und den Wertbildungsprozeß als zweitrangig abtun in der Annahme, mit der materiell-stofflichen Verflechtung würden sich alle Fragen der Gestaltung und Nutzung der Wertgrößen von selbst lösen.

Die Gestaltung der Ware-Geld-Beziehungen ist von erstrangiger Bedeutung für eine hohe Effektivität der Integrationsprozesse. Sie müssen die Integrationsmaßnahmen stimulieren, kontrollieren und wichtige Entscheidungsgrundlagen schaffen. Dabei erfüllen sie Meß-, Stimulierungs- und Distributionsfunktionen, die aktiv auf Entscheidungen in der Planung und Produktion einwirken. Sie schaffen günstige oder ungünstige Bedingungen für die Vertiefung der Kooperation, die Erhöhung des gegenseitigen Warenaustausches zwischen den RGW-Ländern. Sie ermöglichen es, schneller und differenzierter auf veränderte Bedingungen in der Produktion selbst, in Wissenschaft und Technik sowie beim Absatz der Erzeugnisse zu reagieren oder aber veraltete Produktionen zu konservieren.

Natürlich wird der transferable Rubel seine Funktionen als Zahlungs-, Zirkulations- und Akkumulationsmittel um so besser lösen, je mehr weltmarktfähige Erzeugnisse produziert werden. Gleichzeitig wirken jedoch integrationsadäquate Valutainstrumente auf die Forschungs- und Produktionskooperation, auf Investitionsbeteiligungen ein. Sie fördern die Produktion weltmarktfähiger Erzeugnisse.

Bei der Nutzung der Wertbeziehungen in der sozialistischen internationalen Arbeitsteilung gilt mehr als anderswo das Prinzip der Kontinuität.

Es ist theoretisch schwierig und praktisch unmöglich, in bezug auf die Nutzung der Ware-Geld-Beziehungen einen geschlossenen sogenannten Marktmechanismus zu konzipieren und international einzuführen, schon gar nicht einen von der Produktionsintegration isolierten. Die gesamten Ware-Geld-Beziehungen vervollkommnen und entwickeln sich entsprechend den neuen Aufgaben in der Produktion und mit ihnen. Das erfolgt auf der Grundlage des sozialistischen Außenwirtschafts- und Valutamonopols.

Zur Vertiefung der sozialistischen ökonomischen Integration bilden folgende drei Säulen die Grundlage der Ware-Geld-Beziehungen, die im Verlaufe von 20 Jahren ihre großen Möglichkeiten und ihre Überlegenheit gegenüber dem kapitalistischen Marktmechanismus unter Beweis gestellt haben:

1. die planmäßige Gestaltung des Marktes der RGW-Länder, vor allem durch den Abschluß langfristiger Handelsabkommen;

2. die einheitlichen Preisbildungsprinzipien im Handel zwischen den RGW-Ländern, die vor allem stabile und langfristig planbare Preise sicherten;

3. der transferable Rubel als die kollektive Währung der sozialistischen Länder.

Der Übergang zur Integration ändert nicht die zentrale Stellung dieser Elemente der internationalen Zirkulationssphäre der RGW-Länder. Sie werden entsprechend den neuen Aufgaben vervollkommnet und ausgebaut, das heißt, ihre spezifischen Integrationsfunktionen werden entwickelt.

Außenhandel und Preisbildung

Die Produktionsintegration mindert nicht die Rolle der Außenhandelsbeziehungen, sondern umgekehrt, erhöht sie, überträgt ihnen neue, aus dieser Integration entspringende Funktionen. Es entwickeln sich neue Beziehungen zwischen Produktion und Außenhandel, um Spezialisierungen, Investbeteiligungen, Koordinierungen gemeinsam, synchron vorzubereiten, durchzuführen und zu realisieren. Aus dieser Tendenz, die die Effektivität der Integration fördert, kann auf bestimmten Gebieten die Zweckmäßigkeit erwachsen, daß große Produktionsvereinigungen selbst Außenhandelsfunktionen übernehmen.

Mit der Produktionsintegration verändert sich nicht nur die Struktur der Lieferungen (wachsender Austausch von Baugruppen und Teilen sowie wissenschaftlicher Ergebnisse), sondern die Außenhandelsbeziehungen erlangen größere Stabilität.

Die entscheidende Grundlage langfristiger Außenhandelsabkommen sind und bleiben die mengenmäßig fest vereinbarten Kontingente. Sie sichern die planmäßige Versorgung der Volkswirtschaft mit den entscheidenden Rohstoffen, den wichtigsten Maschinen, Ausrüstungen und anderen Gütern. Sie gewährleisten die Proportionalität im Rahmen des RGW, wahren eine hohe Stabilität und Kontinuität des Wachstums in Produktion und Außenhandel.

Das neue Moment besteht darin, daß die langfristigen Außenhandelsabkommen eng mit der Plankoordinierung verbunden sind. Langfristige Außenhandelsabkommen beruhen immer mehr auf Wirtschaftsverträgen und Vereinbarungen über Kooperation. Die Betriebe und Wirtschaftseinheiten (Anwender und Produzenten) werden stärker in die Vorbereitung der Abkommen einbezogen, und die Verantwortung für die vollständige, rechtzeitige und qualitative Erfüllung der übernommenen Verpflichtungen wird erhöht.

Nicht alle Waren und Leistungen können jedoch zentral und mengenmäßig in den langfristigen Außenhandelsabkommen erfaßt werden. Gerade die Praxis der letzten Jahre hat gezeigt, daß es bestimmte mengen- und sortimentsmäßige Veränderungen im Angebot und in der Nachfrage auf dem RGW-Markt gibt. Der Zeitpunkt der Inbetriebnahme neuer Kapazitäten steht beim Abschluß der langfristigen Außenhandelsabkommen zwischen den Mitgliedsländern des RGW nicht in jedem Falle fest. Der wissenschaftlich-technische Fortschritt kann kurzfristig Bedarfsänderungen hervorrufen und auch andere Faktoren sind nicht immer exakt planbar. Deshalb werden in den langfristigen Handelsabkommen Wertkontingente ausgewiesen, die in den Jahresprotokollen oder durch andere Verträge auszuspezifizieren sind.[146] Wertkontingente in den langfristigen Außenhandelsabkommen entsprechen der Integrationsfunktion des Außenhandels in Zweigen mit einem besonders großen Produktionssortiment bei relativ kleinen Stückzahlen. Hier können Wertkontingente Betrieben und VVB einen größeren Spielraum bieten, sich aktiver in die Liefer- und Bezugsbedingungen zwischen den RGW-Ländern einzuschalten.

Das Komplexprogramm sieht ferner vor, unter bestimmten Bedingungen (Lieferung zu Vertragspreisen) einen nichtkontingentierten Handel durchzuführen. Dieser ist jedoch nicht die Hauptform unserer Austauschbeziehungen.

Auf dem Gebiet der Preisbildung im Handel zwischen den RGW-Ländern ist auch im Zeitraum 1976 bis 1980 von den gegenwärtig geltenden Preisbildungsprinzipien im gegenseitigen Handel auszugehen. Die Preise werden also, ausgehend von Weltmarktpreisen, die vom schädlichen Einfluß der konjunkturellen Faktoren des kapitalistischen Marktes bereinigt sind, zweiseitig vereinbart.

Die Integration macht es erforderlich, auch die Preisbildung zu vervollkommnen. Unter Nutzung der produktivitätsfördernden Faktoren der Weltmarktpreise werden die Produktions- und Realisierungsbedingungen der RGW-Länder stärker berücksichtigt. Die Herausbildung eines einheitlichen sozialistischen Wirtschaftsorganismus auf lange Sicht führt zu einer Preisbildung, die sich immer mehr auf die Gesamtheit der ökonomischen Bedingungen dieses Bereiches stützt.

Die Vervollkommnung der Preisbildung wird sich nicht nur auf die Preisbildungsprinzipien im Handel zwischen den RGW-Ländern erstrecken. Sie schließt auch die Vervollkommnung der Preisbildung in den einzelnen Ländern im Interesse der Vertiefung der Integration und die Gestaltung der Beziehungen zwischen Binnen- und Außenhandelspreisen ein. Internationale Abstimmung der Preispolitik, die allmähliche Annäherung der Kalkulations- und Preisbildungsprinzipien, in Zukunft auch der inneren Preisrelationen (Preisstrukturen), sind eine sehr langwierige und komplizierte, aber auch sehr wichtige Aufgabe. Ihre Lösung wird mitentscheidend dafür sein, wie die Ware-Geld-Beziehungen noch effektiver in den Dienst der sozialistischen ökonomischen Integration gestellt werden können.

Stärkung des transferablen Rubels

Der wachsende Umfang der Arbeitsteilung sowie neue multilaterale Formen der Zusammenarbeit machen die Entfaltung der Geldfunktionen

146 Vgl. Komplexprogramm, a. a. O., S. 52

der kollektiven sozialistischen Währung – im Unterschied zu der in der Vergangenheit überwiegenden Verrechnungsfunktion – dringend erforderlich.

Hauptaufgabe auf dem Gebiet der Valuta- und Finanzbeziehungen ist die Stärkung des transferablen Rubels,[147] insbesondere die Durchsetzung seiner vollen Transferierbarkeit. Das verlangt vor allem Ausdehnung des Anwendungsbereiches und multilaterale Einsetzbarkeit. Der transferable Rubel muß in allen Ländern realisiert werden können, unabhängig davon, in welchem Land Guthaben erwirtschaftet wurden.

Der allmählichen Durchsetzung dieser langfristigen Aufgabe dient eine ganze Reihe von Maßnahmen, die im Komplexprogramm enthalten sind. Schon vor Verabschiedung des Komplexprogramms hatte die XXIV. Tagung des RGW Empfehlungen zur Vervollkommnung des Systems der mehrseitigen Verrechnung in transferablen Rubeln und zur Erhöhung der Rolle der kurzfristigen Kredite bei der Entwicklung der Außenhandelsumsätze und der Erfüllung gegenseitiger Verflichtungen angenommen. Danach wurde das Kredit- und Zinssystem der IBWZ vereinfacht und seine ökonomische Wirksamkeit im Integrationsprozeß erhöht. Die Kreditarten wurden von sechs auf zwei reduziert (den *Verrechnungskredit*, für den keine Tilgungsfrist festgelegt ist, und den *befristeten Kredit* mit einer festen Laufzeit von einem Jahr oder – in Einzelfällen – bis zu zwei beziehungsweise drei Jahren). Zur Stimulierung der sparsamen Verwendung der Geldmittel und der Bereitschaft der Länder, zeitweilig Nationaleinkommen im Interesse der gemeinsamen Kreditpolitik zur Verfügung zu stellen, wurden zinslose Kredite weitgehend beseitigt, die Zinssätze für Kredite und Guthaben erhöht und nach Laufzeiten differenziert. Die Kreditplanung erfolgt jetzt halbjährlich gegenüber früher vierteljährlich.[148]

Beeinflußt die Wirksamkeit des kurzfristigen Kredit- und Zinssystems maßgeblich die Funktion des transferablen Rubels als Zahlungsmittel, so sind langfristige Kreditbeziehungen und damit Entfaltung der Funktionen als Akkumulationsmittel für die Produktionsintegration von noch größerer Bedeutung.

Im Prozeß der sozialistischen ökonomischen Integration nimmt der Umfang der benötigten Mittel in der Produktions- und Zirkulationssphäre auf Grund der zahlreichen komplexen und langfristigen in Angriff genommenen Objekte zu.

147 Vgl. F. Töpper, Welche Rolle spielt der transferable Rubel bei der ökonomischen Zusammenarbeit der RGW-Länder? in: Einheit, 6/1972.

148 Vgl. Abkommen über die mehrseitige Verrechnung in transferablen Rubeln und die Gründung der Internationalen Bank für Wirtschaftliche Zusammenarbeit mit den durch Protokoll vom 18. Dezember 1970 vereinbarten Änderungen, in: Dokumente RGW, a. a. O., S. 174ff.

Der Finanzbedarf erhöht sich, und die Fristen der Inanspruchnahme werden länger. Entsprechend diesen Bedingungen wurde im Juli 1970 das Abkommen über die Bildung der Internationalen Investitionsbank getroffen. Sie leitet multilateral eine neue Phase der Konzentration der Investitions- und Kreditmittel ein. Die Kreditausreichung erfolgt aus dem von den Mitgliedsländern eingebrachten Grundkapital, aus Kreditaufnahmen durch die Bank oder aus Sonderfonds, die aus Finanzmitteln der Länder gebildet werden.

Durch die Tätigkeit der IIB wird die Rolle des transferablen Rubels auf die Ausreichung der lang- und mittelfristigen Kredite ausgedehnt und seine Funktionen als internationale sozialistische Währung erweitert. Da das Grundkapital der IIB (1052,6 Mio transferable Rubel) zu 70 Prozent aus transferablen Rubeln und zu 30 Prozent aus konvertierbaren Währungen beziehungsweise Gold gebildet wird, besteht die Möglichkeit, bei Investitionskrediten auch Importe aus dem nichtsozialistischen Wirtschaftsgebiet zu beziehen. Damit kann die Investitionspolitik flexibler gestaltet und dem notwendigen Bedarf besser angepaßt werden.

Die bisher hauptsächlich bilateralen Kreditbeziehungen im RGW wurden damit von der IIB durch eine multilaterale Kreditausreichung ergänzt, wobei die Mittel vorrangig für die Förderung der Maßnahmen der sozialistischen ökonomischen Integration eingesetzt werden. Dazu gehören gemeinsame Vorhaben der internationalen Spezialisierung und Kooperation, der Rohstoff- und Brennstoffproduktion, der gemeinsame Bau großer Objekte, aber auch Kredite für die Lösung volkswirtschaftlicher Investitionsaufgaben.[149]

Diese Funktionen der Bank, vor allem aus der Sicht der Gemeinschaft Investitionen zu bewerten und zu fördern, macht sie mit zunehmender Integration zu einem wichtigen Instrument der Konzentration von Mitteln. Je mehr eine hohe Effektivität gesichert wird, um so größer wird das Interesse der Länder, über die Internationale Investitionsbank Mittel zu konzentrieren und zu nutzen. Vom Tage der Gründung bis Ende 1973 hat die IIB insgesamt 33 Vorhaben der Mitgliedsländer der Bank mitfinanziert. Es wurden dafür 588,4 Millionen transferable Rubel ausgereicht.[150] Der Anteil dieser Kredite an den Gesamtkosten der einzelnen Objekte liegt zwischen 22 Prozent und 100 Prozent. Der weitaus größte Teil wurde an die

149 Vgl. Abkommen über die Bildung der Internationalen Investitionsbank, Artikel II, in: Gesetzblatt der Deutschen Demokratischen Republik, Teil I Nr. 2, Berlin, den 6. Mai 1971, S. 14

150 Vgl. Meždunarodnyi investitionnyi bank 1973 g. (Geschäftsbericht), Moskva 1974

metallurgische Industrie (252,4 Mill. transferabler Rubel) und an den Maschinenbau (202,4 Mill. transferabler Rubel) vergeben.[151]

Für die Durchsetzung der vollen Transferierbarkeit ist die multilaterale Bilanzierung der Salden aus den zweiseitigen Handelsabkommen von erstrangiger Bedeutung. Noch vorhandene Tendenzen einer bilateralen kurzfristigen Bilanzierung des Warenaustausches, der ohne Zweifel die Freilegung aller Potenzen der Integration beeinträchtigt, können nur durch ein komplexes Herangehen überwunden werden. Das gilt vor allem für die Plankoordinierung und die Planung des Außenhandels, die von vornherein den multilateralen Ausgleich der Salden berücksichtigen müssen.

Der transferable Rubel und der Mechanismus seiner Verrechnung über die IBWZ bieten alle Voraussetzungen, die multilateralen Verrechnungen zu erweitern. Die Nutzung dieser Möglichkeit hängt in hohem Maße davon ab, wie das Angebot der RGW-Partner an attraktiven Exporterzeugnissen erweitert wird, die multilaterale Kooperation sich entwickelt, der Bedarf der Partner langfristig und mehrseitig koordiniert wird und zunehmend auch Reserven im Interesse der Integration mobilisiert werden können. Hier zeigt sich, daß neue Instrumente allein den Integrationsprozeß nicht kurzfristig voranbringen können, sondern daß die Vervollkommnung der Ware-Geld-Beziehungen ein langfristiger Prozeß ist, ein Prozeß enger Wechselwirkung zwischen materieller Produktion und dem dazugehörigen Leitungs-, Planungs- und Stimulierungsmechanismus.

Valutakurs und Konvertierbarkeit

Eine für die Produktionsintegration wichtige neue Aufgabe ist die Einführung gegenseitig abgestimmter und ökonomisch begründeter Kurse beziehungsweise Koeffizienten der nationalen Währungen zum transferablen Rubel und untereinander. Die Ausgangsgrößen dafür sollen auf der Grundlage einer einheitlichen, gemeinsam erarbeiteten Methodik berechnet werden. Diese Kurse beziehungsweise Koeffizienten ermöglichen ein abgestimmtes Vorgehen bei der Stimulierung der internationalen Kooperation der einzelnen Länder, schaffen Entscheidungsgrundlagen für Variantenrechnungen bei arbeitsteiligen oder gemeinsamen Vorhaben und dienen zur internationalen Verrechnung von Waren und Leistungen, für die es keine Weltmarktpreise gibt (Leistungen bei Forschungskooperation, Aufwendungen bei Errichtung gemeinsamer Betriebe, Preisberechnungen für Teile und Baugruppen bei internationaler Spezialisierung und Kooperation

[151] Vgl. Ebenda

tion). Der Kurs beziehungsweise Koeffizient wird somit Instrument planmäßiger Produktionsintegration.

Von besonderer politischer Bedeutung ist die Gewährleistung der Äquivalenz bei der Verrechnung der nichtkommerziellen Zahlungen.

Seit 1964 haben die sozialistischen Länder nichtkommerzielle Zahlungen der Binnenwährungen untereinander, genaue Auf- und Abschläge zu den offiziellen Kursen der Währungen, multilateral vereinbart und angewendet. Diesen Kursen lagen Warenkorbberechnungen zu den damaligen Endverbraucherpreisen zugrunde. Inzwischen haben sich in den Ländern die Einzelhandelspreise unterschiedlich entwickelt. Auch die Struktur dieser Zahlungen hat sich durch den Ausbau der Touristik erheblich verändert. Es ist deshalb vorgesehen[152], zur Sicherung der Äquivalenz diese Koeffizienten entsprechend den veränderten Preisen und anderen Bedingungen periodisch zu präzisieren und erforderlichenfalls zu verändern, wenn die Inlandspreise eine von den Ländern gemeinsam festgesetzte Grenze überschreiten.

Theoretisch und praktisch kompliziert ist die im Komplexprogramm enthaltene Aufgabe, die Konvertierbarkeit der sozialistischen Währungen untereinander in den Dienst der sozialistischen Planwirtschaft zu stellen. Hier sind vielfältige Untersuchungen erforderlich, die solche Fragen wie das Verhältnis von Transferierbarkeit und Konvertierbarkeit, die Anforderungen an die Gestaltung des Außenhandels und die Preisbildung zur Entwicklung von Formen der Konvertierbarkeit und ähnliches betreffen. Diese Aufgabe, besonders was ihre Lösung im kommerziellen Bereich angeht, bedarf noch gründlicher wissenschaftlicher Untersuchungen. Ihre praktische Verwirklichung wird einen langen Zeitraum in Anspruch nehmen.

Praktische Schritte einer Konvertierbarkeit im nichtkommerziellen Bereich wurden zwischen der DDR und der Volksrepublik Polen ab 1. Januar 1972 sowie auch mit anderen Mitgliedsländern des RGW eingeleitet. Die Konvertierbarkeit auf diesem Gebiet wird Schritt um Schritt ausgebaut werden.

152 Komplexprogramm, a. a. O., S. 65f.

Schlußbemerkungen

Die Entwicklung der sozialistischen Gesellschaft in den siebziger und achtziger Jahren ist mit der beschleunigten Entfaltung ihres internationalistischen Wesens, der allseitigen Zusammenarbeit und weiteren Annäherung der Völker der sozialistischen Staatengemeinschaft untrennbar verbunden.

In diesem langfristigen Entwicklungsprozeß der ersten Phase der kommunistischen Gesellschaftsformation und der schrittweisen Vorbereitung des Übergangs zu ihrer zweiten Phase ist die weitere Vertiefung der sozialistischen ökonomischen Integration der RGW-Länder ein wichtiger Wesenszug, eine der Grundbedingungen, um die Vorzüge des Sozialismus voll zu erschließen. So werden die RGW-Länder zugleich wichtige gesellschaftliche, materiell-technische und organisatorische Bedingungen für die künftige kommunistische Weltwirtschaft vorbereiten.

Die gründliche Analyse der praktischen Erfahrungen aus der ökonomischen Integration und ihre theoretische Verallgemeinerung sowie die Untersuchung der langfristigen Ziele, der weiteren Etappen und Formen der ökonomischen Integration der sozialistischen Bruderländer ist deshalb von großem politischem Interesse. Das sind wesentliche Aufgaben der politökonomischen Forschung, die zunehmend zu einem wichtigen Anliegen aller Gesellschaftswissenschaftler werden. „Nur auf dem Fundament der allgemeinen Theorie des wissenschaftlichen Kommunismus ist eine begründete Theorie der Entwicklung der sozialistischen Integration (darunter auch der ökonomischen Integration) möglich, können ihre Fern- und Nahziele, ihr heutiger Mechanismus, der Charakter der hier entstehenden Widersprüche und Schwierigkeiten sowie ein ganzer Komplex anderer konkreter Fragen richtig verstanden werden.“[153]

[153] A. P. Butenko, Sozialistische Integration – Wesen und Perspektiven, Berlin 1972, S. 13.

Mit der Verwirklichung des Komplexprogramms haben wir eine *erste Etappe* der sozialistischen ökonomischen Integration begonnen. Sie umfaßt etwa die nächsten drei bis vier Planjahrfünfte, in deren Verlauf die festgelegten Integrationsaufgaben gelöst werden können. „Das ist die Periode der tiefgreifenden gegenseitigen Anpassung der nationalen Produktionsstrukturen der RGW-Länder unter Wahrung und Festigung der nationalen Souveränität und der ökonomischen Selbständigkeit der Länder ... Die nationalen Wirtschaften der sozialistischen Länder und das nationale staatliche Eigentum werden in dieser Etappe das Hauptfeld der selbständigen Reproduktionsprozesse bleiben, wenn auch innerhalb dieser Prozesse die Rolle der sozialistischen Weltwirtschaft, insbesondere ihres integrierten Teils, ständig wachsen wird."[154] In dieser Etappe werden die traditionellen Formen und Methoden vervollkommnet wie auch neue Formen und Methoden der Zusammenarbeit angewendet. Diese Integrationsmaßnahmen sind komplex, sie erfassen die Produktion, die Wissenschaft und Technik wie auch die Waren-, die Valuta- und Finanzbeziehungen. In dieser ersten Etappe werden zunehmend Grundfragen der Wirtschafts- und Sozialpolitik von den RGW-Ländern international koordiniert und immer mehr gemeinsam verwirklicht. Dazu nähern die RGW-Länder ihre volkswirtschaftlichen Systeme der Leitung, Planung und Stimulierung schrittweise einander an, wobei sie sich vor allem von den Erfahrungen und Entwicklungstendenzen der Leitung und Planung in der Sowjetunion leiten lassen.

Auf dieser Grundlage werden sich in den nächsten 15–20 Jahren die Verflechtung der Volkswirtschaften vertiefen und der Austausch von Waren und Leistungen bedeutend erweitern. Im Prozeß der komplexen sozialistischen internationalen Arbeitsteilung, in dem Wissenschaft und Technik, Produktion und Austausch zunehmend den Bedürfnissen der Staatengemeinschaft entsprechend international verflochten werden, lösen die RGW-Länder wichtige Aufgaben der wissenschaftlich-technischen Revolution gemeinsam und erhöhen so ihren internationalen Einfluß in Wissenschaft, Technik, Produktion und Warenaustausch.

Nach vorsichtigen Berechnungen sowjetischer Ökonomen wird sich bis 1985 (gegenüber 1970) das Nationaleinkommen der RGW-Länder auf das Zweieinhalb- bis Dreifache erhöhen. Die Industrieproduktion wird auf das Drei- bis Dreieinhalbfache anwachsen. So werden die RGW-Länder ihre Stellung in der Weltwirtschaft beträchtlich ausbauen. Ihr

[154] P. M. Alampijew/O. T. Bogomolow/J. S. Schirjajew, Ökonomische Integration – objektives Erfordernis der Entwicklung des Weltsozialismus, Berlin 1973, S. 85.

Anteil am Nationaleinkommen der Welt könnte sich bis 1985 von 27 Prozent (1970) auf mindestens 33 bis 36 Prozent, an der Weltindustrieproduktion von etwa einem Drittel (1970) auf mindestens zwei Fünftel erhöhen.[155]

Mit diesen Fortschritten schaffen die RGW-Länder die Voraussetzungen, um zu einer *zweiten Etappe* der sozialistischen ökonomischen Integration überzugehen. Wesenszüge und Aufgaben dieses perspektivischen Abschnitts der ökonomischen Integration der RGW-Länder sind noch eingehend zu untersuchen. Nach den bisherigen Erkenntnissen wird er durch die *Herausbildung eines einheitlichen internationalen Systems der Reproduktionsprozesse der RGW-Länder gekennzeichnet sein.* Für diesen Entwicklungsabschnitt etwa ab 1990 „... wird ein tiefes Eindringen der internationalen Produktionsbeziehungen, der ökonomischen und wissenschaftlich-technischen Beziehungen in die nationale Wirtschaft, die maximale ökonomisch gerechtfertigte gegenseitige Anpassung und gegenseitige Abhängigkeit der nationalen Wirtschaftsstrukturen und ein enger technischer und ökonomischer Zusammenschluß der Produktionsapparate der integrierten Länder charakteristisch sein."[156] Damit werden neue Bedingungen für die Leitung und Planung der Volkswirtschaften und der ökonomischen Integrationsprozesse entstehen, die neue Formen der gemeinsamen Prognosetätigkeit und der gemeinsamen Planung erforderlich machen. „Die Verstärkung der gemeinsamen Planungstätigkeit der sozialistischen Staaten wird es gestatten, ... die zweckmäßige Standortverteilung der Produktion in der gesamten integrierten Region vorzunehmen."[157]

Unsere bisherigen Erkenntnisse reichen noch nicht aus, um beweiskräftig darlegen zu können, in welchem Maße in diesem perspektivischen Abschnitt die Verflechtung der sozialistischen Volkswirtschaften der RGW-Länder fortschreiten und zu einem einheitlichen Wirtschaftskomplex führen wird. Darauf haben vielfältige Faktoren einen Einfluß.

Das hängt erstens davon ab, wie die sozialistische Staatengemeinschaft im Bündnis mit den anderen sozialistischen Ländern und den revolutionären Hauptströmen das internationale Kräfteverhältnis weiter zu ihren Gunsten verändern wird. Der wachsende Einfluß des Weltsozialismus auf das internationale Geschehen wird auch mit darüber entscheiden, wie sich der Kreis der RGW-Länder weiter vergrößert. Zweitens wird das davon beeinflußt, welche sozialistischen Länder bis dahin den

155 Vgl. insbesondere J. S. Schirjajew, Die sozialistische ökonomische Integration, Berlin 1973, S. 56ff.

156 Vgl. P. M. Alampijew/O. T. Bogomolow/J. S. Schirjajew, Ökonomische Integration, a. a. O., S. 86/87.

157 Ebenda, S. 87.

Übergang zur sozialistischen ökonomischen Integration vollzogen haben werden.

Ein dritter Faktor ist die langfristige Entwicklung der Wirtschaftsbeziehungen der RGW-Länder zu den Entwicklungsländern und auch zu den kapitalistischen Industrieländern entsprechend den Prinzipien der friedlichen Koexistenz.

Ganz offensichtlich werden sich der Integrationsgemeinschaft künftig weitere Länder anschließen, werden ihre Mitglieder wie auch sie selbst gleichberechtigte Wirtschaftsbeziehungen zu Entwicklungsländern und kapitalistischen Industrieländern ausbauen und so maßgeblich beitragen, daß der Prozeß der Entspannung ökonomisch untermauert und unumkehrbar gemacht wird.

Auf der Tagesordnung steht gegenwärtig vor allem die Schaffung weiterer Voraussetzungen für die beschleunigte Entfaltung der sozialistischen ökonomischen Integration. Auf der Grundlage der Beschlüsse der 27. RGW-Tagung haben die RGW-Länder die Koordinierung der Volkswirtschaftspläne für den Zeitraum von 1976–80 begonnen. Sie arbeiten daran, die Lösung ausgewählter volkswirtschaftlicher Aufgaben auch darüber hinaus, zum Teil bis 1990, vorzubereiten. Damit schaffen die RGW-Länder zugleich Bedingungen, um ihre Volkswirtschaften langfristig in voller Übereinstimmung und enger Verbindung mit den Entwicklungsrichtungen der ökonomischen Integration effektiver zu gestalten.

Unsere aktive Mitwirkung an der weiteren ökonomischen Integration der RGW-Länder, insbesondere mit der Sowjetunion, ist ein Hauptweg zur ökonomischen und wissenschaftlich-technischen Stärkung der DDR. Deshalb gehen wir bei der Ausarbeitung des langfristigen Plans für die Entwicklung unserer Republik bis zum Jahre 1990 davon aus, daß sich in dieser Periode „. . . ein bis jetzt unabsehbarer Prozeß der Annäherung der sozialistischen Staaten, der weiteren Festigung ihrer Einheit und Geschlossenheit mit dem Lande Lenins vollzieht“.[158]

Es ist unsere internationalistische Pflicht und entspricht zugleich den grundlegenden Lebensbedürfnissen unseres Volkes, die allseitige Zusammenarbeit mit den RGW-Ländern unter Führung der Arbeiterklasse und ihrer Partei nach besten Kräften zu fördern.

158 E. Honecker, Zügig voran bei der weiteren Verwirklichung der Beschlüsse des VIII. Parteitages der SED, in: Neues Deutschland (B), vom 29. 5. 1973, S. 6.

Tabellenanhang

Tabelle A 1

Anteil der RGW-Länder an Weltterritorium, Weltbevölkerung, industrieller Produktion und Welthandel 1950, 1960 und 1970
(in Prozent)

	1950	1960	1970
Territorium	15,7	16,8	16,8
Bevölkerung	10,7	10,5	9,5
Industrieproduktion	18,0	29,0	32,0
Welthandel	8,7[1]	10,6	10,4

[1] 1955

Tabelle A 2

Entwicklung der Industrieproduktion und des Außenhandelsumsatzes in der Welt, im RGW, der DDR und ausgewählten kapitalistischen Ländern von 1955–1970
(in Prozent)

	Industrieproduktion			Außenhandelsumsatz		
	1955 = 100					
	1960	1970	1970/ 1960	1960	1970	1970/ 1960
Welt	134	251	187	137	333	243
RGW	162	360	222	171	397	229
DDR	155	282	182	199	391	195
BRD	141	248	176	180	468	260
Frankreich	135	241	179	192	601	313
Großbritannien[1]	114	150	132	120	244	203
Japan	213	787	370	191	852	446
USA	112	173	154	132	307	233

einschließlich Nordirland

Tabelle A 3

Jahresdurchschnittliches Wachstum des produzierten Nationaleinkommens im jeweiligen Fünfjahrzeitraum der RGW-Länder 1951–1973
(in Prozent)

Land	Ist				Plan	Ist		Plan
	1951–1955	1956–1960	1961–1965	1966–1970	1971–1975	1971	1972	1973
Bulgarien	12,2	9,6	6,7	8,7	8,0– 8,4	6,9	7,0	7,5
Ungarn	5,7	7,3	4,1	6,8	5,4– 5,7	7,0	5,0	4,0–5,0
DDR	13,1	7,1	3,4	5,2	4,9	4,5	5,4	5,7
Mongolei	.	.	2,7	3,9	5,4– 5,9	3,6	3,5	11,0
Polen	8,6	6,6	6,2	5,9	6,7– 6,8	7,8	9,0	7,9
Rumänien	14,2	6,5	9,2	7,6	10,9–12,7	12,2	10,0	14,0
UdSSR	11,3	9,2	6,5	7,6	6,8	5,7	4,0	6,0
ČSSR	8,2	7,0	1,9	7,0	5,1	5,2	5,9	5,0

Tabelle A 4

Jahresdurchschnittliches Wachstum der Bruttoproduktion der Industrie im jeweiligen Fünfjahrzeitraum der RGW-Länder 1951–1973
(in Prozent)

Land	Ist				Plan	Ist		Plan
	1951–1955	1956–1960	1961–1965	1966–1970	1971–1975	1971	1972	1973
Bulgarien	13,7	15,9	11,7	10,9	9,2– 9,9	9,1	8,3	9,9
Ungarn	13,2	7,6	7,6	6,1	5,7– 6,0	5,0	5,6	5,5–6,0
DDR	13,8	9,0	5,7	6,6	6,0	5,6	6,3	6,5
Mongolei	4,7	16,1	9,9	9,7	6,0– 6,3[1]	8,5	11,4	11,0
Polen	16,2	9,9	8,4	8,4	8,2– 8,4	7,7	10,8	9,7
Rumänien	15,1	10,9	13,8	11,9	10,9–12,2	11,7	11,7	16,2
UdSSR	13,1	10,5	8,6	8,5	8,1	7,7	6,5	5,8
ČSSR	10,8	10,1	5,2	6,7	6,0– 6,3	6,9	6,4	5,8

Warenproduktion

Tabelle A 5

Jahresdurchschnittliches Wachstum der landwirtschaftlichen Bruttoproduktion im jeweiligen Fünfjahrzeitraum der RGW-Länder 1951–1972
(in Prozent)

Land	Ist				Plan	Ist	
	1951–1955[1]	1956–1960[2]	1961–1965[3]	1966–1970[4]	1971–1975[5]	1971/1970	1972/1971
Bulgarien	6,5	5,7	3,2	3,5	3,2–3,7	1,4	5,7
Ungarn	3,4	0,4	1,2	3,0	2,8–3,0	9,0	4,0
DDR	7,6	2,8	0,8	1,6	2,4	–1,0	13,2
Mongolei	.	.	2,1	0,5	4,1–4,6[6]	–1,0	.
Polen	1,0	3,7	2,8	1,9	3,4–3,9[6]	4,0	8,1
Rumänien	12,8	1,2	2,5	1,9	6,3–8,3	19,4	9,0
UdSSR	4,1	6,0	2,3	3,9	3,7–4,1	1,5	–2,2
ČSSR	1,2	1,5	–0,6	4,9	2,7	3,3	3,6

[1] auf Basis der Produktion von 1950 und 1955
[2] auf Basis der Produktion von 1955 und 1960
[3] auf Basis der Produktion von 1960 und 1965
[4] 1966–1970 gegenüber 1961–1965
[5] 1971–1975 gegenüber 1966–1970
[6] gegenüber 1970

Tabelle A 6

Entwicklung der Hektarerträge bei wichtigen landwirtschaftlichen Produkten im jeweiligen Fünfjahrzeitraum der RGW-Länder 1956–1970
(jährlicher Durchschnitt in dt)

Länder	Getreide und Hülsenfrüchte			Weizen			Mais			Kartoffeln		
	1956–60	1961–65	1966–70	1956–60	1961–65	1966–70	1956–60	1961–65	1966–70	1956–60	1961–65	1966–70
Bulgarien	15,8	19,0	27,4	16,3	18,1	27,4	17,6	25,1	36,5	88,7	85,5	114
Ungarn	17,8	20,3	25,4	15,0	18,6	24,3	23,1	26,1	32,3	105	79,1	105
DDR	24,2	25,3	29,4	31,2	31,5	36,5	21,7	19,8	26,2	171	166	185
Mongolei	8,2	7,4	5,9	8,7	7,7	6,2	.	5,0	.	73	70,3	69,3
Polen	14,7	17,0	19,8	16,1	19,7	23,3	23,1	23,5	24,2	131	154	176
Rumänien	12,5	15,9	19,3	11,3	14,6	16,9	13,9	17,7	22,3	105	85,1	93,1
UdSSR	10,1	10,2	13,7	10,5	9,7	13,4	17,6	22,8	27,0	94	94	115
ČSSR	20,4	21,8	26,6	21,2	24,1	28,9	26,8	26,3	35,3	121	114	151

Tabelle A 7

Jahresdurchschnittliche Steigerung der Arbeitsproduktivität im jeweiligen Fünfjahrzeitraum in der Industrie der RGW-Länder 1951–1972
(in Prozent)

Land	Ist				Plan	Ist	
	1951–1955	1956–1960	1961–1965	1966–1970	1971–1975	1971	1972
Bulgarien	8,1	5,2	6,8	6,8	7,1–7,7	6,2	5,9
Ungarn	3,7	4,4	4,9	3,5	4,5–4,8	5,3	6,5
DDR	8,9	7,0	5,5	5,7	6,2	4,6	5,0
Mongolei	.	.	3,5	7,0	.	10,2	8,2
Polen	9,2	7,9	5,1	5,1	5,6	4,3	8,9
Rumänien	9,9	8,2	7,7	7,3	7,3	4,4	7,1
UdSSR	8,3	6,5	4,6	5,9	6,8	6,0	5,2
ČSSR	7,6	7,4	3,5	5,2	5,4–5,7	6,5	5,8

Tabelle A 8

Anteil der Produktivitätssteigerung am Wachstum der Industrieproduktion im jeweiligen Fünfjahrzeitraum der RGW-Länder 1951–1972
(in Prozent)

Land	Ist				Plan	Ist	
	1951–55	1956–60	1961–65	1966–70	1971–75	1971	1972
Bulgarien	59	33	58	62	≈77	68	71
Ungarn	28	58	65	57	≈79	106	116
DDR	65	78	96	86	97	82	79
Mongolei	·	·	35	72	·	120	72
Polen	58	79	61	61	≈68	56	82
Rumänien	66	75	56	61	≈64	38	61
UdSSR	63	62	54	69	84	78	80
ČSSR	70	73	67	78	≈91	94	91

Tabelle A 9

Jahresdurchschnittliches Wachstum des Nationaleinkommens, der industriellen und landwirtschaftlichen Bruttoproduktion der RGW-Länder im jeweiligen Fünfjahr-Zeitraum von 1961–1975
(in Prozent)

Nationaleinkommen		Industrieproduktion		Landwirtschaftliche Produktion	
		1961–1965			
Rumänien	(9,2)	Rumänien	(13,8)	Bulgarien	(3,2)
Bulgarien	(6,7)	Bulgarien	(11,7)	Polen	(2,8)
UdSSR	(6,5)	Mongolei	(9,9)	Rumänien	(2,5)
Polen	(6,2)	UdSSR	(8,5)	UdSSR	(2,3)
Ungarn	(4,1)	Polen	(8,5)	Ungarn	(1,2)
DDR	(3,4)	Ungarn	(7,6)	DDR	(0,8)
Mongolei	(2,7)	DDR	(5,7)	Mongolei	(–0,6)
ČSSR	(1,9)	ČSSR	(5,2)	ČSSR	(0,5)
		1966–1970			
Bulgarien	(8,7)	Rumänien	(11,8)	ČSSR	(4,9)
Rumänien	(7,6)	Bulgarien	(10,9)	UdSSR	(3,9)
ČSSR	(7,0)	Mongolei	(9,7)	Bulgarien	(3,5)
UdSSR	(6,6)	UdSSR	(8,5)	Ungarn	(3,0)
Ungarn	(6,6)	Polen	(8,5)	Polen	(1,9)
Polen	(5,9)	ČSSR	(6,7)	Rumänien	(1,9)
DDR	(5,2)	DDR	(6,6)	DDR	(1,6)
Mongolei	(3,9)	Ungarn	(6,1)	Mongolei	.
		1971–1975 (Plan)			
Rumänien	(11,8)	Rumänien	(11,6)	Rumänien	(7,3)
Bulgarien	(8,2)	Bulgarien	(9,6)	Mongolei	(4,4)
Polen	(6,8)	Polen	(8,1)	Bulgarien	(3,7)
UdSSR	(6,8)	UdSSR	(7,6)	Polen	(3,7)
Ungarn	(5,7)	DDR	(6,2)	Ungarn	(2,9)
Mongolei	(5,7)	Mongolei	(6,2)	ČSSR	(2,7)
ČSSR	(5,1)	ČSSR	(6,2)	DDR	(2,5)
DDR	(4,9)	Ungarn	(5,8)	UdSSR	(3,9)

Tabelle A 10

Anteil des sozialistischen Sektors an der Produktion des Nationaleinkommens der RGW-Länder 1950, 1955, 1960 und 1970
(in Prozent)

Land	1950	1955	1960	1970
Bulgarien	•	84,6	99,5	99,7
Ungarn	65,7	70,8	90,6	98,1
DDR	56,8	69,9	84,9	85,6
Mongolei	•	•	99,9	99,9
Polen	54,0	70,3	72,4	83,0
Rumänien	61,4	63,0	83,3	97,0
UdSSR	99,8	99,9	99,9	100
ČSSR	78,9	92,0	98,5	99,1

Tabelle A 11

Anteil des sozialistischen Sektors an der Bruttoproduktion der Industrie der RGW- Länder 1950, 1955, 1960 und 1970
(in Prozent)

Land	1950	1955	1960	1970
Bulgarien	97,5	97,1	99,1	99,6
Ungarn	91,9	94,5	97,3	99,0
DDR	70,4	78,7	84,2	85,2
Mongolei	•	•	100	100
Polen	96,8	99,5	99,4	99,7
Rumänien	92,4	97,0	98,7	99,9
UdSSR	100	100	100	100
ČSSR	96,1	99,5	100	100

Tabelle A 12

Anteil des sozialistischen Sektors an der Bruttoproduktion der Landwirtschaft der RGW-Länder 1950, 1955, 1960 und 1970
(in Prozent)

Land	1950	1955	1960	1970
Bulgarien	.	65,0	99,1	99,8
Ungarn	11,5	22,5	76,8	96,5
DDR			86,8	91,4
Mongolei	.	.	99,9	99,9
Polen	8,0	19,3	10,8	14,3
Rumänien	8,2	19,6	64,6	90,0
UdSSR	98,1	99,9	99,9	100
ČSSR	17,0	47,0	90,5	94,8

Tabelle A 13

Anteil des sozialistischen Sektors am Einzelhandelsumsatz (einschließlich gesellschaftlichen Verbrauch) der RGW- Länder 1950, 1955, 1960 und 1970
(in Prozent)

Land	1950	1955	1960	1970
Bulgarien	94,3	99,5	99,9	99,9
Ungarn	61,5	98,9	98,8	99,2
DDR	47,2	68,2	77,4	80,7
Mongolei	.	.	100	100
Polen	83,0	97,3	97,4	98,8
Rumänien	88,5	97,2	99,9	100
UdSSR	100	100	100	100
ČSSR	91,7	99,8	99,9	100

Tabelle A 14

Anteil wichtiger volkswirtschaftlicher Bereiche an der Produktion des Nationaleinkommens der RGW-Länder 1950, 1960 und 1970
(in Prozent)

Land	Industrie			Bauwesen			Landwirtschaft			Transport/Verkehr		
	1950	1960	1970	1950	1960	1970	1950	1960	1970	1950	1960	1970
Bulgarien	36,8	45,6	49,1	6,6	7,1	8,7	42,1	31,5	21,9	2,0	4,2	6,9
Ungarn	48,6	60,1	43,6	6,8	10,4	12,0	24,9	22,5	18,2	4,2	4,9	5,8
DDR[1]	47,0	56,4	60,9	6,1	7,0	8,2	28,4	16,4	11,7	7,1	5,5	5,1
Mongolei[1]		14,0	20,6	·	10,8	14,5	·	21,8	22,2	·	8,7	6,5
Polen	37,1	47,0	57,5	7,9	9,3	9,8	40,1	23,3	13,1	·	5,9	6,3
Rumänien	43,4	42,1	60,1	6,2	8,9	10,8	27,3	34,8	20,1	5,8	5,2	6,4
UdSSR	57,5	52,3	51,2	6,1	10,0	10,3	21,8	20,5	21,8	3,5	5,3	5,4
ČSSR	62,5	63,4	62,1	8,7	10,7	11,4	16,2	14,7	10,4	2,8	3,0	3,8

[1] Land- und Forstwirtschaft

Tabelle A 15

Nationaleinkommen und industrielle Bruttoproduktion der europäischen RGW-Länder pro Kopf der Bevölkerung[1] *1950* und *1970* (UdSSR = 1)

	Jahre	VRB	UVR	DDR	VRP	SRR	UdSSR	ČSSR
National-	1950	0,6	1,2	1,3	1,1	0,5	1,0	1,6
einkommen	1970	0,8	0,9	1,3	0,8	0,8	1,0	1,2
industrielle	1950	0,4	0,8	1,5	0,7	0,3	1,0	1,5
Produktion	1970	0,8	0,8	1,5	0,8	0,6	1,0	1,3

[1] N. Iwanow, Die Zusammenarbeit der RGW-Länder und die Annäherung ihres ökonomischen Entwicklungsniveaus, in: Außenhandel Nr. 4/72, S. 7, Moskau

Tabelle A 16

Die Grundfondsstruktur der Volkswirtschaft der RGW-Länder 1960 und 1970 (in Prozent der gesamten Grundfonds)

Land	Jahr	Grundfonds			
		Produzierende Bereiche, davon:			Nichtproduzierende Bereiche
		Industrie und Bauwirtschaft	Landwirtschaft	Transport- und Verkehrswesen	
Bulgarien	1960	21,3	13,4	17,3	46,2
	1970	36,5	13,6	13,7	33,9
Ungarn	1960	21,9	14,2	20,8	41,9
	1970	27,0	.	18,0	38,0
DDR	1960	29,9	6,2	10,2	50,2
	1970	37,3	7,9	9,7	41,1
Mongolei	1960	15,8	28,9	27,2	25,7
	1970	22,5	21,8	15,8	35,8
Polen	1960	20,2	16,7	11,2	48,2
	1970	27,5	15,3	11,1	41,8
Rumänien	1960	29,3	14,9	12,0	41,7
	1970	39,5	12,9	12,9	32,3
UdSSR	1960	27,9	13,2	12,8	42,8
	1970	33,6	12,3	12,8	37,4
ČSSR	1960	32,2	6,6	20,1	37,4
	1970	39,4	9,1	17,3	29,7

Tabelle A 17

Beschäftigtenstruktur der RGW-Länder 1950, 1960 und 1970
(Volkswirtschaft insgesamt = 100)

Land	Jahr	Produzierende Bereiche, davon:			Nichtproduzierende Bereiche
		Industrie und Bauwirtschaft	Landwirtschaft[1]	Transport und Verkehr	
Bulgarien	1950	11,4	79,5	1,8	5,0
	1960	27,1	55,5	4,1	9,2
	1970	38,8	35,8	5,7	13,4
Ungarn	1950	23,3	50,6	4,2	16,4
	1960	34,0	39,3	6,2	14,3
	1970	43,8	26,2	6,8	15,2
DDR	1950	43,7	27,3	6,0	14,4
	1960	48,3	17,3	7,1	15,3
	1970	49,8	13,0	7,2	18,8
Mongolei	1950	.	.	.	.
	1960	19,0	60,8	3,7	13,0
	1970	21,5	47,3	5,4	19,4
Polen	1950	26,2	54,0	4,4	8,6
	1960	32,2	44,2	5,3	10,2
	1970	36,9	35,8	5,7	13,0
Rumänien	1950	14,2	74,3	2,4	6,4
	1960	20,0	65,6	3,1	7,6
	1970	30,8	49,3	4,8	10,2
UdSSR	1950	27,4	47,6	5,6	12,4
	1960	32,3	38,7	7,2	15,4
	1970	37,1	26,8	8,0	20,1
ČSSR	1950	36,3	38,6	5,2	11,3
	1960	45,6	25,9	6,0	14,3
	1970	46,2	18,3	6,8	19,1

[1] Land- und Forstwirtschaft

Tabelle A 18

Wachstum der Energieerzeugung[1] *in den RGW-Ländern 1950–1970*
(in Prozent)

Land	1960 = 100							
	1950	1960	1965	1966	1967	1968	1969	1970
Bulgarien	15	100	200	226	263	304	338	373
Ungarn	36	100	153	167	182	194	207	220
DDR	63	100	132	148	157	161	167	174
Mongolei	31	100	273	356	413	556	561	650
Polen	27	100	171	185	199	218	238	258
Rumänien	24	100	255	308	374	426	492	551
UdSSR	28	100	178	193	210	232	254	274
ČSSR	35	100	140	150	163	178	189	200

[1] Elektroenergie- und Wärmeerzeugung

Tabelle A 19

Elektroenergieerzeugung pro Kopf der Bevölkerung 1950, 1960, 1965 und 1970
(kWh)

Land	1950	1960	1965	1970	Steigerung 1970/1950
Bulgarien	110	592	1249	2298	21 fache
Ungarn	322	763	1102	1407	4,4 fache
DDR	1059	2338	3149	3966	3,7 fache
Mongolei	27	112	222	413	15,3 fache
Polen	380	987	1391	1967	5,2 fache
Rumänien	130	416	905	1733	13,3 fache
UdSSR	507	1364	2194	3052	6 fache
ČSSR	749	1791	2415	3122	4,3 fache

Tabelle A 20

Jahresdurchschnittliches Wachstum des Investitionsvolumens in der Volkswirt-schaft der RGW-Länder gegenüber dem vorangegangenen Fünfjahrzeitraum 1956 bis1975
(in Prozent)

Land	Ist		Plan
	1961–1965/ 1956–1960	1966–1970/ 1961–1965	1971–1975/ 1966–1970
Bulgarien	14,1	10,0	6,8
Ungarn	10,7	9,3	5,4–6,2
DDR	7,0	8,7	5,2
Mongolei	•	7,0[2]	0[2]
Polen	8,0	8,3	7,0 max.
Rumänien	14,8	11,1	10,7
UdSSR	7,7	7,3	6,3–7,1
ČSSR	•[1]	11,8	6,2–6,5

[1] vorhandene Angaben sind wegen starker Preisveränderungen nicht mehr vergleichbar.
[2] Entwurf der Direktiven des XVI. Parteitages der Mongolischen Revolutionären Volkspartei für den Fünfjahrplan (1971–1975), in: Horizont Nr. 23/1973 vom 1. 6. 1971.

Tabelle A 21

Jahresdurchschnittliches Wachstum des Außenhandelsumsatzes[1] *im jeweiligen Fünfjahrzeitraum der RGW-Länder 1951–1972*
(in Prozent)

Land	Ist				Plan	Ist	
	1951–1955	1956–1960	1961–1965	1966–1970	1971–1975	1971/70	1972/71
Bulgarien	14,3	19,8	14,3	10,3	9,9–10,5	12,3	10,5
Ungarn	12,1	9,8	10,4	9,9	7,0– 8,4	13,7	8,1
DDR	23,0	12,2	5,9	9,9	8,5[2]	6,5	10,6
Mongolei	7,9	9,9	1,2	1,9	5,4	17,1	8,5
Polen	7,3	8,9	10,1	9,4	9,4	10,2	•
Rumänien	14,2	9,0	9,9	11,8	9,2– 9,5	10,4	•
UdSSR	14,9	11,5	7,7	8,6	8,4[2,3]	7,3	9,0
ČSSR	9,4	10,9	7,4	7,0	6,5	9,5	10,4

[1] bewertet zu laufenden Preisen
[2] Entwicklung des Warenumsatzes mit den RGW-Ländern
[3] Zuwachs 1971–1975 gegenüber 1966–1970

Tabelle A 22

Außenhandelsumsatz der RGW-Länder zu laufenden Preisen[1] *in ausgewählten Jahren von 1950–1972*
(in Mio Rubel)

Land	1950	1955	1960	1965	1970	1971	1972
RGW-Mitglieds-länder insgesamt:	7440	14091	24052	35771	55099	59926	66657
darunter:							
Bulgarien	225	438	1084	2118	3452	3872	4315
Ungarn	580	1029	1643	2696	4303	4891	5294
DDR	788	2226	3963	5288	8479	9026	10018
Mongolei	64	93	152	162	179	209	238
Polen	1172	1666	2539	4111	6440	7119	8493
Rumänien	410	795	1228	1960	3428	3782	4324
UdSSR	2925	5838	10073	14611	22079	23656	26037
ČSSR	1276	2006	3371	4825	6739	7371	7938

[1] Autorenkollektiv, Sodružestvo Socialistističeskoje, Moskva 1973, S. 140

Tabelle A 23

Intra-RGW-Umsatz der einzelnen Mitgliedsländer zu laufenden Preisen[1] *in ausgewählten Jahren von 1950–1971*
(in Mio Rubel)

Land	1950	1955	1960	1965	1970	1971
RGW-Mitglieds-länder insgesamt:	4599	8530	14339	22416	33317	36516
davon:						
Bulgarien	199	382	872	1547	2569	2906
Ungarn	356	560	1037	1762	2670	3126
DDR	570	1424	2679	3672	5709	6080
Mongolei	.	.	.	.	.	199
Polen	685	988	1437	2489	4067	4403
Rumänien	341	631	821	1189	1689	1784
UdSSR	1753	3267	5343	8473	12284	13284
ČSSR	695	1278	2150	3284	4329	4734

[1] Autorenkollektiv, Sodružestvo Socialističeskoje, Moskva 1973, S. 151

Tabelle A 24

Exportstruktur der RGW-Länder nach Haupterzeugnisgruppen 1950, 1960 und 1970
(in Prozent des Gesamtexports)

Land	Maschinen und Ausrüstungen			Brennstoffe, mineralische Rohstoffe, Metalle			Pflanzliche und tierische Rohstoffe, Lebensmittel			Industrielle Konsumgüter			Chemische Erzeugnisse, Dünger, Kautschuk, Baumaterialien u. a.		
	1950	1960	1970	1950	1960	1970	1950	1960	1970	1950	1960	1970	1950	1960	1970
Bulgarien	0	13,6	29,1	8,4	9,3	8,2	87,9	56,4	43,4	1,5	17,9	14,9	2,2	2,8	4,4
Ungarn	23,0	38,0	32,4	8,2	13,4	14,9	45,9	27,4	16,7	20,3	17,8	21,1	2,8	3,4	4,9
DDR	·	48,2	50,5	·	29,8[1]	20,9[1]	·	6,0	7,5	·	14,8	20,0	·	1,2[2]	1,1[2]
Mongolei	—	—	0,3	—	0,1	5,2	99,1	99,6	87,6	0,9	0,3	6,0	—	—	0,9
Polen	7,7	28,0	38,5	55,6[3]	34,2	24,3	20,0[3]	23,1	16,0	12,2	10,1	15,6	4,1[3]	4,6	5,6
Rumänien	4,2	16,6	22,6	33,8	37,0	22,9	54,6	35,9	26,8	1,3	5,8	18,1	6,1	4,7	9,6
UdSSR	11,8	20,5	21,5	15,7	37,2	37,7	39,5	27,3	19,5	4,9	2,9	2,7	28,1	12,1	18,6
ČSSR	26,4	45,1	50,2	22,6	19,7	18,9	19,7	10,4	7,4	25,3	20,4	16,5	6,0	4,4	7,0

1 einschließlich chemische Erzeugnisse, Dünger und Kautschuk
2 ohne chemische Erzeugnisse, Dünger und Kautschuk
3 1955

Tabelle A 25

Importstruktur der RGW-Länder nach Haupterzeugnisgruppen 1950, 1960 und 1970
(in Prozent des Gesamtimports)

Land	Maschinen und Ausrüstungen			Brennstoffe, mineralische Rohstoffe, Metalle			Pflanzliche und tierische Rohstoffe, Lebensmittel			Industrielle Konsumgüter			Chemische Erzeugnisse, Dünger, Kautschuk, Baumaterialien u. a.		
	1950	1960	1970	1950	1960	1970	1950	1960	1970	1950	1960	1970	1950	1960	1970
Bulgarien	37,2	43,2	40,6	33,0	24,7	29,1	13,9	16,7	16,1	4,7	7,6	5,5	11,2	7,8	8,7
Ungarn	22,0	28,3	31,0	26,3	27,9	23,2	41,4	29,2	24,4	1,5	5,1	7,6	8,8	9,5	13,8
DDR	.	12,6	34,1	.	42,7[1]	32,3[1]	.	39,1	28,1	.	5,3	4,5	.	0,3[2]	1,0[2]
Mongolei	.	.	26,5	.	10,5[4]	14,2	.	20,7[4]	15,9	.	36,2[4]	32,9	.	9,3[4]	10,5
Polen	32,4	27,1	36,4	19,6[3]	25,1	26,4	35,2[3]	33,9	21,6	3,3	5,4	6,1	10,0[3]	8,5	9,5
Rumänien	37,1	32,5	39,6	24,8	35,4	31,1	22,3	18,1	15,6	10,2	5,2	5,5	5,6	8,8	8,2
UdSSR	21,5	29,8	35,1	26,9	21,3	12,7	34,4	23,7	25,0	7,4	17,2	18,3	9,8	8,0	8,9
ČSSR	11,2	21,7	33,4	26,1	27,7	23,7	51,1	37,1	24,0	2,6	3,3	8,5	9,0	10,2	10,4

[1] einschließlich chemische Erzeugnisse, Dünger und Kautschuk
[2] ohne chemische Erzeugnisse, Dünger und Kautschuk
[3] 1955
[4] 1965

Tabelle A 26

Anteil der Ländergruppen am Außenhandel der RGW-Länder im Jahre 1970
(in Prozent des Gesamtumsatzes)

Land	Sozialistische Länder insgesamt	davon RGW-Länder	Entwickelte kapitalistische Länder	Entwicklungsländer
Bulgarien	77,8	74,4	16,6	5,6
Ungarn	65,3	62,1	28,4	6,3
DDR	71,6	67,3	24,4	4,0
Polen	66,2	63,1	27,1	6,7
Rumänien	56,0	49,3	35,8	8,2
UdSSR	65,3	55,6	21,2	13,5
ČSSR	70,0	64,2	22,4	7,6

Tabelle A 27

Außenhandelsumsatz der UdSSR mit den anderen RGW-Ländern[1]
im jeweiligen Fünfjahrzeitraum von 1961–1975

Land	Ist 1961–1965 (Mrd. Rbl.)	Ist 1966–1970 (Mrd. Rbl.)	1966–1970/ 1961–1965 (in Prozent)	Abkommen[2] 1971–1975 (Mrd. Rbl.)	1971–1975/ 1966–1970 (in Prozent)
Alle RGW-Länder	37,0	51,6	138,3	≈ 77,0	≈ 149,2
davon:					
Bulgarien	4,3	7,8	181,4	12,5	160,3
Ungarn	3,9	6,0	153,9	9,3	155,0
DDR	11,3	14,0	123,9	≈ 22,0	≈ 157,1
Mongolei	0,8	1,1	137,5	1,5	136,4
Polen	5,7	9,3	163,2	13,1	140,9
Rumänien	3,5	4,0	114,3	5,3	132,5
ČSSR	7,7	9,4	122,1	13,5	143,6

[1] Da nach verschiedenen Quellen berechnet, führen unterschiedliche Abrundungen zu geringen Summendifferenzen.
[2] Zusatzabkommen zu den langfristigen Abkommen sind nicht berücksichtigt.

Tabelle A 28

Die langfristigen Handelsabkommen der DDR mit den europäischen RGW-Ländern 1960–1970 und 1971–1975
(in Mrd. Rbl.)

Zeitraum	Bulgarien	Ungarn	Polen	Rumänien	UdSSR	ČSSR
1966–1970 Abkommen	0,9	1,6	2,4	0,6	12,8	2,6
1966–1970 Realisierung	1,21	1,68	2,38	0,81	13,97	3,26
1971–1975 Abkommen	2,3	2,6	4,1	1,4	22,0	4,5

Tabelle A 29

Anteil der RGW-Länder an der Weltproduktion ausgewählter Erzeugnisse 1950, 1960 und 1970

Erzeugnis	Maßeinheit	Weltproduktion			RGW-Produktion			Anteil der RGW-Länder an der Weltproduktion (in Prozent)		
		1950	1960	1970	1950	1960	1970	1950	1960	1970
Elektroenergie	Mrd. kWh	956,8	2303,6	4901,1	136,3	406,3	987,3	14,3	17,6	20,1
Erdöl	Mio t	523,3	1053,6	2247,0	43,6	160,4	365,0	8,3	15,2	16,2
Roheisen[1]	Mio t	133,7	259,2	427,0	23,6	60,1	109,7	17,7	23,2	25,7
Rohstahl	Mio t	189,6	346,6	595,6	35,8	86,4	155,6	18,9	25,0	26,2
Steinkohle	Mio t	1436,4	1968,6	2126,0	282,9	496,3	613,0	19,7	25,2	28,8
Braunkohle[2]	Mio t	381,4	634,7	792,3	264,2	469,9	586,0	69,3	74,0	74,0
Zement	Mio t	133,6[4]	317,0[4]	571,0[4]	18,5	66,1	137,5	13,8	20,9	24,8
Schwefelsäure	1000 t H_2SO_4	31370[3]	48220[4]	86020[4]	4279[3]	7893	18136	13,6[3]	16,4	21,1
Soda (kalzinierte)	1000 t Na_2CO_3	8880[3,4]	11480[4]	16720[4]	1746[3]	3217	6018	19,7[3]	28,0	36,0
Plaste und synthetische Harze	1000 t	—	6770[4]	30090[4]	—	575	2703	—	8,4	9,0

[1] einschließlich Ferrolegierungen
[2] einschließlich Lignit
[3] 1953
[4] Hauptproduzenten

Tabelle A 30

Anzahl der mit sowjetischer Hilfe im Ausland gebauten Betriebe und anderen Objekte
(zu Beginn des Jahres 1971)[1]

Benennung der Volkswirtschaftszweige	insgesamt	in den sozialistischen Ländern	in den Entwicklungsländern
Insgesamt	1529	1172	353
I. *Industrie*	1036	896	139
Elektrizitätswirtschaft	184	168	16
Wärmekraftwerke	112	107	5
Wasserkraftwerke	28	22	6
Stromnetze	33	29	4
Schwarzmetallurgie	44	36	7
Gewinnung und Aufbereitung von Rohstoffen für die Schwarzmetallurgie	10	8	2
Produktion von Schwarzmetallen	27	23	3
Kokereiindustrie	3	2	1
Buntmetallurgie	58	56	2
Gewinnung und Aufbereitung von Erzen	30	30	—
Produktion von Buntmetallen	28	26	2
Kohleindustrie	52	48	4
Kohlegewinnung	37	34	3
Aufbereitung und Brikettierung von Kohle	14	13	1
Gasindustrie	3	2	1
Erdölfördernde Industrie	2	2	—
Erdölverarbeitende und petrolchemische Industrie	35	28	7
Erdölverarbeitung und Produktion von Erdölerzeugnissen	30	24	6
Chemieindustrie	54	52	2
Produktion von Düngemitteln	20	20	—
Maschinenbau und Metallbearbeitungsindustrie	149	117	32
Herstellung von Maschinen und Ausrüstungen	82	67	15
Holz-, Zellstoff- und Papierindustrie sowie Holzverarbeitungsindustrie	16	15	1

[1] Außenhandel (Moskau) 12/1971 S. 53

Benennung der Volkswirtschaftszweige	insgesamt	in den sozialistischen Ländern	in den Entwicklungsländern
Baustoffindustrie	43	38	1
Zementherstellung	9	8	1
Medizinische Industrie	16	9	7
Erzeugung von synthetischen, chemisch-pharmazeutischen und Heilpräparaten	14	9	5
Leichtindustrie	38	33	5
Fabrikation von Baumwollstoffen	11	10	1
Lebensmittel-, Fleisch-, Milch- und Fischindustrie	142	125	17
Produktion von Konserven aller Arten	8	2	6
Produktion von Voll- und Trockenmilch	7	2	5
Müllerei- und Mischfutterindustrie	56	37	19
Getreidespeicher	27	9	18
II. *Landwirtschaft*	125	78	47
Staatsgüter und Farmen zum Anbau von Nutzpflanzen	61	42	19
Bewässerung und Bodenverbesserung	18	7	11
III. *Transport- und Fernmeldewesen*	183	135	45
Häfen und Anlegeplätze	7	4	3
IV. *Geologie* und Erkundung von Bodenschätzen	41	18	23
Erdöl- und Gaserkundungsarbeiten	16	7	9
V. *Volksbildung*, Kultur, Gesundheitswesen und Sportanlagen	114	23	91
Hochschulen	15	4	11
Lehrzentren	72	12	60
Hospitäler und Krankenhäuser	14	5	9
VI. *Kommunalwirtschaft*	24	20	4

Das Material wurde von der Verwaltung Planung und Ökonomie des Staatlichen Komitees des Ministerrats der UdSSR für ökonomische Beziehungen mit dem Ausland unter Redaktion von I. A. Kapranov und V. I. Michejev zusammengestellt.

Quellen zum Tabellenanhang

Autorenkollektiv Sodružestvo Socialističeskoje, Moskva 1973.

Berichte über die Erfüllung der nationalen Volkswirtschaftspläne der einzelnen Länder für die Jahre 1971 und 1972 (Presseveröffentlichungen).

W. Keller/E. Kigyóssy-Schmidt, Hauptkennziffern der wirtschaftlichen Entwicklung der europäischen RGW-Länder 1960–1975, Berlin 1973

Nationale Statistische Jahrbücher der europäischen RGW-Länder (verschiedene Jahrgänge).

Statistical Yearbook of United Nations, New York (verschiedene Jahrgänge)

Statističeskij ežegodnik stran-členov Soveta Ėkonomičeskij Vzaimopomošči Moskva 1970, 1971, 1972 und 1973.

Volkswirtschaftspläne der einzelnen Länder für das Jahr 1973 (Presseveröffentlichungen).

FSC
www.fsc.org
MIX
Papier | Fördert
gute Waldnutzung
FSC® C083411

Kolibri 360 GmbH
Ferdinand-Jühlke-Straße 7
99095 Erfurt, Deutschland
produktsicherheit@kolibri360.de